Feilloos adviseren

Voor Dorothy, met liefde …

PETER BLOCK

# FEILLOOS ADVISEREN

## Een praktische gids voor adviesvaardigheden

Boom

Meer informatie over deze en andere uitgaven kunt u vinden op www.boomuitgeversamsterdam.nl.



1e druk, 1e oplage november 1996
3e druk, 1e oplage december 2010
5e oplage oktober 2013
6e oplage januari 2015
7e oplage juni 2016
8e oplage mei 2018

Oorspronkelijke vertaling: Kristine Steenbergh, Utrecht
Herziene vertaling: Bram Gerrits zzp, Amsterdam
Omslagontwerp: De Ontwerperij, Amsterdam/Uitvoering Graphicsdesign, Apeldoorn
Zetwerk: Redactiebureau Ron Heijer, Markelo/Nu-nique grafische vormgeving, Goor

Redactionele adviezen voor de Nederlandstalige editie:
Drs. Pieter Faber (GIT P Management Opleidingen, Tilburg)

ISBN 978 90 5261 7947
NUR 801

# Voorwoord

## Voorwoord bij de eerste editie

Dit boek is bestemd voor iedereen die zich met adviseren bezighoudt, zelfs voor wie zichzelf geen adviseur noemt. Telkens wanneer u een situatie probeert te veranderen of te verbeteren zonder dat u directe invloed hebt op de implementatie, bent u aan het adviseren. Als u wel directe invloed hebt, bent u aan het managen, niet aan het adviseren. Juist het feit dat de adviseur geen directe invloed en gezag heeft, maakt zijn taak moeilijk en drijft hem soms tot wanhoop. Dit boek gaat over het vermogen dingen in gang te zetten en er impact aan te geven, wanneer het ons aan directe invloed ontbreekt. In gang zetten en impact geven, dat willen we en daarvoor worden we betaald. Wanneer we iets in gang zetten en het impact geven, wordt er kennelijk gebruik gemaakt van onze vakkennis en worden onze aanbevelingen ter harte genomen. Dit maakt dat zowel adviseur als cliënt tevreden zijn over het uiteindelijke resultaat. De weg naar aanzet tot verandering en impact noem ik onbescheiden *feilloos adviseren.* Dit boek is een gids voor het ontwikkelen van de vaardigheden om die weg te bewandelen.

Ik gebruik het woord *adviseren* hier in heel algemene zin, om er veel functies bij te kunnen betrekken. Iedereen met een staffunctie is aan het adviseren. Daarom richt dit boek zich niet alleen op mensen die zichzelf als adviseurs beschouwen, maar ook op technische en niet-technische stafmedewerkers. Mijn opvattingen over adviseren zijn het resultaat van mijn vijftien jaar lange ervaring als fulltime adviseur, vanuit posities binnen en buiten organisaties. Het boek komt nog directer voort uit mijn workshops voor technici, inkoopagenten, mensen die werkzaam zijn op het gebied van personeelsmanagement en organisatie-ontwikkeling, juristen, financieel analisten en externe accountants, systeemanalisten, deskundigen van de gezondheidsdienst, verpleegsters, bedrijfsstaf, planners en anderen – allemaal mensen met vakkennis, beperkt direct gezag over het gebruik van hun vakkennis en verlangen om zekere invloed uit te oefenen.

De meeste adviseurs doen hun werk voor organisaties – meer dan als zelfstandige of voor adviesbureaus. Fulltime stafmedewerkers worden *interne adviseurs* genoemd (in tegenstelling tot externe adviseurs). Dit boek richt zich in de allereerste plaats op intern advieswerk. Het biedt illustratieve voorbeelden, cases, oefeningen en commentaar op valkuilen. Maar de concepten hebben betrekking op alle vormen van advieswerk, en de hier beschreven dilemma's en richtlijnen zijn net zo relevant voor de externe adviseur als voor de interne adviseur.

Dit boek onderscheidt zich van andere boeken over advieswerk door de speciale aandacht voor het specifieke gedrag van de adviseur. Andere boeken zijn meer gericht op het verschaffen van theorieën om inzicht te verkrijgen in organisaties of in de verschillende soorten interventies van adviseurs. Dit is een praktisch boek: het vertelt u wat u moet doen en wat u moet zeggen in verschillende adviessituaties. Op sommige punten ga ik zover, dat ik u complete zinnen geef die u kunt uitspreken. Ik geef u deze zinnen en richtlijnen, omdat ze hun bruikbaarheid hebben bewezen voor mij en voor honderden deelnemers aan de workshops.

Mijn werk met adviseurs tijdens workshops en in praktijksituaties heeft me duidelijk gemaakt dat de meesten van ons wel *begrijpen* wat er met onszelf en met onze cliënten aan de hand is, maar dat we niet precies weten wat we eraan moeten *doen*. Wanneer we met een cliënt in een neerwaartse spiraal zijn terechtgekomen, beseffen we wat er gebeurt, maar weten niet hoe we eruit moeten komen. Mocht u, na dit praktische 'wat-nu-te-doen'-boek te hebben doorgewerkt, nog behoefte hebben aan meer theoretisch inzicht, dan raad ik u aan de boeken van Blake en Mouton, Argyris, Steele, Walton en Schein te lezen (zie bibliografie).

Wanneer ik beweer dat de benadering die in dit boek wordt beschreven leidt tot 'feilloos adviseren', kan dat misschien wat aanmatigend en arrogant overkomen. Velen van ons moeten niets van perfectie hebben. Niettemin gaat het boek over feilloos adviseren en moet het concept serieus genomen worden, ook al is het in de praktijk moeilijk. Er is een manier waarop u uzelf tijdens het adviseren kunt opstellen, waardoor uw potentiële nut gemaximaliseerd wordt en de weerstand waarop u stuit direct wordt weggenomen. Dit ligt binnen het bereik van ieder van ons en het is mogelijk om feilloos, zonder fouten te maken, te adviseren. Feilloos adviseren vereist een intensieve aandacht voor twee principes:

1. Wees altijd zo oprecht mogelijk in uw contact met de cliënt.
2. Schenk, in woorden en daden, directe aandacht aan wat in elk stadium van het adviesproces gedaan moet worden.

Dit boek geeft een beschrijving en voorbeelden van oprecht adviesgedrag. Het beschrijft ook waar men in elk stadium van het adviesproces op dient te letten.

De kracht van het boek is dat het specifiek en direct is. Het is niet zozeer een theoretisch boek; het is een praktisch boek, voor mensen in de praktijk. Het maakt aanschouwelijk hoe men met cliënten kan omgaan. In het volle vertrouwen dat de oefeningen en richtlijnen die hier gegeven worden, zullen resulteren in effectiever advieswerk. Dat vertrouwen komt voort uit mijn ervaring als adviseur en workshopbegeleider. Ik hoop dat het boek een nuttige gids voor u zal blijken.

De uitdaging ligt in het hebben van impact zonder directe invloed. Dit geldt voor zowel adviseurs als managers. Als u als manager dertig ondergeschikten hebt, hoeveel invloed kunt u dan werkelijk uitoefenen? Zelfs wanneer een lijnmanager denkt dat hij nog steeds de touwtjes in handen heeft, is die invloed meestal een illusie. Gevangenen besturen de gevangenis, arbeiders bepalen de kwaliteit van hun werk, studenten hebben de leiding over het leerproces. Adviseren is daarom in de meeste gevallen het geven van impact aan mensen die meer invloed zouden willen hebben. De werkelijke taak van een adviseur is om een cliënt te leren hoe hij beter kan functioneren in zijn wereld, die altijd onvatbaar en onbeheersbaar is. Het feit dat de meeste cliënten van adviseurs een manier verlangen om hun eigen gevoel van invloed te vergroten maakt de taak van de adviseur niet gemakkelijker. De oplossing is om zich te blijven concentreren op de relatie met de cliënt, want dan zult u zich realiseren dat cliënten de gewenste resultaten kunnen bereiken zonder hun omgeving direct te hoeven beïnvloeden.

Peter Block

## Voorwoord bij de tweede editie

Ik heb mezelf er enkele jaren van weerhouden dit boek te herzien. Het heeft de afgelopen twintig jaar erg veel succes gehad, en ik wil het niet slechter maken. Het heeft het over de hele wereld goed gedaan, en waar ik ook ben, komen er mensen naar me toe om te vertellen dat het boek nuttig voor hen was.

Het heeft er zelfs voor gezorgd dat ik steeg in de achting van mijn broer Jim. Hij had een tijdje geleden een bijeenkomst met enkele nonnen in een katholieke dienstverlenende instelling. Eén van de nonnen vroeg hem of hij misschien de broer van Peter Block was. Toen hij opbiechtte dat hij dat was, hield de non haar exemplaar van het boek omhoog en verklaarde: "In het werk dat ik doe is dit boek mijn Bijbel!" Hij was onder de indruk en dat is hij doorgaans niet snel. Ik was dus bang dat ik het boek in mijn enthousiasme om het bij te werken wel actueel zou maken, maar niet veel beter.

Mijn andere zorg is dat wanneer men mij vraagt in hoeverre mijn denkwijze door de jaren heen is veranderd, ik het vaak moeilijk vind om daarop een antwoord te geven. In feite is mijn denken, voor zover het dit boek betreft, niet zozeer veranderd; het heeft zich veeleer verbreed en verdiept ten opzichte van wat ik destijds wist. Ik hoop dat ik door dieper in te gaan op wat ik weet, mij duidelijker en overtuigender kan uitdrukken en het boek op die manier een meerwaarde kan geven.

Aan de andere kant lijkt het de moeite waard het boek te actualiseren omdat er zoveel is veranderd in de afgelopen twintig jaar. Wat in 1978 nog onbeduidend was, is in 1998 gemeengoed geworden. De ideeën in dit boek zagen het licht in het midden van de jaren zeventig, toen de vice-president van de dienst managementinformatie bij een filiaal van Exxon zich realiseerde dat zestig procent van de aanbevelingen die zijn afdeling aan de organisatie deed nooit werden uitgevoerd. Hij was er zeker van dat de adviezen van zijn groep goed doordacht en relevant waren, en toch volgden maar weinig cliënten ze op.

Hij had een workshop voor managers bijgewoond die werd verzorgd door onze afdeling werknemersrelaties, en nodigde ons na afloop uit om een workshop in adviesvaardigheden te ontwerpen die ervoor zou zorgen dat er meer adviezen werden opgevolgd. Neale Clapp en ik werkten samen aan dat project, en daaruit kwam een succesvolle workshop adviestechnieken voort, die de basis van dit boek vormde.

Twintig jaar geleden was het idee dat teams en persoonlijke verhoudingen doorslaggevend zijn voor technisch en zakelijk succes een vernieuwende gedachte. Vandaag de dag is de waarde van teams en onderlinge verhoudingen algemeen aanvaard, op een intellectueel niveau althans. We zijn misschien niet beter geworden in samenwerken, maar we weten tenminste dat het belangrijk is, en we zijn bereid om moeite te stoppen in het creëren van een coöperatieve werkomgeving.

De reden dat de ideeën in dit boek al die jaren hebben standgehouden, ligt niet zozeer in de overmoedige precisie waarmee bepaalde adviestechnieken worden gepresenteerd; het ligt meer in de steeds terugkerende nadruk op de emotionele en persoonlijke dimensies van onze werkomgeving. Zelfs nu, met alle aandacht die wordt gewijd aan onderlinge verhoudingen, persoonlijke ontwikkeling en zelfs spiritualiteit, gaan veel instellingen nog te werk alsof alles draait om strategie, structuur en technologie. Onderlinge verhoudingen worden nog steeds gezien als een noodzakelijk ongerief – alsof we er nu eenmaal mee moeten leven – en waar de mogelijkheid zich voordoet om een transactie te automatiseren of om elektronisch te communiceren, wordt die gegrepen. We zijn op een punt gekomen waar de meeste telefoongesprekken worden gevoerd met een machine, waar leren met behulp van een televisie of een computer als een voordeel wordt gezien, waar we mensen aanmoedigen om thuis te werken en waar menselijke interactie wordt geminimaliseerd omwille van rust en een evenwichtiger leven.

Het moeilijke van het managen van persoonlijke verhoudingen is dat er van adviseurs iets wordt verwacht dat van technologie en automatisering niet wordt gevraagd – de noodzaak om zichzelf te kennen en oprecht te zijn. Oprechtheid houdt gewoonweg in dat u eerlijk tegen uzelf bent, en direct en eerlijk tegen anderen. Om welke reden dan ook blijft oprechtheid op de werkvloer een zeldzaam verschijnsel. De meeste interactie bevat elementen van onoprecht, positiebewust en strategisch optreden. Het zijn allemaal weerspiegelingen van de wens om de omgeving en de mensen daarin te beheersen.

In sommige opzichten is dit boek één lange, gedetailleerde beschrijving van de wereld van de oprechtheid. Het heeft de tand des tijds doorstaan omdat oprechtheid niet alleen goed is voor de ziel, maar ook echt hele goede resultaten oplevert. Een oprechte adviseur is geen *contradictio in terminis*, maar boeiend en winstgevend, al is hij/zij zeldzaam.

Het moeilijke van oprechtheid is dat zij een strategie is met een hoog risico. Het is tegen de stroom op zwemmen in een cultuur van controle, zoals die in de meeste organisaties heerst. Het vergt ook wat zelfvertrouwen: u zult moeten afstemmen op de gevoelsdimensie van het contact met anderen. De meeste mensen besteden hun tijd aan het ontwikkelen van hun hersenen, en laten hun lichaam en gevoelens op de achtergrond rusten, om ze 's avonds weer naar voren te halen. Dus zelfs als u besluit oprecht te zijn, is het moeilijk te weten hoe.

Dit boek heeft zijn sporen verdiend door de waarde van de betrekkingen tussen de adviseur en de cliënt te benadrukken, en te beschrijven hoe u die relatie kunt managen. Het doel van deze herziene editie is om het onontgonnen gebied tussen strategie, structuur en technologie verder uit te diepen en uit te breiden, het gebied dat we persoonlijke verhoudingen noemen.

Eén verandering die de afgelopen jaren heeft plaatsgehad, is een toename van de belangstelling in het denken over organisaties als menselijke, levende systemen. Werkplekken zijn onderbemand en worden ingekrompen, en organisaties zijn voortdurend op zoek naar nieuwe structuren en procedures. De behoefte aan snelheid en directe besluitvorming met betrekking tot diensten en producten verandert de rol van de adviseur. De dagen van lange studies en antwoorden gebaseerd op deskundig advies zijn voorbij, de taak van de adviseur wordt steeds meer: de cliënt in staat stellen zelf te oordelen en vragen te beantwoorden. Daarbij is de levensduur van een oplossing ook nog gereduceerd tot een minuut. Zodra een aanbeveling wordt uitgevoerd, begint het hele proces weer van voren af aan.

Het zelfsturende aspect van verandering wordt besproken in het laatste deel van het boek, waaraan ik hoofdstukken heb toegevoegd over implementatie, een onderwerp dat ik in de eerste editie zo goed als vermeden had. Ik heb ook een hoofdstuk toegevoegd over strategieën voor complete systemen. Het is inmiddels bekend hoe grotere groepen mensen kunnen worden betrokken bij het verbeteren en vernieuwen van hun werkomgeving. Ik vraag me steeds meer af of het veranderingsmodel gebaseerd op expertise wel bruikbaar is, en ik geloof dat het geven van aanbevelingen in de meeste gevallen afhankelijkheid creëert en een confrontatie van cliënten met hun eigen verantwoordelijkheid in de weg staat.

In de nieuwe hoofdstukken over implementatie haal ik enkele traditionele ideeën onderuit, die helaas nog steeds ons vermogen om cliënten te helpen hun eigen uitdagingen aan te gaan en beslissingen te nemen in de weg staan. Aan de basis van al deze obstakels ligt een filosofie over menselijke verandering die ik ook steeds meer in twijfel trek. Is het wel gerechtvaardigd dat wij ons 'change agents' noemen? Adviseurs hebben het vaak over hoe zij 'interventies doen' om verandering binnen een organisatie te bewerkstelligen. Het mag dan een goed gevoel geven om te interveniëren in de wereld van een ander, maar wie wil er nu interventies ondergaan? Als wij instrumenten van verandering zijn, wie proberen wij dan te veranderen? We kunnen zeggen dat we systemen proberen te veranderen, maar systemen zijn gewoon mensen in verschillende hoedanigheden. De gedachte dat we een ander kunnen veranderen is gevaarlijk. En wat dacht u van het veelgebruikte begrip 'veranderingsmanagement' (change management)? Kan verandering echt worden gemanaged, en als dat kan, willen we dan niet toch een ander veranderen?

Het alternatief is te beseffen dat een belangrijk deel van de implementatie ligt in de kunst van het engageren, de manieren om mensen bijeen te brengen om iets op te bouwen, en om te ontdekken hoe je iets goed kunt laten werken. Deze benadering berust op het idee dat het ongrijpbare dingen zijn die een bepaalde implementatie tot een succes maken –relaties, commitment, verantwoordelijkheid.

Het is paradoxaal dat – terwijl er steeds meer wordt getwijfeld aan de waarde van oplossingen van buitenaf en het cynisme over de waarde van advisering even groot is als altijd – de wereld van externe advisering sterk commercieel is geworden. Wat eens de zes grootste accountantskantoren waren, zijn nu de drie grotere adviesbureaus geworden. Met de korte, maar felle explosie van re-engineering en de drang om het informatietijdperk te betreden, zijn veranderingsmanagement en organisatieadvies big business. Het voordeel daarvan is dat de adviesmarkt breder is geworden en sommige 'zachtere' kanten van het advieswerk zoals een procesgerichte aanpak, teambuilding en cultuurverandering, nu effectiever worden ingezet en daarom een bredere erkenning gekregen hebben.

De keerzijde van die vercommercialisering van verandering is dat er op veel grotere schaal cliënten worden teleurgesteld na overdreven beloften van adviseurs. De prijs die iedereen daarvoor betaalt, is dat elk advies dat uitloopt op een teleurstelling een cynisme voortbrengt dat de volgende poging tot verandering alleen maar moeilijker zal maken.

Eén van de dingen die mij altijd hebben dwarsgezeten over adviseren is de vraag of het wel echt effect heeft. Mijn twijfels over de werkelijke meerwaarde van interne en externe adviezen komen voort uit diepgaande veranderingen in mijn kijk op mijn leven en mijn werk. Daarmee doel ik met name op de aandacht die ik nu schenk aan de schaduwzijde van het bestaan. Er schuilt een aspect van eigenbelang in elke dienst. Op zijn best is advisering een daad van liefde: het verlangen om iemand echt te helpen... Het verlangen om wat we weten, of voelen, of hebben doorstaan te gebruiken op een manier die de lasten van een ander verlicht.

Het nadeel van die generositeit is echter het verlangen naar overwicht en dankbaarheid dat er in besloten ligt. Het is geen geschenk als u gezien wordt als wijs en correct, als u de eerste bent die het licht ziet, als u pronkt met de veranderingen in een ander. Dat zijn subtiele eisen aan de cliënt om voor uw hulp te betalen met een valuta die meer waard is dan geld.

Door de jaren heen heb ik dieper inzicht gekregen in de mate waarin adviseurs van grote invloed houden. Dat is geen zonde, alleen wordt die invloed verpakt als zorg. Zowel interne als externe adviseurs zijn geneigd om de waarde van hun hulp te meten aan de vraag of hun advies van vandaag de volgende dag leidt tot de behoefte aan meer adviezen. Het verlangen om van een lijnmanager meer opdrachten te krijgen voor een langere periode is in wezen een vercommercialisering van de zorg.

Gezien deze redenen tot bezorgdheid, en gezien de mogelijkheden tot exploitatie die het advieswezen biedt, heb ik een extra hoofdstuk toegevoegd over ethiek en de schaduwzijde van het adviseren. Dat hoofdstuk bevat enkele gedachten over hoe ons advieswerk vercommercialiseerd is, en wat het vergt om jezelf als adviseur te vestigen. Er moet een betere manier bestaan om na te denken over de praktijk van het adviseren, zonder dat we ons meteen afvragen wat cliënten van ons vinden en zonder de vraag of het ons voor de wind gaat.

Een laatste opmerking over wat advisering vandaag de dag inhoudt: steeds meer lijnmanagers zien zichzelf tegenwoordig als adviserend of faciliterend. Managers hebben leiding en invloed geruild voor een coachende functie. In de beweging naar plattere, meer flexibele organisaties is een leidinggevende die wil controleren te langzaam en te duur geworden. De kern van het adviseren ligt in het aangaan van sociale verbintenissen en het managen in een zichzelf managende wereld. Met een paar kleine aanpassingen in woordkeuze zijn de meeste methoden in dit boek ook te gebruiken door lijnmanagers bij hun taak als leidinggevende.

Peter Block

## Nieuw in deze editie

De laatste keer dat ik dit boek herzag, was in 1999, toen we op het nieuwe millennium gericht waren. Aan de ene kant vreesden we dat het bedrijfsleven tot stilstand zou komen, omdat computers zouden weigeren een jaar ouder te worden en op hol zouden slaan. Aan de andere kant was er het geloof dat het nieuwe millennium het begin zou markeren van een nieuw bewustzijn voor vrede en welzijn.

Nu, beide hebben niet plaatsgevonden. Onze afhankelijkheid van computers en technologie is alleen maar groter geworden en een decennium later voeren we oorlog, zijn we nog steeds verslaafd aan fossiele brandstof en maken we ons zorgen over de relevantie van ons vertrouwde economisch systeem. Dat betekent dat leven met een kwetsbaar heden en een onzekere toekomst een gegeven is geworden.

Dat is goed nieuws voor de adviseurwereld. Hoe complexer, verwarrender en onzekerder onze levens, des te beter we beseffen dat we het niet alleen kunnen of niet op dezelfde voet voort kunnen gaan. De vraag om hulp en advies zal blijven toenemen.

De diepgaande onzekerheid in onze levens, zowel privé als zakelijk, leidt er ook toe dat meer en meer mensen werken vanuit een adviserende houding. De kern van deze houding is dat we invloed willen hebben waar we geen directe zeggenschap hebben. Deze uitdaging geldt niet alleen voor adviseurs, het geldt ook voor mensen die het voorheen voor het zeggen hadden – zoals bazen, leraren, dominees, dokters, sergeanten, burgermeesters en, niet in het minst, ouders. Permanente kwetsbaarheid en onzekerheid vragen om een niveau van verwantschap dat gebaseerd is op luisteren, authenticiteit en niet-weten. Dat is waarom stuur-en-beheersgedrag steeds sneller in onbruik raken. Niet dat we dit allemaal inzien, maar vroeger of later zullen we onze mogelijkheden voor diepere verwantschap en samenwerking moeten ontwikkelen als we niet eerder dan we zo zorgvuldig gepland hadden naar een nieuwe baan willen zoeken.

In reactie op de bredere behoefte aan een adviserende houding heb ik aan deze editie twee voorbeelden toegevoegd van hoe adviesvaardigheden in een bredere context dan alleen voor mensen met een adviserende of ondersteunende rol nuttig, of zelfs hervormend kunnen zijn. Ik koos twee maatschappelijke sectoren waar de roep om verandering en hervorming al decennia in onze oren klinkt zonder dat er veel vooruitgang geboekt is: de gezondheidszorg en het onderwijs. In deze dienstverlenende sectoren werken tegenwoordig de meesten van ons.

Beide gebieden worstelen met de taal van hervorming. Maar de meeste hervormingen behelzen eerder verbeteringen dan fundamentele heroverwegingen. De gezondheidszorghervorming gaat vooral over kostenbeheersing, wie er betaalt en de druk om te standaardiseren. In die discussie is er geen hervorming, alleen maar beter of ander management.

Echte hervormingen in de gezondheidszorg zijn mogelijk als onze relatie met onze dienstverlener verandert en dienstverleners hun onderlinge relatie veranderen. In adviestermen hebben we meer gebalanceerde contractering nodig, meer gezamenlijke ontdekking en een nieuwe dialoog. Dit begint nu te gebeuren, zoals het geweldige voorbeeld van Paul Uhlig in hoofdstuk 12 aantoont.

Net zoals bij de gezondheidszorg gaat de huidige discussie over de onderwijshervorming niet over hervorming. Het gaat slechts over meer sturing en opgelegde standaarden, vermomd als hervorming. Echte hervorming behelst anders denken over de cultuur in het klaslokaal en de verantwoordelijkheid van de student, en het herdefiniëren van de relatie tussen leraar en student. Een voorbeeld hiervan komt van Ward Mailliard in hoofdstuk 18.

Kijken naar hoe hervorming er in deze twee arena's uitziet, biedt ons aanwijzingen voor manieren om leiderschapsveranderingen in andere gebieden, zoals het bedrijfsleven, de overheid, religie en zorg, te verwezenlijken.

Naast het feit dat we in permanente onzekerheid leven, lijkt het er ook op dat we in toenemende mate virtuele levens leiden. We hebben veel langeafstandsrelaties. We maken deel uit van virtuele teams die te ver van elkaar verwijderd zijn om ooit samen in dezelfde kamer te zijn. We zijn meer en meer afhankelijk van elektronische interactie. We spreken onze vrienden door op een digitale muur te schrijven. We vervangen seminars door webinars. Over niet al te lange tijd kunnen we met een mobiel apparaat al onze gesprekken voeren, vermaakt worden, een levenspartner vinden en bij onze familie in beeld zijn.

De virtuele wereld vraagt meer van ons. Om te beginnen: als we samen in een kamer zijn, kunnen we er niet omheen draaien; we moeten ter zake komen. Spelletjes spelen, je op de vlakte houden, in algemeenheden spreken en pas in de laatste vijf minuten ter zake komen, het is een verspilling van de uitgelezen kans om al onze zintuigen te kunnen gebruiken die samenzijn ons biedt. We willen ons voordeel doen met 'offline' bijeenkomsten: persoonlijk verbonden raken is een krachtig middel om de afstand scheppende en isolerende effecten van elektronische communicatie te doen vervliegen. De in dit boek besproken behoefte aan authenticiteit en bespreekbaarheid van moeilijke kwesties wordt belangrijker. In hoofdstuk 6 komt een bespreking over de manieren om virtuele relaties zo nuttig mogelijk te maken aan de orde. Als u niet zover wilt lezen, sms me en dan stuur ik het als zipbestand naar uw dropbox (als u mij tenminste de login geeft).

Een andere herziening in deze editie betreft de hoofdstukken over de feedbackfase en implementatie. Feedback geven is onderdeel van elk advies- of ondersteuningstraject, maar tijdens bijna elke bijeenkomst worden ideeën of analyses gepresenteerd met de intentie de strategie of activiteiten van een persoon of bedrijf te veranderen of beïnvloeden. We besteden nog steeds veel te veel tijd aan het maken van ons punt (vaak met PowerPoint), zonder te beseffen dat het er bij bijeenkomsten niet om gaat een punt te maken, ideeën uit te dragen of iets te verkopen, maar dat het doel is dingen in gang te zetten. Daarom heb ik de definitie van de feedbackbijeenkomst uitgebreid naar elke bijeenkomst met als doel dingen in gang te zetten. Dingen worden niet in gang gezet als een persoon aan het woord is en een groep mensen luistert. Dat gebeurt door dialoog, interactie, twijfel en betrokkenheid. Dit klinkt zo eenvoudig, maar is zo zeldzaam dat het in meer detail in de hoofdstukken 15 en 17 wordt behandeld.

Een andere toevoeging: er vindt een verschuiving plaats in organisaties van een primaire focus op behoeften en tekortkomingen naar een focus op mogelijkheden, gaven en sterke punten. Het geloof is dat er meer verandering plaatsvindt als we ons op de toekomst en onze mogelijkheden richten in plaats van proberen het verleden of zelfs de toekomst te begrijpen en zoveel tijd besteden aan problemen en wat verkeerd gaat. In hoofdstuk 12 bespreek ik een aantal voorbeelden waar dit zich voordoet en deel ik mijn overwegingen over wat dit voor advieswerk betekent.

## Het ontwerp van het boek

Ik heb altijd gewild dat mijn boeken uitnodigend zijn. Ik ben geobsedeerd door het soort ruimtes waarin we bijeenkomen: hoe ze ingericht zijn, de aanwezigheid van licht, kleur, kunst en beweging – alle dingen die levendigheid brengen in onze ervaring. Hetzelfde geldt voor boeken. Het ontwerp van een boek is net zo belangrijk als de inhoud. Ideeën moeten toegankelijk zijn en in alledaagse taal besproken worden. De pagina's moeten de lezer uitnodigen met witruimte om het patroon te doorbreken en het oog meer plekken te bieden om te dwalen.

Met dat uitgangspunt was een van mijn zorgen over de vorige editie dat het boek te dik was geworden. Te zwaar om vast te houden, lastig om mee te nemen en niet het overwegen van uitlezen waard. Ik weet dat het internet het medium is om iets aan deze zorgen te doen. In deze editie heb ik alle inhoud die niet direct relevant was naar de website van Feilloos adviseren verplaatst: www.flawlessconsulting.com.

## Wat nog steeds geldt

Wat in deze editie van dit boek herbevestigd moet worden, is dat teams en persoonlijke relaties nog steeds cruciaal zijn voor technisch en zakelijk succes. De waarde van teams en relaties is breder geaccepteerd, in ieder geval intellectueel. We zijn wellicht niet beter gaan samenwerken, maar we weten tenminste dat het belangrijk is en willen meer samenwerking op de werkvloer, of dat nou virtueel of in persoon is.

De reden dat de ideeën in dit boek na al die jaren nog steeds niet aan geldigheid hebben ingeboet, is niet zozeer omdat specifieke adviesvaardigheden zo overmoedig specifiek behandeld worden. Het is eerder de structuur die dit boek aan de emotionele en persoonlijke dimensies van onze werkplekken geeft. Zelfs nu, met alle retoriek die aan relaties, persoonlijke ontwikkeling en zelfs spiritualiteit gewijd is, gedragen onze organisaties zich nog steeds alsof strategie, structuur en technologie de enige dingen zijn die ertoe doen.

Relaties worden nog steeds gezien als een noodzakelijk ongemak – alsof relaties getolereerd moeten worden. Waar mogelijk automatiseren we transacties en communiceren we elektronisch. In 2000 waren de meeste telefoongesprekken aan een computer gericht. Nu zijn sms en e-mail – en als het persoonlijk moet lijken Facebook, LinkedIn en hun opvolgers – het favoriete medium. We moedigen mensen zelfs aan om thuis te werken: onder het mom van rust en een betere privé-werkbalans minimaliseren we menselijk contact.

Het lastige van het onderhouden van relaties is dat het iets van ons vraagt dat technologie en geautomatiseerde routines niet doen – de noodzaak onszelf te kennen en oprecht te zijn. Authenticiteit is niets meer dan ons eerlijk en open tegenover onszelf en anderen opstellen. Wat de reden ook is, authenticiteit is nog steeds iets zeldzaams op de werkvloer. De meeste interacties hebben een element van rollenspel, positionering en strategie in zich. Het zijn weerspiegelingen van onze wens onze omgeving en de mensen daarin te beheersen.

In bepaalde opzichten is dit boek een lange en gedetailleerde beschrijving van het landschap van authenticiteit. Wat de tand des tijds heeft doorstaan is dat deze zeldzame handeling niet alleen balsem voor de ziel is, maar ook goede resultaten oplevert. Een oprechte adviseur is geen oxymoron, maar een aantrekkelijk concurrentievoordeel, zij het helaas zeldzaam.

Dat het een zeer risicovolle strategie is, maakt authenticiteit tot iets lastigs. In een cultuur van beheersing – zoals we die in de meeste organisaties aantreffen – zwemt het tegen de stroom in. Het vraagt ook om zelfvertrouwen: we moeten onszelf instellen op de gevoelsdimensie van onze verbinding met anderen. De meesten van ons hebben hun dagen besteed aan het ontwikkelen van hun hersenen en hebben hun lichamen en de gevoelsdelen daarvan slecht 's nachts aangesproken. Dus zelfs als we besluiten het risico van authenticiteit te nemen, weten we niet goed hoe.

Dit boek heeft zijn niche gevonden door de relatie tussen adviseur en cliënt, of leraar en student, op waarde te schatten en te duiden hoe die relatie onderhouden moet worden. Het doel van deze nieuwe herziening is de witruimte tussen strategie, structuur en technologie – relatie noemen we dat – te verdiepen en uit te werken.

Peter Block

# Dankwoord

Het is een groot genoegen een kans te hebben om formeel blijk te geven van mijn waardering tegenover mensen die aan de wieg hebben gestaan van de concepten die in dit boek naar voren komen.

Conceptueel gezien was Chris Argyris de eerste die wees op de rol van interpersoonlijke vaardigheden in organisaties en op de sleutelrol van oprecht gedrag. De manier waarop hij naar de wereld kijkt is nu even krachtig en relevant als jaren geleden toen ik zijn student was.

De meesten van ons leren het advieswerk door naar iemand te kijken die weet hoe het moet. Ik had het geluk dat ik als beginneling Barry Oshry, Roger Harrison en Dick Walton overal kon volgen. Zij zijn de besten en steunden ons meer dan ze eigenlijk hadden hoeven doen.

Tony Petrella, 'medeplichtige' vanaf het begin, en Marv Weisbord hebben zo mijn inzicht in adviesvaardigheden dusdanig verdiept, dat ik niet zou weten hoe ik mijn gedachten van die van hen kan scheiden. Ik kan alleen maar mijn waardering uitspreken voor een partnerschap dat naar ik hoop eeuwig zal duren.

De bijdrage van Neale Clapp was in twee opzichten geweldig. Hij heeft onvoorwaardelijk blijk gegeven van zijn steun en vriendschap, en hij onderkende veel eerder dan ik de waarde van workshops en theorie. Door veel van de vroege workshops te leiden heeft Neale ook conceptueel bijgedragen aan de eerste gedeelten van het boek over staffuncties, en heeft genereus geholpen bij het herzien van de eerste editie.

Jim Maselko heeft het gedeelte over weerstand verduidelijkt. Door zijn vaardigheid en enthousiasme heeft Jim mede de aanzet gegeven tot de benadering van adviseren die het boek voorstaat.

De eerste poging om het boek te schrijven werd samen met Mike Hill ondernomen. Hoewel het boek uiteindelijk een andere richting heeft genomen, was Mike de sleutel waarmee het project is opgestart. Zijn vingerafdrukken zijn aanwezig in de eerste gedeelten.

De basisconcepten over de contractfase komen voort uit de Gestaltpsychologie. Deze zijn uitgekristalliseerd tijdens een workshop van Claire en Mike Reiker die ik bijwoonde. Zij bezaten de grote gave om deze concepten eenvoudig en overtuigend te presenteren.

Mijn dank gaat ook uit naar Ray Bard, mijn uitgever toen ik aan het boek begon. Ray zag de mogelijkheid tot een boek toen ik nog dacht dat ik alleen maar wat aantekeningen had voor een werkboek voor deelnemers aan een workshop. Ook bedank ik Matt Holt en Jossey-Bass: hun geduld en vasthoudendheid samen met een klein duwtje van Jerry Pavlov vormden de aanzet tot deze herziene uitgave.

Mijn dank blijft uitgaan naar de deelnemers aan de workshops over adviesvaardigheden die wij de afgelopen jaren hebben begeleid. Een groot deel van dit boek gaat over de theorie die wij in die workshops hebben gepresenteerd. Het merendeel van de concepten is ontstaan als antwoord op vragen van mensen die leerden adviseren. Ik ben dankbaar voor hun geduld wanneer die concepten verwarrend waren, en voor hun bereidheid ons te helpen het adviesproces vanuit hun ervaringen te beschrijven.

Net als bij de eerste editie heeft Leslie Stephen geholpen bij de redactie van deze herziene uitgave. Dit is het vierde boek waarbij zij mij met de redactie hielp. Zij ondersteunt mijn stem en geeft structuur, eenvoudige helderheid en diep begrip aan alles wat ze aanraakt. Ik kan alleen maar hopen dat ze langer leeft dan ik, zodat ik nooit meer een boek zonder haar hoef te schrijven.

Mijn denkwijze wordt altijd beïnvloed door de band die ik heb met Joel Henning. De ideeën over het veranderen van een gesprek en over de worsteling met een nieuwe taal van betrokkenheid en onderhandeling, zijn slechts een paar van de gebieden waar hij mij steeds op nieuwe gedachten brengt. Verheug u alvast op het boek dat hij schrijft over conversatie, en dat hopelijk binnenkort verkrijgbaar is.

De hoofdstukken over implementatie in deze editie zijn buitengewoon beïnvloed door mijn samenwerking met de School for Managing and Learning Change van The Association for Quality and Participation. De school diende als het laboratorium waarin ik nieuwe ideeën uittestte. Mijn werkwijze is veranderd door mijn omgang met de staf van die school. Mijn denkbeelden over het creëren van groepservaringen zijn beïnvloed door de indrukwekkende manier waarop Jill Janov haar werk doet. Ik ben Kathie Dannemiller en haar partners bij Dannemiller-Tyson bijzonder dankbaar. Zij hebben een groot inzicht in de hartslag van enorme vergaderingen. Dick en Emily Axelrod hebben hun werk magische proporties gegeven met The Conference Model. Dick schrijft momenteel zijn eigen boek over engagement, en de stof in dit boek kwam voort uit de vele conversaties met hem die mijn besef hebben veranderd.

Ten slotte is een ieder die vandaag de dag adviseert dank verschuldigd aan het werk van Ed Schein. Hij was een van de vroege bakens die richting en inzicht gaven aan degenen die erover dachten om in de organisatieverandering te gaan werken. Hij maakte het proces van het adviespad begrijpelijk en duidelijk, een proces dat een grote rol speelt in de manier waarop ik te werk ga, en ik ben hem daarvoor zeer dankbaar.

# Inhoud

# 1 De adviseur, of hoe hij of zij ook heten mag

In elke vorm van humor of sarcasme zit iets van waarheid. De waarheid in de heersende scepsis tegenover adviseurs is gelegen in het feit dat de traditionele adviseur meer als een uitvoerder van het management opereerde: hij nam de rol van de manager op zich wanneer er iets heel technisch gedaan moest worden wat voor de manager te moeilijk was, ofwel wanneer er onaangenaam en saai werk gedaan moest worden, waar een manager geen zin in had. De meest dramatische voorbeelden van adviseurs die de plaats van managers innemen, zijn wel de gevallen waarin zij de mensen of functies aanwijzen die moeten verdwijnen.

Wanneer iemand u de weg vraagt en u zegt hem twee haltes vóór u uit de bus te stappen, handelt u als een adviseur. Telkens wanneer u iemand advies geeft die voor een keuze staat, bent u aan het adviseren. Als u geen direct gezag over mensen hebt en toch wilt dat ze naar u luisteren en u serieus nemen, staat u voor het adviseursdilemma. Sommigen van u zullen zich misschien fulltime in deze lastige situatie bevinden. Anderen hebben er misschien slechts zo nu en dan mee te maken, omdat ze deels als managers actief zijn (met directe invloed) en deels als adviseurs (met de wens om invloed te hebben, maar zonder de bevoegdheid om dit te regelen).

## Enkele definities en verschillen

Een *adviseur* is iemand die in de positie zit om invloed uit te oefenen op een individu, een groep of een organisatie, maar die geen directe invloed heeft om veranderingen door te voeren of programma's te implementeren. Een manager is iemand die directe invloed heeft op de uitvoering. Zodra u directe invloed uitoefent, handelt u als een manager.

De meeste stafmedewerkers zijn eigenlijk adviseurs, ook al noemen ze zich niet officieel 'adviseurs'. De rol van stafmedewerkers bestaat uit plannen, aanbevelingen doen, assisteren of adviseren in zaken als:
- personeel
- financiële analyse
- accountantscontrole
- systeemanalyse
- marktonderzoek
- productontwerp
- lange-termijnplanning
- effectiviteit van een organisatie

- veiligheid
- training en ontwikkeling
- en nog veel meer

De ontvangers van al dat advies heten *cliënten*. Soms is een cliënt een enkel individu. In andere gevallen kan de cliënt een werkgroep zijn, een afdeling of een hele organisatie. De cliënt is degene of degenen op wie de adviseur invloed wil uitoefenen, zonder over directe invloed te beschikken.[1]

Binnen organisaties worden cliënten van stafmedewerkers *lijnmanagers* genoemd. Lijnmanagers moeten tijdens hun werk rekening houden met het advies van stafmedewerkers, of ze het nu leuk vinden of niet. Maar elke staffunctie heeft per definitie alleen maar direct gezag over haar eigen tijd, haar eigen interne staf en de aard van de diensten die ze verleent. De spanning tussen de lijnmanager (of cliënt) die directe invloed heeft en het staflid (of de adviseur) zonder directe invloed, is een van de centrale thema's van dit boek.

Men kan de rol van de adviseur pas begrijpen als men het verschil inziet tussen een adviseur en een manager.

Luister naar Alfred:

> "Het project duurde vier maanden en het was geweldig. Ik stond aan het hoofd van het team dat het nieuwe managementinformatiesysteem installeerde. We stelden de problemen vast, ontwierpen het systeem en kregen Alice, de lijnmanager, zover dat ze ons het systeem volledig liet installeren."

Alfred is heel tevreden – maar dit is de tevredenheid van de lijnmanager. In feite trad hij niet op als adviseur, maar nam hij vier maanden lang een stukje over van het werk van de lijnmanager.

Dit onderscheid is belangrijk. Een adviseur moet anders functioneren dan een lijnmanager – in het belang van de adviseur zelf en ten behoeve van de cliënt die immers iets wil leren. Het is prima om directe invloed te hebben – de meesten van ons willen dat, onder verschillende dekmantels. Toch is het essentieel dat we ons ervan bewust zijn dat we verschillende rollen spelen wanneer we het wel hebben en niet hebben.

Het negatieve imago van de term *adviseur* komt grotendeels voort uit het optreden van mensen die zichzelf 'adviseurs' noemen maar zich gedragen als surrogaat-lijnmanagers. Wanneer u namens of in de plaats van de manager handelt, treedt u op als surrogaat-manager. Wanneer de cliënt zegt: "Maak dit rapport voor me af", "Neem deze persoon voor me in dienst", "Ontwerp dit systeem voor me" of "Adviseer deze werknemer", vraagt de manager om een plaatsvervanger. Het aantrekkelijke van de rol van surrogaat-manager is dat u, tenminste voor dat ene moment, over de invloed van de manager beschikt – maar u doet wel het werk van de manager, niet uw eigen werk.

Uw doel of eindproduct binnen elke adviesactiviteit is een bepaalde verandering. Er zijn twee soorten verandering. Aan de ene kant adviseren we om in de lijnorganisatie een verandering in de structuur, in het beleid, of in de procedures te bewerkstelligen – een nieuw beloningspakket, een nieuwe rapportagemethode, een nieuw veiligheidsprogramma. De tweede soort verandering is het eindresultaat waarbij één persoon of juist verschillende mensen in de lijnorganisatie iets nieuws hebben geleerd. Ze hebben bijvoorbeeld geleerd wat voor normen er heersen in hun stafvergaderingen, hoe ze lager opgeleid personeel in een zeer afhankelijke positie houden tijdens het besluitvormingsproces, hoe ze meer mensen directer kunnen betrekken bij het formuleren van doelstellingen, of hoe er betere prestatiebeoordelingen kunnen worden uitgevoerd.

In de meest algemene zin is advieswerk alles wat u doet binnen een systeem waarvan u zelf geen deel uitmaakt. Een gesprek met iemand die u om hulp heeft gevraagd, is advieswerk. Een overzicht van problemen, een trainingsprogramma, een evaluatie, een onderzoek – het zijn allemaal adviezen die leiden tot verandering. Het doel van de adviseur is om succesvolle adviesprojecten uit te voeren die ervoor zorgen dat mensen of organisaties zichzelf anders gaan managen.

Ik vind zelf dat de termen *stafwerk* en *advieswerk* onderling verwisselbaar zijn, omdat ik geloof dat mensen in een staffunctie beslist adviesvaardigheden nodig hebben om effectief te zijn – afgezien van hun specifieke vakkennis (financiën, planning, engineering, personeel, recht). Telkens wanneer u iemand adviseert die in de positie verkeert dat hij moet kiezen, treedt u op als adviseur. In al deze adviessituaties zijn er drie soorten vaardigheden die u nodig hebt om succes te hebben – technische, interpersoonlijke en adviesvaardigheden.

Hier volgen de verschillen.

## Technische vaardigheden

Het belangrijkste is dat we weten waar de cliënt het over heeft. We hebben vakkennis nodig over het vraagstuk. Tijdens onze studie of in onze eerste baan zijn we opgeleid op een specifiek terrein of in een specifieke functie. Dat kan engineering, verkoop, accounting, advieswerk zijn of een van de duizenden andere bezigheden waarmee mensen hun brood verdienen. Dat is onze basistraining. Pas later, nadat we een bepaalde technische vakkennis hebben verworven, beginnen we met adviseren. Als we die vakkennis niet hadden, zouden mensen ons ook niet om advies vragen. Het fundament voor adviesvaardigheden is een bepaalde vakkennis – of die nu zeer wetenschappelijk is, zoals het bepalen van porositeit, of helemaal niet wetenschappelijk, zoals management of organisatie-ontwikkeling. Dit boek gaat ervan uit dat u op enig gebied vakkennis bezit.

### Interpersoonlijke vaardigheden

Om met mensen te werken hebben we interpersoonlijke vaardigheden nodig. Een zeker vermogen om ideeën in woorden om te zetten, te luisteren, steun te verlenen, binnen redelijke grenzen van mening te verschillen, in feite om een relatie te onderhouden. Er bestaan vele boeken en cursussen over het verbeteren van deze vaardigheden. Net als technische vaardigheden zijn interpersoonlijke vaardigheden noodzakelijk voor effectief adviseren. Sommige deskundigen menen dat voor goed advieswerk eigenlijk alleen maar goede interpersoonlijke vaardigheden vereist zijn. Dat is niet waar. Er zijn andere vaardigheden die een essentieel onderdeel vormen van advieswerk, buiten vakkennis en interpersoonlijke vaardigheden – dat zijn *adviesvaardigheden*.

### Adviesvaardigheden

Elk adviesproject, of het nu tien minuten duurt of tien maanden, doorloopt vijf fases. Elke fase bestaat uit een reeks opeenvolgende stappen. Als u een stap overslaat of ervan uitgaat dat erin voorzien is, komt u in de problemen. Vaardig adviseren betekent competent zijn in de uitvoering van elk van deze stappen. Dit boek is in de eerste plaats gericht op het succesvol afwerken van elke fase.

## Adviesvaardigheden – een voorbeschouwing

Hier volgt een overzicht van wat de vijf fases van advieswerk inhouden.

### Fase 1. Entree en contractering

Het gaat hier om het eerste contact met een cliënt over een project. Deze fase omvat de organisatie van de eerste bijeenkomst, het onderzoek naar de aard van het probleem, het vaststellen of de adviseur de juiste persoon is om zich met deze kwestie bezig te houden, wat de verwachtingen van de cliënt zijn, wat de verwachtingen van de adviseur zijn en waar men moet beginnen. Wanneer adviseurs over hun mislukkingen vertellen, is hun conclusie gewoonlijk dat het in de acquisitiefase al misging, namelijk tijdens het opstellen van het contract.

### Fase 2. Het verzamelen van gegevens en dialoog

Van adviseurs wordt verwacht dat ze hun eigen visie op het probleem geven. Hierin zou wel eens hun belangrijkste bijdrage kunnen liggen. In deze fase moet de adviseur zich de volgende vragen stellen: Wie zal er betrokken worden bij het definiëren van het probleem, welke methoden zullen gebruikt worden, welke soorten gegevens moeten verzameld worden en hoe lang zal het duren? Moet de adviseur de gegevens verzamelen of moet dat aan het systeem zelf worden overgelaten?

*Figuur 1. Een overzicht van adviesvaardigheden*

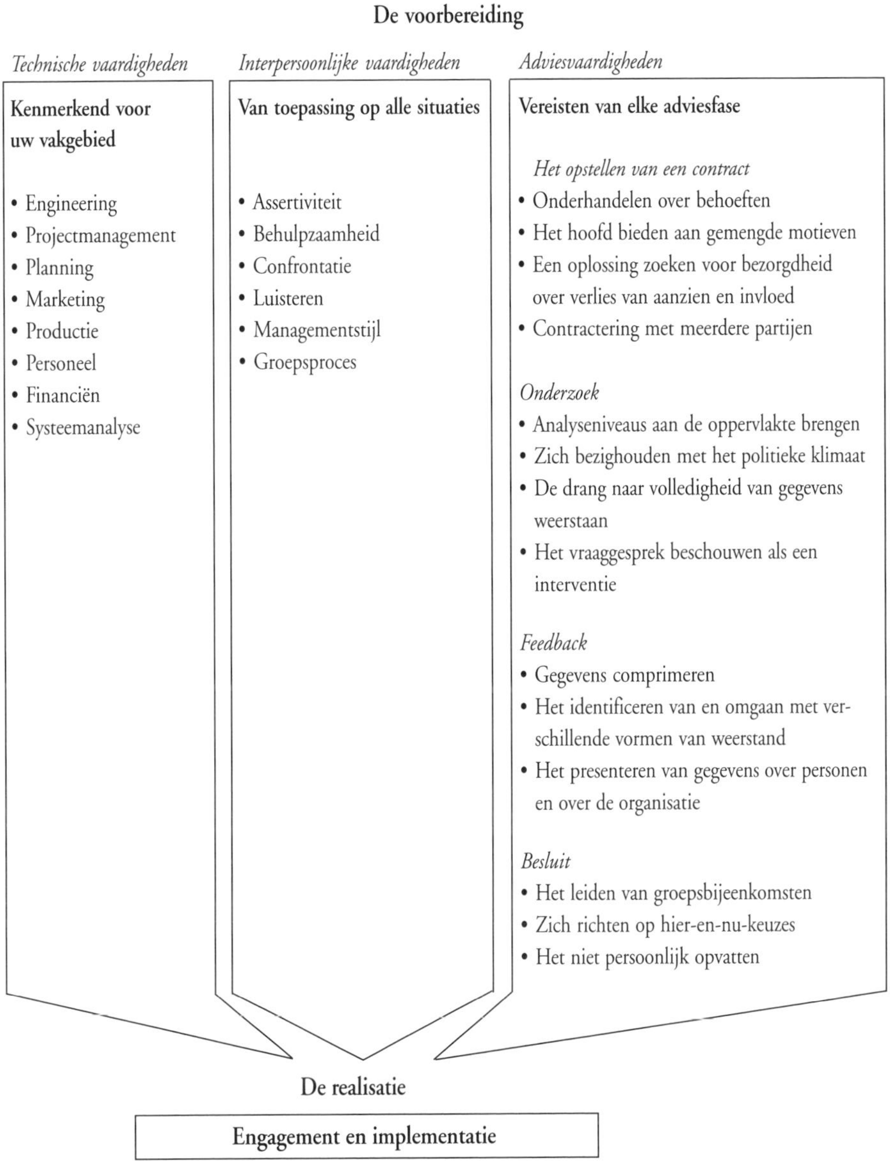


## Fase 3. Analyse en plan van actie

De gegevensverzameling en -analyse dienen op de een of andere manier te worden gepresenteerd. De adviseur bevindt zich altijd in de positie dat een grote hoeveelheid gegevens teruggebracht moet worden tot een hanteerbaar aantal punten. Ook kan de adviseur kiezen hoe de cliënt betrokken wordt bij het analyseren van de informatie. Tijdens het geven van feedback aan een organisatie is er altijd sprake van een zekere weerstand tegen de gegevens (als het gaat om belangrijke zaken). De adviseur moet deze weerstand wegnemen, voordat er een juist besluit kan worden genomen over de voortgang. Deze fase noemen veel mensen 'planning': daarbij worden de uiteindelijke doelstellingen voor het project vastgesteld en het beste plan van actie en de beste interventies gekozen.

## Fase 4. Engagement en implementatie

Hierbij gaat het om het uitvoeren van de planning van de vorige stap. In veel gevallen zal de implementatie volledig bij de lijnorganisatie berusten. In het geval van verdergaande pogingen tot verandering kan de adviseur er intensief bij betrokken zijn. Sommige projecten beginnen de implementatie met een educatieve activiteit. Het kan om een hele reeks bijeenkomsten gaan met het doel een bepaalde verandering te introduceren. Het kan ook zijn dat één enkele bijeenkomst voldoende is om verschillende delen van de organisatie samen te brengen en het probleem voor te leggen. Het kan om een trainingssessie gaan. In deze gevallen wordt gewoonlijk heel wat van de adviseur gevergd bij de opzet en het leiden van de bijeenkomst of trainingssessie.

## Fase 5. Uitbreiding, opnieuw beginnen of beëindiging

Fase 5 begint met een evaluatie van wat er gebeurd is tijdens de fase van engagement en implementatie. Daarna valt het besluit of het proces uitgebreid moet worden naar een groter deel van de organisatie. Soms krijgt men pas een duidelijk beeld van het echte probleem nadat een begin is gemaakt met de implementatie. In dit geval begint het proces weer van voren af aan en moet over een nieuw contract gepraat worden. Als de implementatie een groot succes was of een (tamelijk) grote mislukking, kan het zijn dat van verdere betrokkenheid bij dit project wordt afgezien. Er zijn vele opties voor beëindiging van een relatie en beëindiging dient beschouwd te worden als een legitiem en belangrijk onderdeel van het advies. Als de beëindiging goed verloopt, biedt dit de cliënt en de adviseur een belangrijke leerervaring, en kan het tevens de deur openhouden voor toekomstige projecten in de organisatie.

Als u figuur 1 bekijkt, ziet u een voorbeschouwing van enkele van de vaardigheden en topics die horen bij de verschillende stappen in het adviesproces.

De voorbereidende bijeenkomsten vallen in vier categorieën: contractering, onderzoek, feedback en besluitvorming. Ze omvatten de eerste contacten, de planningsbijeenkomsten, de gegevensverzameling, en de bijeenkomsten voor feedback en besluitvorming.

Bij de realisatie doet u uiteindelijk iets wat voldoende impact heeft om door veel mensen in de organisatie opgemerkt te worden, iets wat de verwachting wekt dat er een merkbare verandering zal plaatsvinden als gevolg van dat optreden, of dat ze er iets van zullen leren.

Ik ben ervan overtuigd dat de voorbereiding in veel opzichten crucialer is voor succes dan de realisatie. Kennis van adviesvaardigheden is in feite kennis van de voorbereiding.

## De belofte van feilloos adviseren

Een van de redenen waarom adviseren frustrerend kan zijn is dat u voort-durend laterale relaties onderhoudt. Als stafmedewerker of adviseur werkt u met een lijnmanager in een context waar geen sprake is van een duidelijke baas-ondergeschikteverhouding tussen u beiden. Bij verticale relaties weet u beter waar u aan toe bent: als uw baas u een opdracht geeft, weet u dat deze het recht heeft u te zeggen wat u moet doen. Als uw cliënt u echter iets verzoekt, hoeft u niet noodzakelijkerwijs te gehoorzamen. Het machts-evenwicht bij laterale relaties is altijd onderhevig aan ambiguïteit – en aan onderhandeling. Als we weerstand ondervinden van een cliënt, weten we soms niet zeker of we moeten doorzetten of het maar laten zitten. Dit boek gaat over het hanteren van dit soort ambiguïteit.

In zijn totaliteit bezien gaat dit boek over feilloos adviseren – adviseren zonder fouten te maken. Het richt zich bijna geheel op de voorbereidende fase, omdat ik ervan overtuigd ben dat kundigheid in het afsluiten van contracten, het verzamelen van gegevens en feedback een garantie is voor succesvolle resultaten in de implementatiefase. Ik heb er bewust van afgezien om adviesvaardigheden stapsgewijs, in opeenvolgende hoofdstukken te bespreken, omdat er bepaalde concepten en vaardigheden zijn die in elke fase van de relatie adviseur-cliënt toegepast moeten worden. Zodoende heb ik vóór de hoofdstukken die de vereiste vaardigheden voor de totale voorbereiding specificeren en illustreren, hoofdstukken opgenomen over vooronderstel-lingen van de adviseur, doelstellingen van de adviseur, mogelijke rollen voor de adviseur en de vereisten voor feilloos adviseren. Ik heb ook hoofdstukken tussengevoegd over zaken als weerstand van de cliënt en bijzonderheden in de rol van de interne adviseur, waarmee ik uiting geef aan mijn overtuiging dat succesvol adviseren meer vraagt dan een methodische, stapsgewijze toepassing van vakkennis.

Ik ben ervan overtuigd dat als u volgens de in dit boek beschreven methode adviseert, u feilloos kunt adviseren en dat:

1. uw vakkennis beter benut wordt;
2. uw aanbevelingen vaker geïmplementeerd worden;
3. u meer als partner optreedt in relatie tot cliënten;
4. u voorkomt dat met uw adviezen niets gewonnen wordt;
5. u bij uw cliënten commitment ontwikkelt;
6. u steun krijgt van cliënten;
7. uw invloed op cliënten toeneemt;
8. u een sterkere vertrouwensrelatie met cliënten aangaat.

Dat ik de term *feilloos adviseren* gebruik klinkt misschien arrogant, maar ik heb hem niet zomaar gekozen. Een fundamentele waarde die aan het boek ten grondslag ligt, is dat ieder van ons de capaciteit heeft perfectie te bereiken. In ieder van ons schuilt een 'professionele' adviseur, en het is onze taak om die perfecte adviseur tevoorschijn te laten komen. Oppervlakkig bekeken gaat dit boek over methoden en technieken. Maar elke techniek brengt een consistente boodschap met zich mee die belangrijker is dan welke methode dan ook – dat iemand die zelfvertrouwen en redelijkheid uitstraalt altijd op de juiste weg zit. Wanneer men daarentegen manipuleert of zich schuldig maakt aan huichelarij, komt men onherroepelijk in de problemen.

Werken binnen organisaties betekent dat we voortdurend onder druk staan om vaardig en indirect te zijn, en onze gevoelens te negeren. Feilloos adviseren biedt ons de mogelijkheid om bij het werk met onze cliënten in ons gedrag consistent te zijn met onze overtuigingen en gevoelens, en tegelijk succes te hebben. De focus in dit boek op technieken en vaardigheden van het adviseren is eenvoudigweg een manier om die keuzes te identificeren waar we persoonlijk volledig achterstaan, keuzes die we allemaal moeten maken wanneer we werken in organisaties. Vanaf de eerste dag in onze eerste baan heeft ieder van ons geworsteld met het conflict tussen volledig onszelf zijn en ons voegen naar wat wij denken dat de verwachtingen van onze werkgevers of cliënten zijn. Het verlangen succesvol te zijn kan ons ertoe brengen ons anders te gaan gedragen en rollen te spelen die ons wezensvreemd zijn en een verlies van onze eigen identiteit betekenen.

Adviseurs zijn bijzonder gevoelig voor dit conflict, omdat we geacht worden te voldoen aan de behoeften van onze cliënt. Onze projecten zijn meestal van korte duur en we werken naar goeddunken van de cliënt. Van een adviseur kun je je makkelijker ontdoen dan van een ondergeschikte. In moeilijke tijden beëindigen managers eerder adviesprojecten dan dat ze hun eigen personeel inkrimpen. Dit gevoel van kwetsbaarheid kan voor adviseurs een goede reden worden om hun eigen behoeften en gevoelens te ontkennen en onoprecht te zijn. Dit boek biedt een alternatief. Het stelt dat zelfvertrouwen het middel is dat cliënten aan ons bindt en de kansen vergroot dat onze vakkennis steeds opnieuw gebruikt zal worden.

# 2 Technieken zijn niet voldoende

Veel mensen die adviesvaardigheden willen leren, zoeken naar technieken, interventies en methoden om effectiever als adviseur op te treden. Maar de rol van adviseur stelt speciale eisen aan ons die verder gaan dan geschikte specifieke methoden; vaardigheden die onze effectiviteit ten goede komen, ongeacht onze vakkundigheid. Een uniek en aantrekkelijk aspect van advieswerk is dat uw eigen persoonlijkheid in veel hogere mate betrokken is bij het proces dan wanneer u uw vakkennis op een andere manier zou toepassen. Uw eigen reacties op een cliënt, uw eigen gevoelens tijdens discussies, uw eigen vermogen om feedback van de cliënt los te krijgen – het zijn allemaal belangrijke dimensies binnen advieswerk.

Als adviseur werkt u altijd op twee niveaus. Het ene niveau betreft de inhoud, het cognitieve gedeelte van een discussie tussen uzelf en de cliënt. De cliënt legt een bepaald probleem binnen de organisatie voor. Misschien gaat het om de behoefte aan training, aan het verbeteren van de vaardigheden van mensen in een organisatie. Misschien gaat het om de besluitvorming in de organisatie. Het kan ook een probleem zijn met het ontwerp van een ketel – of de financiële controle.

Het inhoudelijke niveau is het rationele of expliciete gedeelte van de discussie, waarbij het gaat om wat ik het technische of inhoudelijke probleem noem. Tegelijkertijd, en op een ander niveau, ontwikkelt zowel u als de cliënt gevoelens jegens elkaar en neemt die waar – tolerantie of weerstand, veel of weinig spanning, steun of confrontatie. Zodoende vormt de relatie tussen adviseur en cliënt tijdens elke fase een tweede niveau van gegevens dat aandacht verdient.

## Niet alleen inhoud

Bij de relatie cliënt-adviseur gaat het niet alleen om de inhoud van het probleem of project waar de adviseur aan werkt. Gevoelens vormen de *affectieve* kant van de discussie en een belangrijke bron van *gegevens* voor de adviseur – gegevens over de echte problemen van de cliënt en over wat de mogelijkheden zijn een goede relatie aan te gaan.

Een belangrijke doelstelling van elk adviestraject is u te stimuleren om u te richten op het affectieve, of interpersoonlijke, aspect van de relatie tussen cliënt en adviseur, en daar het belang van in te zien. De meesten van ons hebben veel ervaring met het cognitieve of inhoudelijke niveau van discussiëren. We komen op een bijeenkomst met de nodige vakkennis en voelen ons op ons gemak wanneer we praten over problemen waar we iets van weten. Er zou echter evenveel aandacht besteed moeten worden aan uw gevoelens over de interactie die plaatsvindt, terwijl u met de cliënt praat, als aan de inhoud van het probleem van de cliënt.

Wanneer u eenmaal inziet dat de affectieve kant van de relatie een belangrijk aandachtsgebied is, is de volgende stap ervoor te zorgen dat u u meer op uw gemak voelt door te verwoorden wat uw gevoelens zijn over de relatie zoals die verloopt. De derde stap is het vaardiger worden in het verwoorden van uw gegevens over de relatie, zodat u voorkomt dat de cliënt te zeer in de verdediging gaat.

De affectieve kant van de interactie tussen adviseur en cliënt kent vier elementen die altijd van kracht zijn.

## Verantwoordelijkheid

Voor een goed contract met de cliënt moet de verantwoordelijkheid voor wat er is gepland en plaatsvindt evenwichtig verdeeld zijn – 'fiftyfifty'. In de meeste gevallen komt de cliënt naar u toe in de verwachting dat u de oplossing aandraagt zodra u eenmaal op de hoogte bent van het probleem. Uw doel is over te brengen dat het gaat om een 'fiftyfifty-voorstel'.

Even een klein voorbeeld: Als u aan een programma begint, is er meestal communicatie over het programma nodig – wanneer het plaatsvindt, wat de plannen zijn, waarom u het doet. Het is belangrijk dat de cliënt zich de moeite getroost om de brief te schrijven en deze communicatie voor eigen rekening te nemen. Niet omdat het een taak betreft waar alleen de cliënt toe in staat is – eigenlijk bevindt de adviseur zich in een betere positie om het te doen – maar omdat het een manier is om de organisatie te laten zien dat de cliënt ten minste vijftig procent van de verantwoordelijkheid voor het programma op zich neemt. Als de cliënt wil dat de adviseur een concept voor de brief schrijft en zorgdraagt voor alle administratieve details, dan zegt de cliënt daarmee beperkte verantwoordelijkheid te willen dragen. Voor de adviseur is het soms verstandig deze verantwoordelijkheid niet op zich te nemen. Het gaat hier om een bijkomstigheid, maar het is een voorbeeld van waar u op moet letten als u voor uzelf probeert vast te stellen of de verantwoordelijkheid evenwichtig is verdeeld.

## Gevoelens

Het tweede belangrijke element betreft de mate waarin cliënten in staat zijn voor hun eigen gevoelens uit te komen. In zekere zin is dit van invloed op de verantwoordelijkheid. De adviseur moet altijd in gedachten houden in welke mate cliënten uitkomen voor hun gevoelens en in welke mate ze als een buitenstaander over de organisatie praten. De adviseur moet ook in gedachten houden wat de eigen gevoelens over de cliënt zijn. Als de adviseur het gevoel heeft dat de cliënt heel defensief is of heel dominant, of niet luistert of geen verantwoordelijkheid neemt, zijn dat belangrijke gegevens. Welk gevoel de adviseur ook heeft tijdens het werken met die cliënt, de mensen binnen de organisatie van de cliënt zullen hetzelfde gevoel krijgen. Het is even belangrijk voor u om uw eigen gevoelens tijdens het adviesproject goed in de gaten te houden, vooral in het begin, en deze te gebruiken als waardevolle diagnostische gegevens over het functioneren van een organisatie en de manier waarop een persoon bestuurt.

## Vertrouwen

Het derde element is vertrouwen. De meesten van ons komen in een situatie als een adviseur binnen en brengen het heersende imago van de adviseur met zich mee: de expert en iemand voor wie je moet uitkijken. Het is vaak nuttig om de cliënten te vragen of ze er gerust op zijn dat u vertrouwelijkheid in acht zult nemen, hen in hun waarde zult laten en de touwtjes niet volledig in handen zult nemen. U kunt hen vragen welke twijfels zij nog hebben over het werken met u. Door dit te doen werkt u aan het opbouwen van vertrouwen. Hoe meer het wantrouwen onder woorden wordt gebracht, des te groter is de kans dat u vertrouwen opbouwt.

## Uw eigen behoeften

Het vierde element op het affectieve vlak van de relatie adviseur-cliënt is dat adviseurs recht hebben op hun eigen behoeften in deze relatie.

U kunt gemakkelijk vervallen in een dienstverlenersmentaliteit, waarbij u uzelf belast ziet met het oplossen van de problemen van de cliënt en met het vervullen van de behoeften van de cliënt – en het is mogelijk om dat zo te doen dat u als adviseur geen behoeften lijkt te hebben. In werkelijkheid hebt u wel degelijk behoeften. U kunt een cliënt willen binnenhalen om met uw eigen organisatie het gevoel te hebben dat u iets nuttigs doet. U wilt geaccepteerd worden door de cliënt en meetellen. U hebt een of andere vorm van bevestiging nodig dat u iets waardevols kunt bieden.

Op een praktisch niveau hebt u behoefte aan toegang tot de organisatie – u wilt met mensen praten, ze vragen stellen. En u hebt behoefte aan steun van de manager, bij uw ontmoetingen met mensen in de organisatie van de manager, maar ook in de aanpak van het soort weerstand waarop u waarschijnlijk zult stuiten. U hebt er recht op dat aan uw behoeften tegemoet wordt gekomen.

Kortom, mijn opvattingen over het aanleren van adviesvaardigheden, de opvattingen die ten grondslag liggen aan de rest van dit boek, zijn: let goed op uw eigen stijl en uw eigen gevoelens als belangrijke dimensies van de relatie adviseur-cliënt. Vaardigheid in advieswerk betekent niet alleen vaardigheid in het verzorgen van een programma, en een proces, en procedures die beantwoorden aan de behoeften van de cliënt. Het omvat ook het vermogen alles wat met vertrouwen, gevoelens, verantwoordelijkheid en uw eigen behoeften te maken heeft, te herkennen en te benoemen.

## Vooronderstellingen van de adviseur

Elke visie op wat leidt tot een effectief advies berust grotendeels op de vooronderstellingen van de adviseur over wat een organisatie effectief maakt. Deze vooronderstellingen zullen impliciet of expliciet deel uitmaken van iedere aanbeveling.

Als adviseurs moeten we allemaal een glashelder beeld hebben van onze eigen opvattingen. Ons eigen adviesgedrag dient consistent te zijn met de managementstijl die we onze cliënten aanbevelen. Als we onze cliënt aanraden het toezicht te verscherpen, besluitvaardiger te zijn en duidelijke doelstellingen voor ogen te stellen, ondermijnen we onze geloofwaardigheid als we geen toezicht houden op de voortgang van het project, besluiteloos zijn en twijfelen over onze koers. Als we vinden dat onze cliënten moeten proberen meer samen te werken, maken we onszelf ongeloofwaardig als we in onze adviesprojecten de touwtjes strak in handen houden en niet samenwerken met dezelfde cliënten die we nu juist trachten te stimuleren om zich coöperatiever op te stellen.

U kunt beginnen met na te denken over uw mogelijke vooronderstellingen over goed management. Er zijn talloze modellen waaruit u kunt kiezen.

De meeste organistaties werken vandaag de dag vanuit het model dat in militaire en kerkelijke organisaties gebruikelijk is. Structureel gezien ligt grote nadruk op de hiërarchische piramide en op de duidelijke scheiding tussen autoriteit en verantwoordelijkheid. De hoeksteen van hiërarchisch management is sterk leiderschap. Leiderschap wordt beschouwd als een individueel vermogen om werk te plannen, mensen te organiseren om het werk te doen, deze mensen en hun resultaten onder controle te houden, en vervolgens de verantwoordelijkheid te delegeren naar de juiste mensen om resultaten te bereiken. Wanneer u uitgaat van een rond de leider gecentreerde organisatie, krijgt u te maken met individuen die zich naar boven toe aanpassen en naar beneden toe een sturende rol spelen.

De afgelopen dertig jaar heeft er een verschuiving plaatsgevonden (in de literatuur, tenminste) van de traditionele nadruk op sturing en leiderschapskwaliteiten naar opvattingen over organisaties waarbij meer oog is voor samenwerking. Participerend leidinggeven is een thema dat als een rode draad door de meeste gangbare vooronderstellingen over effectieve organisaties loopt.

Uw vooronderstellingen over organisaties bepalen op subtiele wijze uw eigen adviesstijl en de vaardigheden waaraan u moet werken. Hier volgt de reeks vooronderstellingen die ten grondslag liggen aan de adviesbenadering die in dit boek wordt gepresenteerd.

### Probleemoplossing vereist valide gegevens

Het gebruik van *valide gegevens* neemt een belangrijke oorzaak weg van verwarring, onzekerheid en de inefficiëntie bij probleemoplossing die dit met zich meebrengt.

Bij valide gegevens gaat het om twee dingen: (1) *objectieve gegevens*, gegevens over ideeën, gebeurtenissen of situaties die iedereen als feiten accepteert en (2) *persoonlijke gegevens*. Persoonlijke gegevens zijn ook 'feiten', maar die hebben betrekking op het gevoel dat individuen hebben over wat er met hen en om hen heen gebeurt. Als mensen het gevoel hebben dat ze niet eerlijk behandeld zullen worden, is het een 'feit' dat ze dat gevoel hebben en is het ook een 'feit' dat deze overtuiging effect zal hebben op hun gedrag. Als men dit soort 'feiten' negeert, gooit men gegevens weg die misschien cruciaal zijn voor elke inspanning om een probleem op te lossen.

### Effectieve besluitvorming vereist een vrije en pen keuze

Besluiten nemen is makkelijk. Besluiten nemen die steun zullen vinden bij mensen is niet zo makkelijk. Organisaties lijken beter te functioneren wanneer mensen de kans krijgen invloed uit te oefenen op beslissingen die direct effect hebben op hun werk. Wanneer mensen het gevoel hebben dat iets belangrijk is en ze over enige invloed beschikken, zullen ze gemotiveerd worden om hun best te doen de boel te laten functioneren. Wanneer ze menen dat iets belangrijk is, maar ze kunnen geen invloed uitoefenen, hebben ze over het algemeen de neiging zich behoedzaam of defensief op te stellen, hun nek niet uit te steken, informatie achter te houden, zichzelf te vrijwaren tegen schuld.

### Effectieve implementatie vereist interne commitment

Mensen zijn bereid zich in te zetten voor dingen waarvan ze menen dat ze er belang bij hebben. Als er geen verband wordt gezien tussen wat van iemand gevraagd wordt en wat iemand wil doen, is het niet waarschijnlijk dat mensen hun uiterste best zullen doen. U kunt mensen opdragen dingen te doen, en gewoonlijk zullen ze gehoorzamen – althans zolang u toekijkt. Maar als u wilt dat ze zich uit zichzelf inspannen, is interne commitment vereist.

## De doelstellingen van de adviseur

Onze vooronderstellingen over datgene wat bijdraagt tot een effectief optreden van adviseur en manager leiden tot een reeks doelstellingen waaraan in elke adviessituatie de voorkeur moet worden gegeven. Het is wellicht niet steeds mogelijk al deze doelstellingen te bereiken, maar we kunnen altijd duidelijk zijn over onze voorkeuren.

### Doelstelling 1. Het aangaan van een op samenwerking gebaseerde relatie

Ik ben van mening dat er twee redenen zijn voor adviseurs om naar samenwerking te streven in hun relaties met cliënten. De ene is dat het optimaal gebruik van iemands middelen verzekert – zowel die van de adviseur als die van de cliënt. De verantwoordelijkheid voor succes of mislukking en voor de implementatie wordt gedeeld, en het is een prettige manier van werken. De tweede reden voor adviseurs om zich coöperatief op te stellen, is dat ze, bewust of onbewust, altijd als voorbeeld dienen hoe je problemen moet oplossen. De daden van adviseurs hebben veel meer zeggingskracht dan hun woorden. Wanneer men de mond vol heeft van samenwerking maar zich er niet naar gedraagt, zaait men verwarring en tegenwerking.

## Doelstelling 2. Problemen oplossen zodat ze opgelost blijven

Het is mogelijk zodanig op te treden dat slechts het directe probleem wordt opgelost. Als het probleem bijvoorbeeld bestaat uit werknemers die te laat op hun werk verschijnen, kan er actie worden ondernomen om dat te voorkomen – posteer de baas 's morgens bij de deur met potlood en zwartboek, of check elke ochtend bij het begin van de werktijd of iedereen op zijn post is, of kondig een beleidsmaatregel inzake te laat komen af, of organiseer bijeenkomsten met de werknemers over de noodzaak van stiptheid. Dit kan het probleem van te laat komen verminderen. Als er interne (of externe) adviseurs betrokken zijn bij dergelijke aanbevelingen, zou dat uiteindelijk kunnen leiden tot een verhoging van de effectiviteit van de organisatie. Maar dit betekent niet dat de managers iets geleerd hebben over de wijze waarop men soortgelijke problemen dient op te lossen en dat ze zodoende competenter zijn geworden.

Het alternatief voor de adviseur is met de lijnmanagers op een ander analyseniveau te werken – de manier waarop ze problemen met te laat komen benaderen. Managers zien bijvoorbeeld niet dat te laat komen een symptoom van ontevredenheid, of van onervaren supervisie op het eerste niveau of van andere denkbare kernproblemen kan zijn. Het is ook mogelijk dat de adviseur gevraagd wordt problemen op te lossen waar de lijnmanagers zich eigenlijk zelf op zouden moeten werpen. Het is alleen mogelijk de managers bij te brengen hoe ze de volgende keer het probleem zelf kunnen oplossen, als ze inzien dat storend gedrag van werknemers een symptoom is van wezenlijker problemen en dat ze niet anderen moeten vragen om problemen aan te pakken waar ze zich zelf mee bezig zouden moeten houden.

## Doelstelling 3. Garanderen dat aandacht besteed wordt aan zowel het technische of inhoudelijke probleem als aan de relaties

Elke situatie heeft twee elementen: het technische of inhoudelijke probleem dat opgelost dient te worden en de manier waarop mensen op elkaar reageren rond dat probleem. In de meeste organisaties wordt hoofdzakelijk aandacht besteed aan het technische of inhoudelijke probleem. Adviseurs bevinden zich in een unieke positie om zich productief bezig te houden met de mensen of gang van zaken die met het probleem te maken hebben. Als derde partij hebben ze geen gevestigde belangen in de gang van zaken – geen invloed te winnen of te verliezen, geen territorium uit te breiden of in te krimpen, geen budget te verhogen of te verlagen. Adviseurs kunnen met klem de aandacht vestigen op problemen in de werkwijze en lijnmanagers zullen naar hen luisteren zoals ze niet naar elkaar zouden luisteren.

## Het opbouwen van commitment bij de cliënt: een secundaire doelstelling van elk adviesproject

Omdat adviseurs of stafmedewerkers geen directe invloed hebben op de implementatie, zijn ze voor het boeken van resultaten totaal afhankelijk van lijnmanagers. Uiteindelijk zal de lijnmanager beslissen of er actie moet worden ondernomen, en deze keuze zal afhangen van de mate waarin de lijnmanager overtuigd is door de ideeën die de adviseur voorstelt. Zodoende moet de adviseur tijdens het gehele adviesproces welbewust werken aan commitment bij de cliënt. Effectieve adviesvaardigheden zijn de stappen en handelingen die de managers overtuigen en commitment bewerkstelligen. Ieder van ons kent voorbeelden van adviesprojecten waarbij het onderzoek of het rapport in een la verdwijnt, ondanks de kosten en relevantie ervan. Wanneer dit gebeurt, is dat vaak een teken dat het adviesproces ergens onderweg de managers is kwijtgeraakt die hadden moeten beslissen over toepassing van de resultaten van het onderzoek. Bij feilloos adviseren doorloopt u de stappen van een adviesproces dat *ontworpen* is om commitment te ontwikkelen en om de kans te verkleinen onderweg de cliënt kwijt te raken.

Commitment van de cliënt is de sleutel tot effectiviteit en invloed van de adviseur. We kunnen de cliënt niet bevelen actie te ondernemen. (Soms besluiten we naar de baas van de cliënt te gaan en deze ertoe te bewegen om de cliënt de opdracht te geven onze aanbevelingen te gebruiken, maar dit is een riskante zaak. Vooral als we in de gunst willen blijven bij onze cliënt.) Zodoende wordt onze invloed bepaald door de mate waarin de cliënt zich inzet voor onze suggesties. Het ontwikkelen van deze commitment is vaak een proces van obstakels verwijderen die de cliënt afhouden van het volgen van ons advies.

Wellicht klampen we ons vast aan de illusie dat als we maar helder en logisch denken, welbespraakt zijn en stellige overtuigingen erop nahouden, de kracht van onze argumenten de slag zal winnen. Heldere argumenten helpen wel degelijk. Maar ze zijn niet voldoende. De cliënt en zijn of haar collega's zullen twijfels en dilemma's hebben, die commitment in de weg zullen staan.

## De verschillende rollen van een adviseur

Om werkelijk de oplossing van een probleem in gang te zetten is het noodzakelijk dat u in elke fase van het adviesproces aandacht besteedt aan twijfels – tijdens het opstellen van een contract, de gegevensverzameling, het onderzoek en de voorbereiding op de feedbackbijeenkomst. Als tot de feedbackbijeenkomst wordt gewacht met weerstand wegnemen is het te laat.

Ed Schein heeft vastgesteld dat er drie manieren zijn waarop adviseurs werken met lijnmanagers:[2] als *expert*, in de rol van een *handlanger*, of als *partner*. De keuze is afhankelijk van individuele verschillen in managementstijl, de aard van de taak en de persoonlijke voorkeur van de adviseur.

Aangezien u adviseert in diverse situaties, is het nuttig om u bewust te worden van de rol die u gewoonlijk speelt. Vervolgens moet u in staat zijn vast te stellen bij welke situaties die rol uw optreden helpt of hindert. Alleen dan kunt u een bewuste keuze maken tussen de alternatieven. Bij zo'n zelfanalyse ontdekken mensen vaak dat ze situaties beginnen te herkennen, waarin ze het meeste succes boeken wanneer ze zich als partner opstellen. In de meeste organisaties echter is de realiteit dat soms de rol van een handlanger of expert beter van pas komt en bij andere gelegenheden deze rollen niet onontkoombaar zijn.

## De rol van expert

Vaak is de verhouding cliënt-expert kenmerkend voor de relatie tussen lijnmanager en stafspecialist of externe adviseur. De stafmedewerker wordt de 'expert' in de uitvoering van een gegeven taak.

Bijvoorbeeld: De nieuwe hrm-intranetsite van een bedrijf is net compleet vernieuwd. Na een tijdje blijkt dat de nieuwe site niet aan de verwachtingen voldoet. De algemene opzet is in orde – het probleem zit hem ergens in de navigatie en de contra-intuïtieve manier waarop medewerkers informatie moeten invoeren.

Op dat moment roept de manager de hulp in van een webdeveloper van een ondersteunende afdeling. Hij beschrijft de moeilijkheden en zegt vervolgens: "Ik heb geen tijd en ook geen zin om me met dit probleem bezig te houden. U bent de expert; bekijk wat er mis is en maak het in orde. U kunt naar eigen goeddunken het systeem onderzoeken en de nodige analyses uitvoeren. Houd me op de hoogte van uw bevindingen en uw plannen."

In dit geval wordt de webdeveloper in feite lid van de staf van de manager, gemachtigd om wijzigingsprogramma's te plannen en te implementeren en onderworpen aan dezelfde restricties als andere leden van de staf van de manager.

Hier volgt een overzicht van wat er in een dergelijke relatie gebeurt.

- *De manager besluit een inactieve rol te spelen.* De manager wil de adviseur verantwoordelijk houden voor de resultaten. De adviseur aanvaardt de verantwoordelijkheid en voelt zich vrij om plannen van actie te ontwikkelen en te implementeren. De manager wordt geacht zich ontvankelijk op te stellen en de nodige hulp te bieden voor de oplossing van het probleem.
- *Besluiten over de voortgang worden genomen door de adviseur naar zijn eigen, deskundige oordeel.* Het is niet nodig de manager te betrekken bij technische details.
- *Informatie die nodig is voor de analyse van het probleem wordt verzameld door de adviseur.* De adviseur beslist ook welke methoden van gegevensverzameling en gegevensanalyse gebruikt zullen worden.

- *Technische controle berust bij de adviseur.* Onenigheid is niet waarschijnlijk, omdat het voor de manager moeilijk zal zijn de 'deskundige' redenatie te betwisten. Als de manager zich in technische beslissingen mengt, zal de adviseur dat opvatten als ongerechtvaardigde bemoeienis.
- *Samenwerking is niet vereist.* Inspanningen om het probleem op te lossen zijn gebaseerd op procedures van specialisten.
- *Wederzijdse communicatie is beperkt.* De adviseur neemt het initiatief en de cliënt reageert hierop. De adviseur verwacht en wordt geacht de aanzet te geven tot vraag-en-antwoord-communicatie.
- *De adviseur plant en implementeert de realisatie.* Of de adviseur zorgt voor gedetailleerde instructies voor implementatie door de manager.
- *De rol van de manager is oordelen en evalueren achteraf.*
- *Het doel van de adviseur is het directe probleem op te lossen.* Noch de manager zelf, noch de adviseur verwacht van de manager dat hij vaardigheden ontwikkelt om soortgelijke problemen in de toekomst op te lossen.

### Problemen

Met name interne adviseurs zijn zich terdege bewust van de problemen die de rol van expert met zich meebrengt. Ik noem twee belangrijke.

Neem bijvoorbeeld het vermogen van de adviseur om een nauwkeurige diagnose te stellen. In het geval van een probleem van zuiver technische aard kan de adviseur zijn technische vakkennis gebruiken om het probleem te isoleren en een oplossing te ontwikkelen. Maar zuiver technische problemen komen zelden voor. De meeste problemen bevatten een 'menselijk element'. En als angst, onzekerheid of wantrouwen, op dat moment het klimaat in de organisatie bepalen, kan het zijn dat essentiële informatie over de menselijke kant van het probleem wordt achtergehouden of verdraaid. Zonder valide gegevens wordt nauwkeurige diagnose onmogelijk. En actieprogramma's die gebaseerd zijn op onjuiste onderzoeken hebben weinig kans van slagen.

Of neem de commitment van mensen om tot de aanbevolen acties over te gaan. Onderzoeken die door 'externe deskundigen' zijn uitgevoerd, appelleren zelden aan de persoonlijke betrokkenheid en commitment die nodig zijn om moeilijke managementzaken aan te pakken.

## De rol van een handlanger

Hier beschouwt de manager de adviseur als een 'handlanger'. De manager zegt eigenlijk: "Ik heb geen tijd en ook geen zin om me met dit probleem bezig te houden. Ik heb de gebreken onderzocht en een overzicht gemaakt van wat er gedaan moet worden. Ik wil dat u het zo snel mogelijk in orde brengt." De manager behoudt volledige controle. De adviseur wordt geacht specialistische kennis toe te passen om plannen van actie te implementeren teneinde doelstellingen te bereiken die door de manager zijn gedefinieerd.

Hier volgen enkele aanwijzingen dat de adviseur optreedt als een handlanger.

- *De adviseur speelt een passieve rol.* De dagorde verloopt zoals de manager dat wil en de adviseur stelt geen vragen over de plannen van actie van de manager.
- *Besluiten over de voortgang worden genomen door de manager.* De adviseur mag aanbevelingen opstellen ter beoordeling en goedkeuring van de manager.
- *De manager selecteert methoden voor gegevensverzameling en -analyse.* De adviseur mag de gegevens verzamelen overeenkomstig procedures die zijn vastgesteld door de manager.
- *Gezag berust bij de manager.* De adviseur wordt geacht suggesties te doen, maar hij zal niet lijnrecht tegen de manager ingaan: dat zou beschouwd worden als het tarten van diens gezag.
- *Samenwerking is niet echt noodzakelijk.* De manager meent verantwoordelijk te zijn voor het specificeren van doelstellingen en procedures. De adviseur kan om uitleg vragen.
- *Wederzijdse communicatie is beperkt.* De manager neemt het initiatief en de adviseur reageert hierop. De manager begint met de situatie te beschrijven of te evalueren.
- *De manager specificeert wijzigingsprocedures, die de adviseur vervolgens moet implementeren.*
- *De rol van de manager is de activiteiten op de voet volgen en direct beoordelen en evalueren.*
- *Het doel van de adviseur is het systeem effectiever te maken door de toepassing van specialistische kennis.*

### Problemen

Het grootste probleem komt naar voren in de onderzoeksfase. In de rol van een handlanger is de adviseur afhankelijk van het vermogen van de manager om een nauwkeurige diagnose te stellen en een effectief plan van actie te ontwikkelen. Als de diagnose van de manager onjuist is, zal het plan van actie niet werken. De adviseur die de 'dienst' verleende, wordt een geschikte zondebok.

Om deze valkuil te vermijden, kan de adviseur tijd vragen om de diagnose van de manager te verifiëren. Wellicht wordt hij dan met andere problemen geconfronteerd – managers die een voorkeur hebben voor adviseurs die zich als handlangers opstellen, kunnen dergelijke verzoeken opvatten als een teken dat men twijfelt aan hun ervaring, hun gezag, of beide.

## Partnerschap

De adviseur die kiest voor samenwerking gaat de relatie aan met het idee dat managementzaken slechts effectief kunnen worden aangepakt wanneer de eigen specialistische kennis gecombineerd wordt met de kennis van de manager over de organisatie. Het oplossen van problemen wordt een gezamenlijke onderneming, met evenveel aandacht voor de technische aspecten als voor de daarmee samenhangende menselijke interacties.

Wanneer adviseurs als partner optreden, lossen ze geen problemen op voor de manager. Ze gebruiken hun speciale vaardigheden om managers te helpen bij het oplossen van problemen. Het verschil is van grote betekenis. De belangrijkste vooronderstelling die ten grondslag ligt aan een partnerschap is dat de manager actief betrokken dient te worden bij het verzamelen en analyseren van gegevens, het bepalen van doelstellingen en het ontwikkelen van plannen van actie, en ten slotte dat hij medeverantwoordelijk is voor succes of mislukking.

Dit is wat er gebeurt.

- *De adviseur en de manager worden wederzijds afhankelijk.* Ze delen de verantwoordelijkheid voor de plannen van actie, de implementatie en de resultaten.
- *Besluitvorming is bilateraal.* Deze wordt gekenmerkt door met elkaar van gedachten te wisselen en elkaars verantwoordelijkheden en vakkennis te respecteren.
- *Gegevensverzameling en -analyse zijn gezamenlijke inspanningen.* De selectie van het soort gegevens dat men zal verzamelen en van de methode die men zal gebruiken, wordt gedaan door zowel de adviseur als de manager.
- *Controlekwesties worden onderwerp van discussie en onderhandeling.* Verschil van mening is te verwachten en wordt beschouwd als een bron van nieuwe ideeën.
- *Samenwerking wordt als essentieel beschouwd.* De adviseur is er vooral op uit om begrip te kweken en overeenstemming te bereiken over de aard en omvang van wederzijdse verwachtingen, alvorens een begin te maken met het oplossen van het probleem.
- *Communicatie is wederzijds.* Adviseur en manager nemen beide het initiatief, afhankelijk van de problemen. Met de uitwisseling van informatie wordt geprobeerd problemen op te lossen.
- *Verantwoordelijkheden voor de implementatie worden vastgesteld na overleg en middels afspraken.* Taken worden zo verdeeld dat optimaal gebruik wordt gemaakt van de beschikbare middelen in het verlengde van de eigen verantwoordelijkheden van elke partij.
- *Het doel van de adviseur is problemen blijvend op te lossen.* Dat wil zeggen, de adviseur gaat een ondersteunende relatie aan, bedoeld om het competentieniveau van managers te verbreden opdat zij plannen van actie kunnen ontwikkelen en implementeren die het systeem effectiever zullen maken. De volgende keer zal de manager over de vaardigheden beschikken om het probleem op te lossen.

### Problemen

Proberen samen te werken geeft ook problemen.

Adviseurs hebben vaak speciale vaardigheden (bijvoorbeeld op het gebied van begrotingsbeheer) waarin managers een snel antwoord op hun problemen zien. Managers die liever met adviseurs werken die zich als *expert* opstellen, kunnen pogingen tot samenwerking opvatten als nalatigheid of gebrek aan doortastendheid.

Managers die de voorkeur geven aan het werken met adviseurs als *een handlanger*, kunnen stappen richting samenwerking interpreteren als tegenwerking. Bovendien kost het tijd.

## Partnerschap en de angst iemand bij de hand te nemen

Tijdens een recente voordracht over advieswerk in samenwerkingsverband bleef een toehoorder vragen stellen over de aard van samenwerking. "Kan het geen teken van zwakheid zijn? Verloochen je je kundigheid niet als je te nauw samenwerkt? Cliënten willen toch antwoorden en geen vragen?" Ten slotte zei hij, hevig gefrustreerd: "Ik wil gewoon niet dat mijn adviseurs een beetje rondhangen en de cliënt bij de hand houden!" Hij doelde op een gebied waar de rol van expert en de rol van partner vaak door elkaar gehaald worden.

De kerntransactie van elk adviescontract is de overdracht van vakkennis van de adviseur naar de cliënt. Dit geldt in gevallen waarbij de vakkennis zeer concreet is, zoals vaardigheid op het gebied van het ontwerp van een ketel of computerprogrammering, en in gevallen waarbij de kennis zeer ongrijpbaar is, zoals vaardigheden op het gebied van probleemoplossing of team building. Om welke kennis het ook gaat, kennisoverdracht vormt de basis voor het werk van adviseur.

De angst iemand bij de hand te nemen lijkt er voor een deel uit te bestaan dat als je te nauw verstrengeld raakt met de cliënt, je vakkennis op de een of andere manier aan kracht inboet en vervaagt. Dus wanneer ik mij een voorstander toon van samenwerking tussen adviseur en cliënt, kan het lijken alsof ik impliceer dat de adviseur en de cliënt evenveel vakkennis hebben en partners zijn in technische aangelegenheden. Dit zou de adviseur ertoe kunnen brengen onbewust de eigen vakkennis te bagatelliseren teneinde een 'fiftyfifty-relatie' te behouden. Als dat zo zou zijn, zou de angst voor verzwakking van de vakkennis realiteit worden. Eén adviseur gaf uiting aan deze angst en verwarring door te zeggen: "Ik ben meer vergeten omtrent voorraadbeheer dan de meesten van mijn cliënten ooit zullen weten. Zij kunnen het woord nauwelijks spellen, en ik ben de bedrijfsgoeroe! Hoe kan ik samenwerken onder deze omstandigheden?"

De verwarring betreft samenwerking op het gebied van de technische aspecten van het probleem (wat ik niet bedoel) en samenwerking bij de invulling van de fases van het adviesproces (wat ik wél bedoel). Hier volgt een voorbeeld van waar u de grens moet trekken.

| Gebieden van samenwerking | Gebieden van vakkennis |
|---|---|
| De behoeften van de cliënt verwoorden | Ontwerpen van een ketel |
| Plannen hoe de organisatie moet worden ingelicht over het onderzoek | Ontwerpen van een trainingsprogramma |
| Beslissen wie betrokken wordt bij de verzameling van gegevens | Opstellen van een vragenlijst |
| De juiste soort gegevens genereren | Computerprogrammering |
| De resultaten van het onderzoek interpreteren | Systeemanalyse |
| Beslissen hoe een verandering bewerkstelligd moet worden | Prijsstrategie |

Ongeacht het vakgebied zal de manier waarop het adviesproces zelf beheerd wordt (de linkerkolom) enorme invloed hebben op het gebruik door de cliënt van zelfs de meest technische vakkennis. Hoe meer in het advies*proces* wordt samengewerkt, des te groter is de kans op succes na het vertrek van de adviseur.

## Betrokkenheid van de cliënt bewerkstelligen – stap voor stap

We hebben in enigszins algemene termen gesproken over de verschillende rollen van een adviseur en over manieren om meer samen te werken tijdens een project. Het hiernavolgende gedeelte zal dit concept heel concreet maken. De fases die leiden tot implementatie van een verandering – de zogenaamde voorbereiding – kunnen verdeeld worden in twaalf specifieke stappen. Elk van deze stappen geeft u de mogelijkheid om de cliënt bij het proces te betrekken, zonder dat u opzettelijk uw specifieke vakkennis bagatelliseert.

In hoeverre maximale betrokkenheid en commitment van de cliënt haalbaar zijn, hangt af van of u als adviseur tijdens elke fase op de hier beschreven wijze te werk gaat. Met deze stappen kunt u 'fiftyfifty-verantwoordelijkheid' voor het project verwezenlijken.

### Stap 1. Het beginprobleem definiëren

Vraag de cliënt om het probleem te formuleren. Als de client eerder aan een nieuwe kans dan een probleem denkt, formuleer het dan in uw eigen woorden. Voeg aan deze verklaring toe wat volgens u meer achterliggende oorzaken van het probleem zouden kunnen zijn.

Voorbeeld – IT-adviseur

*Adviseur:* Wat is volgens jullie het probleem?

*Cliënt:* De software die jullie hebben ontworpen, loopt de helft van de tijd vast. Volgens mij is er iets mis met het ontwerp. Ik wil dat je de programeercode naloopt en ervoor zorgt dat het naar behoren werkt.

*Adviseur:* Ik zal de code en het functioneren van de software nalopen. Ik denk dat we, als mogelijk onderdeel van het probleem, ook zouden moeten bekijken hoe goed de gebruikers de applicatie begrijpen. Plus het soort supervisie dat de gebruikers krijgen. Vooral de nachtploeg.

**Toelichting:** Het is niet alleen aan de cliënt om het beginprobleem te formuleren. U moet zich vrij voelen zelfs in deze vroege fase uw vijftig procent toe te voegen.

## Stap 2. Besluiten met het project door te gaan

Bij de beslissing om al dan niet door te gaan hebt u ook enige keuzemogelijkheden. Als de opzet van het project volgens u weinig kans van slagen biedt, moet daarover onderhandeld worden.

Voorbeeld – Financieel adviseur

*Cliënt:* Laten we verdergaan met het project om een volledige audit van de inkoopafdeling. En laten we zorgen dat het systeem er binnen dertig dagen is.

*Adviseur:* Een volledige audit, dat is nogal wat. Het is bijna onmogelijk om dit binnen dertig dagen te bewerkstelligen. We hebben een lijst van projecten die door onze commissie beoordeeld moeten worden. Als u aan zulke hoge verwachtingen vasthoudt, kunnen we beter opnieuw bekijken of we in staat zijn daaraan tegemoet te komen.

**Toelichting:** Cliënten menen gewoonlijk dat het strikt aan hen is om te besluiten verder te gaan. Door het besluit in twijfel te trekken, treedt de adviseur op als een 'fiftyfifty-partner'. Het is niet de bedoeling om nee te zeggen tegen cliënten, maar om van het besluit verder te gaan een gezamenlijk besluit te maken.

## Stap 3. Aspecten selecteren die bestudeerd moeten worden

Gezien uw vakkennis betreffende het project, weet u wellicht het beste welk aspect van het probleem geanalyseerd dient te worden. De cliënt daarentegen heeft operationele ervaring met het probleem en de mensen, en kan geraadpleegd worden over waar men naar moet zoeken.

Voorbeeld – IT-adviseur

*Adviseur:* Aanstaande maandag maak ik een begin met het nalopen van de software en het testen van de functionaliteit. Ik zal ook met de gebruikers praten en hun enkele vragen stellen over bepaalde operationele procedures. Het zou helpen als u en de opzichter een lijst maakten van gebieden die jullie onderzocht zouden willen hebben en ook een lijst met vragen die jullie de gebruikers zouden willen stellen.

**Toelichting:** Een eenvoudige vraag is voldoende om de cliënt te laten meebeslissen welke soorten gegevens verzameld dienen te worden. Vaak wordt die eenvoudige vraag niet gesteld. Als er een vragenlijst gebruikt moet worden, kunt u de cliënt enkele vragen laten selecteren.

## Stap 4. Wie wordt er bij het project betrokken

De cliënt verwacht vaak dat de adviseur al het werk doet. Het creëren van een adviseur-cliënt team om het werk te doen, is een goede manier om commitment op te bouwen bij de cliënt.

Voorbeeld – Financieel adviseur

*Adviseur:* Om dit project te laten slagen, zou ik graag twee mensen uit uw organisatie willen om er samen met mij aan te werken. Ik zal vijf dagen nodig hebben van de tijd van een van uw regionale inkoopmanagers en acht dagen van die van een van uw inkoopmanagers op het hoofdkantoor. Wij drieën zullen er verantwoordelijk voor zijn dat er uiteindelijk een analyse komt van de tekortkomingen (en sterke punten) van het inkoopsysteem en een voorstel om die tekortkomingen te verhelpen. Ik zal het project leiden en er de meeste tijd in steken, maar twee mensen uit uw groep zullen de voortgang van het project ten goede komen.

**Toelichting:** Het werk zelf doen gaat altijd makkelijker en sneller. Samenwerking met mensen uit de organisatie van de cliënt kost meer tijd en kopzorgen, maar stimuleert commitment en bevordert een uiteindelijke implementatie van de onderzoeksresultaten.

## Stap 5. De methode selecteren

De cliënt heeft ideeën over de wijze waarop de gegevens verzameld dienen te worden. Vraag ernaar.

Voorbeeld – IT-adviseur

*Adviseur:* Ik zal zeker de software nalopen, de functionaliteit testen en praten met de gebruikers. Met wie zou ik nog meer moeten praten? Moeten we mensen in een groep ontmoeten of individueel? Welke andere delen van het bedrijf moeten we onder de loep nemen en hoe moeten we ze benaderen?

**Toelichting:** Opnieuw eenvoudige maar belangrijke vragen aan de cliënt. U doet dit voor dertig procent om eventuele nieuwe informatie te krijgen, voor zeventig procent om een 'fiftyfifty-benadering' van zo'n project vorm te geven en naar buiten te brengen. Door uw gedrag helpt u de cliënt te leren hoe ze dergelijke problemen zelf kunnen oplossen.

## Stap 6. Gegevens verzamelen

Zorg dat de cliënt dat samen met u doet.

Voorbeeld – IT-adviseur

*Adviseur:* Ik zou graag willen dat een van je supervisors met mij samenwerkt terwijl ik het bedrijf doorloop en met mensen praat. Misschien zouden de supervisors een steekproef kunnen nemen onder de gebruikers om te bepalen wat er volgens hen gedaan zou kunnen worden om de apparatuur beter te onderhouden. Daarna zou ik graag een brede bijeenkomst willen organiseren om iedereen bij het vervolg te betrekken.

**Toelichting:** Er zijn twee belangrijke risico's wanneer u de gegevens deels door de cliënt laat verzamelen: (1) mensen houden wellicht informatie achter omdat ze met mensen praten die enig gezag over hen hebben, en (2) sommige gegevens zijn misschien verdraaid omdat de lijnorganisatie er belang bij heeft om competent en vrij van elke schuld te lijken.

Deze risico's kunt u gerust nemen. U krijgt uw eigen gegevens en meestal weet u uit ervaring gauw genoeg wat er werkelijk aan de hand is. Desnoods kunt u een tweede keer naar de mensen toe gaan, en dan alleen. Dat de lijnmanagers een gedeelte van de gegevens verzamelen, heeft als voordeel dat welke informatie zij ook te horen krijgen, het komt de juiste mensen ter ore – de mensen die er iets aan kunnen doen. Het heeft geen zin als de adviseur de 'waarheid' hoort en de lijnmanagers die niet geloven. Maar bovenal wordt de 'fiftyfifty-verhouding' in stand gehouden.

## Stappen 7, 8, 9. Gegevens comprimeren, samenvatten en analyseren

Het comprimeren van een enorme hoeveelheid gegevens tot een hanteerbare hoeveelheid informatie en deze vervolgens samenvatten en ordenen, kost veel tijd. Als u uzelf hier doorheen worstelt, krijgt u wel echt vat op wat u hebt. Dring erop aan dat de cliënt op bepaalde momenten in deze procedure erbij aanwezig is. Het analyseren van de gegevens is leuker – betrek de cliënt hier ook bij.

Voorbeeld – Financieel adviseur

*Adviseur:* Kom me drie dagen helpen met het ordenen van de gegevens en met het uitzoeken van de implicaties ervan voor het inkoopsysteem dat we aan het onderzoeken zijn.

**Toelichting:** Opnieuw het eenvoudige, uitdrukkelijke verzoek, waarbij u wat aan efficiënt gebruik van uw eigen tijd inlevert, in ruil voor een cliënt die meer geïnvesteerd heeft in het resultaat. Bij een erg technisch project kan het zijn dat de cliënt de achtergrond mist om in dit stadium een betekenisvolle bijdrage te leveren. In dat geval zit er niets anders op dan het alleen te doen. Pas echter op: het feit dat de cliënt de achtergrond mist, is ons favoriete excuus om hem in diverse stadia buiten te sluiten.

## Stap 10. Feedback van resultaten

Meer van hetzelfde. Laat de cliënt meedoen met de presentatie van de gegevensanalyse tijdens de feedbackbijeenkomst.

Voorbeeld – Financieel adviseur

*Adviseur:* Tijdens deze bijeenkomst zal ik rapporteren wat wij te weten zijn gekomen over het inkoopsysteem. George, het hoofd Inkoop, zal rapporteren wat wij te weten zijn gekomen over de vaardigheden en standpunten van de inkopers inzake de inkoopprocedures en aansturing.

**Toelichting:** Wanneer lijnmanagers vaker negatieve bevindingen gerapporteerd hebben, neemt hun defensieve houding af en is de kans kleiner dat de feedbackstap ontaardt in een vijandig gesprek.

## Stap 11. Aanbevelingen doen

Meer dan welk ander stadium ook vereist de ontwikkeling van uitvoerbare aanbevelingen integratie van uw technische kennis en de kennis van de cliënt over de praktijk en de organisatie. Vraag de cliënt wat deze aan de situatie zou doen, nu de resultaten van het onderzoek bekend zijn.

Voorbeeld – IT-adviseur

*Adviseur:* We weten dat de korte online training voor gebruikers een belangrijk obstakel is om de software te leren beheersen. Wat kunnen we bedenken om minder afhankelijk van hen te zijn voor wat betreft het zelf uitvinden van hoe de software werkt?

**Toelichting:** Deze stap is niet moeilijk wanneer uw strategie eenmaal duidelijk wordt. Zelfs al ontbreekt het cliënten vaak aan creativiteit in hun ideeën, het is belangrijk dat ze worstelen met de vraag.

## Stap 12. Besluiten nemen

Wanneer het onderzoek is afgerond en de aanbevelingen zijn gedaan, kan het zijn dat de cliënt het proces volledig wil overnemen en de adviseur buiten de besluitvormingsbijeenkomst wil houden. Daar verzet ik me altijd tegen.

Voorbeeld – Financieel adviseur

*Cliënt:* We zijn u zeer dankbaar voor het nieuwe inkoopproces dat u hebt ontwikkeld en voor het ondersteunende programma. We zullen erover nadenken en u laten weten wanneer we menen dat de organisatie er klaar voor is.

*Adviseur:* Ik zou graag deelnemen aan de vergadering waarin u dit bespreekt. Het project ligt mij na aan het hart en ik kan een bijdrage leveren aan de kwestie van timing en implementatie van het programma. Ik ben me ervan bewust dat zulke dingen bij u gewoonlijk worden besproken zonder dat de adviseur erbij aanwezig is, maar misschien kunt u in dit geval een uitzondering maken.

**Toelichting:** Het gevaar hier is dat de cliënt zich 100% van de actie toeeigent en u in de kou laat staan. Dus moet u vragen erbij betrokken te worden. Niet alleen heeft u er zelf belang bij dat u bij de besluitvorming over implementatie betrokken wordt, door uw houding maakt u de cliënt ook duidelijk, dat wanneer mensen in hun organisatie een belangrijke bijdrage hebben geleverd aan een project, zij betrokken dienen te worden bij de besluitvorming hieromtrent. Als de cliënt er toch voor kiest u buiten te sluiten, kunt u niet veel anders doen dan gaan zitten pruilen.

Elke stap in de richting van de implementatie van een oplossing kan beschouwd worden als een reeks mogelijkheden om de cliënt erbij te betrekken, weerstand te verminderen en de kansen op succes te vergroten. Gebruik maken van deze mogelijkheden brengt met zich mee dat de adviseur enkele voorrechten en vrijheid van handelen opgeeft ten bate van de lange-termijndoelstelling van het hebben van werkelijke impact.

## Checklist 1. Het verantwoordelijkheidsevenwicht bepalen

Bepaal op de schaalverdeling hieronder wie de verantwoordelijkheid draagt binnen een belangrijk project waarbij u momenteel betrokken bent. Zet een streepje waar het op dit moment uit balans is. (De punten in de linkerkolom worden beschreven aan het begin van hoofdstuk 13.)

| | Cliënt heeft de meeste verantwoordelijkheid, ik weinig | 50/50 | Ik heb de meeste verantwoordelijkheid, cliënt weinig |
|---|---|---|---|
| 1. Besluiten met het project verder te gaan | | | |
| 2. De strategie voor gegevensverzameling kiezen | | | |
| 3. Het aanvankelijke probleem vaststellen | | | |
| 4. Besluiten wie er betrokken zullen worden | | | |
| 5. De analysedimensies selecteren | | | |
| 6. De methode selecteren | | | |
| 7. Gegevens verzamelen | | | |
| 8. Gegevens comprimeren | | | |
| 9. Gegevens samenvatten | | | |
| 10. Betekenis toekennen | | | |
| 11. De feedbackbijeenkomst bijeenroepen | | | |
| 12. Aanbevelingen doen | | | |
| 13. Besluiten nemen | | | |
| 14. Implementatie | | | |

Verbind de streepjes die u gezet hebt. Elk punt waar de lijn afwijkt van het midden toont een mogelijkheid voor u om dit project, of het volgende, te herstructureren, om optimaal gebruik te maken van de betrokkenheid van de cliënt ter vergroting van uw kansen op succes – vooral de kansen dat uw project nog steeds zal doorwerken en gebruikt zal worden nadat u van het toneel verdwenen bent.

# 3 Feilloos adviseren

Adviseren lijkt dikwijls vaag en maar al te gecompliceerd. Dat hoeft niet zo te zijn. Het is mogelijk foutloos en toch zonder veel omhaal te adviseren. De manier om het eenvoudig te houden is u te richten op slechts twee aspecten van het adviseren. Leg uzelf telkens wanneer u zich met een cliënt onderhoudt twee vragen voor:

1. Ben ik nu oprecht tegenover deze persoon?
2. Doe ik wat in deze fase van het adviesproces gedaan moet worden?

## Oprecht zijn

Oprecht gedrag tegenover een cliënt betekent dat u verwoordt wat u tijdens het werken met de cliënt ervaart. *Dit is de meest effectieve methode om de gewenste overtuigingskracht te bereiken en commitment van de cliënt op te bouwen.*

We hebben de neiging manieren te zoeken om een cliënt te overdonderen. We breken ons het hoofd over manieren om onze ideeën te presenteren, om het project te formuleren zodat het aanspreekt. In mijn contact met cliënten heb ik me vaak ingespannen om dingen te bedenken, die hen ervan zouden overtuigen dat ik degene was die ze zochten. Er worden plannen gemaakt voor besparingen op lager personeel, er worden oplossingen aangedragen voor netelige problemen met werknemers, er wordt met een knik en een glimlach bevestigd dat de cliënt alles gedaan heeft wat menselijkerwijs mogelijk is.

Het is een misvatting dat cliënten op grond van zuiver rationele overwegingen besluiten aan projecten te beginnen en met adviseurs in zee te gaan. Meestal is de eerste vraag die de cliënt zich stelt: "Is deze adviseur iemand die ik kan vertrouwen? Is dit iemand die mij echt niet zal benadelen of oplichten, iemand die mijn organisatie- of technische problemen kan helpen oplossen en tegelijkertijd rekening kan houden met mijn positie en persoon?" Wanneer ik te uitgekookt ben, teveel manipuleer of het er te dik opleg, pikken cliënten dat op. Ze zeggen bij zichzelf: "Tjonge – deze kerel is wel erg opdringerig. Hij doet het voorkomen alsof ik gek ben als ik nee zeg." Lijnmanagers weten wanneer we hen in een bepaalde richting proberen te duwen, en wanneer dat gebeurt, vertrouwen ze ons iets minder.

Minder vertrouwen leidt tot minder overtuigingskracht naar en minder commitment van de cliënt. Oprecht gedrag leidt tot meer vertrouwen, meer overtuigingskracht en meer commitment van de cliënt. Oprecht gedrag heeft ook het voordeel dat het ongelooflijk eenvoudig is. Het is de letterlijke verwoording van wat u ervaart.

Hier volgen enkele voorbeelden.

*Cliënt zegt:* Nou, deze accountantscontrole hoeft u niet veel tijd te kosten. Een paar dagen, en u bent er doorheen. Ik wou dat ik wat tijd voor u had, maar enkele echt belangrijke zaken vragen mijn aandacht. Mijn secretaresse kan u wel enige assistentie geven. Leg ook niet te veel beslag op de tijd van mijn mensen. Ze staan onder zware druk.

*Adviseur ervaart:* Ik voel me onbelangrijk, klein. Mijn werk wordt beschouwd als iets triviaals. Ik verdien er mijn brood mee, maar voor deze persoon ben ik een storende factor.

*Onoprechte reactie van de adviseur:* Deze accountantscontrole zou vergaande implicaties kunnen hebben. Het hoofdkantoor bekijkt deze accountantscontroles nauwkeurig om onze topdivisies te beoordelen. Ook het bedrijf vraagt erom.

*Oprechte reactie van de adviseur:* U behandelt deze accountantscontrole alsof het onbelangrijk is en weinig voorstelt. Als iets triviaals. Als het u niet goed uitkomt, moeten we het misschien op een ander tijdstip doen. Ik zou het op prijs stellen wanneer u er meer belang aan hecht.

*Cliënt zegt:* Ik wil van u weten of mijn mensen fouten maken en wat ze moeten doen om die te herstellen. Als u van oordeel bent dat ze incompetent zijn voor het bedienen van dit apparaat, wil ik dat u dat direct aan mij persoonlijk meldt. Met naam en toenaam.

*Adviseur ervaart:* Ik voel me net een rechter, alsof ik de werknemers van de cliënt moet controleren.

*Onoprechte reactie van de adviseur:* Mijn rapport zal beschrijven hoe het apparaat gebruikt wordt en waarom het zo vaak defect is. Het is vervolgens aan u maatregelen ter verbetering te treffen.

*Oprechte reactie van de adviseur:* Ik heb het gevoel dat ik in dit project word beschouwd als een rechter of politieagent. Dit is naar mijn mening niet de meest effectieve rol. Ik zou het op prijs stellen wanneer u mij meer ziet als iemand die een spiegel voorhoudt om te laten zien wat er nu gebeurt. U en uw mensen kunnen vervolgens evalueren wat er gedaan moet worden en of training vereist is. Ik ben niet het geweten van uw bedrijf.

*Cliënt zegt:* Om dit probleem echt goed te begrijpen, moet u 35 jaar teruggaan in de tijd, toen deze operatie werd opgezet. Het begon allemaal in november 1976 op een donderdagmiddag. Er waren drie mensen bij betrokken. Op dat moment was hun enige functie het uitvoeren van bestellingen en het beantwoorden van de telefoon. George was de neef van de sales manager en had slechts middelbare school. Onze cliënten zaten vooral aan de oostkust, enzovoort...

*Adviseur ervaart:* Ongeduld, verveling. Er wordt teveel tijd besteed aan geschiedenis. Energieverspilling.

*Onoprechte reactie van de adviseur:* Stilte. De cliënt stimuleren verder te gaan, ervan uitgaande dat deze terzake zal komen of dat het therapeutisch gezien belangrijk voor de cliënt is om al deze details te noemen.

*Oprechte reactie van de adviseur:* U geeft me een heleboel details. Ik kan mijn aandacht niet goed bij uw verhaal houden. Ik wil graag komen tot de huidige kern van de zaak. Wat is het centrale probleem *op dit moment*?

*Cliënt zegt:* Als u gewoon uw rapport met bevindingen afmaakt, zullen mijn managementteam en ik elkaar later ontmoeten om te besluiten wat er gedaan moet worden en om de resultaten te evalueren.
*Adviseur ervaart:* Buitengesloten van daadwerkelijke actie. Uitstel van het aanpakken van de problemen.
*Onoprechte reactie van de adviseur:* Er zou enige informatie kunnen zijn die ik niet in het rapport heb opgenomen, maar die wel relevant is voor uw besluitvormingsproces. Of berusting.
*Oprechte reactie van de adviseur:* U sluit me buiten als het gaat om de beslissing wat er gedaan moet worden. Ik zou graag bij die bijeenkomst aanwezig zijn, ook al komt het u en uw team niet zo goed uit.

In deze voorbeelden is de cliënt er steeds op uit om de adviseur op een bepaalde manier op een afstand te houden. Elke uitspraak is een subtiele vorm van weerstand tegen de bemoeienis van de adviseur en heeft tot doel de invloed ervan te verminderen. De onoprechte reacties van de adviseur pakken de weerstand indirect en onpersoonlijk aan. Ze maken het makkelijker voor de cliënt om op afstand te blijven en de inbreng van de adviseur volgens een vaste procedure te behandelen. De oprechte reacties richten zich op de relatie tussen de adviseur en de cliënt en dwingen de cliënt rekening te houden met de rol en de behoeften van de adviseur in het project. Eenvoudige directe uitspraken van de adviseur over de interactie tussen adviseur en cliënt brengen de relatie meer in evenwicht; ze belemmeren hetzij totaal overwicht van de cliënt hetzij totaal overwicht van de adviseur. Wanneer de weegschaal doorslaat in een van beide richtingen vermindert de interne commitment aan het project en wordt de kans op een succesvolle implementatie kleiner.

Oprecht gedrag van de adviseur is een van de twee essentiële onderdelen van feilloos adviseren. Dit boek bestaat verder grotendeels uit een gedetailleerde en specifieke beschrijving van de aard van oprecht gedrag in de context van adviseren.

## In elke fase doen wat gedaan moet worden

Behalve oprecht gedrag is voor feilloos adviseren inzicht vereist: in elke fase van het project moet de adviseur weten wat hem te doen staat. Deze vereisten vormen de punten van actie in elke fase en er moet aan voldaan worden voordat men verdergaat.

Hier volgt een zeer korte beschrijving van de punten van actie in elke fase. Ze zullen in de komende hoofdstukken gedetailleerder worden besproken.

## Een contract opstellen

1. *Onderhandelen over behoeften.* Het opzetten van een project vereist dat de cliënt en de adviseur elkaar vertellen wat ze van elkaar willen en wat ze elkaar te bieden hebben. Te vaak zwakken adviseurs hun behoeften af en zwakken cliënten af wat ze te bieden hebben.

2. *Omgaan met gemengde gevoelens en haperende motivatie.* Wanneer cliënten om hulp vragen, doen ze dat altijd met enige ambivalentie. Ze willen dat u erbij betrokken wordt en de helpende hand biedt, en tegelijkertijd zouden ze willen dat ze u nooit hadden ontmoet. De ene hand wenkt u, de andere zegt stop. Een vereiste tijdens het opstellen van een contract is dat in een vroeg stadium van het project uiting wordt gegeven aan deze gemengde motieven, zodat die u later niet blijven achtervolgen.

3. *Bezorgdheid over verlies van aanzien en invloed aan de oppervlakte brengen.* De meeste echte zorgen die cliënten hebben over de uitvoering van een adviesproject met u worden nogal indirect tot uitdrukking gebracht. Ze vragen naar diploma's, ervaring, resultaten elders, kosten, timing en dergelijke. Waar ze zich werkelijk druk over maken is vaak: (1) Zullen ze niet voor gek of incompetent worden aangezien of zich zo voelen? en (2) Zullen ze de controle niet verliezen over zichzelf, hun organisatie of u, de adviseur? Deze zorgen moeten direct aangepakt worden als onderdeel van de contracteringsfase.

4. *Contractering met meerdere partijen.* U moet weten hoeveel cliënten u hebt. Uw cliënt heeft een baas en u hebt misschien een baas. De baas van uw cliënt en uw eigen baas hebben misschien een belangrijke rol gespeeld bij het opzetten van dit project. Als dat zo is, moeten ze deel uitmaken van het contract. Op zijn minst moet hun rol worden erkend door u en uw cliënt. Als het gaat om u, de cliënt en de baas van de cliënt, hebt u een driepartijencontract. Betrek uw eigen baas erbij, en het driepartijencontract wordt een vierpartijencontract. Duidelijk maken wie bij het contract betrokken zijn en hen opnemen in het contract is een vereiste van de contracteringsfase.

## Gegevensverzameling en onderzoek

1. *Analyseniveaus.* De formulering van het beginprobleem tijdens een adviesproject duidt gewoonlijk op andere, onderliggende problemen. Het is de taak van de adviseur om de verschillende niveaus van het probleem op een coherente en overzichtelijke manier onder woorden te brengen.

2. *Politieke klimaat.* Of uw cliënt een gezin is of een organisatie, de politiek beïnvloedt het gedrag van mensen en hun vermogen om problemen op te lossen. Als adviseur hebt u de taak genoeg kennis van de politieke aspecten van de situatie te hebben om in te zien hoe die uw project en de implementatie van uw aanbevelingen zullen beïnvloeden. Te vaak beweren we met de cliënt dat organisaties niet politiek, maar zuiver rationeel van aard zijn.

3. *Weerstand tegen informatieverschaffing.* De cliënt is altijd wat onwillig om ons het hele verhaal te vertellen of alle gegevens die we nodig hebben om te begrijpen wat er aan de hand is. Deze weerstand, die vaak indirect tot uiting komt in de vorm van passief of onzeker gedrag tijdens de gegevensverzameling, moet boven tafel komen en benoemd worden.

4. *Vraaggesprek als interventie.* Zodra we gegevens over een organisatie gaan verzamelen, zijn we begonnen die organisatie te veranderen. We zijn nooit eenvoudigweg neutrale, objectieve toeschouwers. Het begin van ons analyseproces is een voorbode van het implementatieproces, en zo moeten we het zien. Wanneer netelige kwesties opduiken in de fase van gegevensverzameling, moeten we ons daarmee bezighouden en ons geen zorgen maken dat onze gegevens niet meer helemaal zuiver zullen zijn en het onderzoek erdoor beïnvloed zal worden. Te vaak zien we onze rol in de fase van de gegevensverzameling als een passieve.

## Feedback en plan van actie

1. *Gegevens comprimeren.* Het doel van gegevensverzameling is het oplossen van een probleem, aanzetten tot actie. Het gaat niet om research omwille van de research. Dit betekent dat de gegevens teruggebracht moeten worden tot een hanteerbaar aantal punten. Elk van de uiteindelijke punten die geselecteerd worden voor feedback aan de cliënt dient *uitvoerbaar* te zijn – dat wil zeggen, de cliënt moet bij machte zijn er actie op te ondernemen.

2. *Gegevens over personen en over de organisatie presenteren.* Terwijl we gegevens verzamelen over apparatuur, beloning of informatiestroom, pikken we ook gegevens mee over de managementstijl van onze cliënt. We komen achter de politieke aspecten van de situatie, houdingen van mensen tegenover het werken in dit bedrijf. Het behoort tot de vereisten van de feedbackfase dat we dit soort informatie in ons rapport verwerken. Gegevens over personen en over de organisatie worden niet opgenomen om iemand te krenken of om te roddelen; het is informatie over de context waarin onze aanbevelingen eventueel worden geïmplementeerd. Het is ook een uniek soort informatie, die de cliënt vaak van niemand anders kan krijgen.

3. *De feedbackbijeenkomst leiden.* De feedbackbijeenkomst is het moment van de waarheid. Het is voor cliënt en adviseur het spannendste moment. Voor de adviseur vanwege hetgeen gezegd moet worden, voor de cliënt vanwege hetgeen hij te horen zal krijgen. De adviseur moet deze bijeenkomst leiden, zodat alle relevante aspecten behandeld worden. Het presenteren van gegevens aan de cliënt is slechts een onderdeel van de agenda: het hoofddoel is werken aan het besluit over wat er gedaan moet worden. Hoe meer de feedbackbijeenkomst kan sturen wat er gedaan moet worden, des te groter is de kans op implementatie. De feedbackbijeenkomst is wellicht uw laatste kans om het besluit over de implementatie te beïnvloeden – neem de gelegenheid dus te baat.

4. *De aandacht op het hier en nu richten.* Een andere vereiste van de feedbackfase is dat wordt vastgesteld hoe de cliënt omgaat met de feedback zelf. Gewoonlijk wordt het feedbackproces de dupe van dezelfde managementproblemen die nou juist de behoefte creëerden aan uw diensten. Als de organisatie te kampen heeft met een gebrek aan structuur of richting, zal dat ook van invloed zijn op de manier waarop met uw rapport wordt omgegaan. U moet zich hiervan bewust zijn en uw cliënt erop wijzen. Als u niet zorgt dat u precies op de hoogte bent van de manier waarop men uw eigen project behandelt, zult u eenvoudigweg het volgende slachtoffer worden.

5. *Vat het niet persoonlijk op.* Dit is het moeilijkste. De reactie van de cliënt op uw onderzoek is meer een reactie op het hele gebeuren van afhankelijk zijn en hulp ontvangen dan weerstand tegen uw persoonlijke stijl. U hebt beslist uw eigenaardigheden, net als ik. Als u u daar druk over maakt tijdens het feedbackproces, al is het maar in stilte, hebt u een probleem. De weerstand waarop u stuit tijdens het proces is weerstand tegen het vooruitzicht iets te moeten doen aan moeilijke kwesties binnen de organisatie. Laat u niet verleiden om het persoonlijk op te vatten.

## Engagement en implementatie

1. *Kies voor engagement in plaats van verplichting en overreding.* Al is er een belangrijk besluit genomen, het echte werk komt nog. De manier waarop we mensen betrokken maken, bepaalt hoe toegewijd ze in elk stadium van het proces zullen zijn. Instinctief willen we ons teveel concentreren op het besluit, en verwaarlozen we het belang van de manier waarop mensen worden samengebracht om het besluit te laten werken.

2. *Zorg voor meer participatie dan presentatie.* Iedere bijeenkomst moet een voorbeeld zijn van de nieuwe manier van werken en moet laten zien dat succes afhankelijk is van de instelling van de werknemers. Daar is een handelswijze met veel interactie voor nodig. Mensen willen niet investeren in iets wat ze is opgedrongen, ook al lijkt het alsof ze alleen willen dat u duidelijk vertelt wat u van ze verwacht.

3. *Moedig moeilijke openlijke gesprekken aan.* Wanneer moeilijke zaken in een vroeg stadium openlijk worden besproken, versterkt dat het vertrouwen. Schep vanaf het begin ruimte voor twijfel en cynisme. Uitgestelde bezwaren zullen terugkomen en u achtervolgen. De manier waarop we omspringen met moeilijke gesprekken bepaalt de geloofwaardigheid van het project, en bepaalt of werknemers u zullen zien als een spreekbuis van de top of als iemand die bij alle partijen betrokken is.

4. *Leg echte keuzes op tafel.* Laat mensen zo vroeg mogelijk meebeslissen over verandering. Keuzemogelijkheden zorgen voor commitment. Weersta de verleiding

om de hele oplossing zo vroeg en zo snel mogelijk af te ronden. Commitment zou wel eens belangrijker kunnen zijn dan perfectie. Iedere vraag heeft altijd verschillende goede antwoorden.

5. *Verander het gesprek om de cultuur te veranderen.* Stimuleer een dialoog die vrij is van berispingen, verleden, aandacht voor wie er niet in de zaal zit en snelle beslissingen. Bouw het gesprek zo op dat het leidt tot persoonlijke verantwoordelijkheid, vragen naar doel en betekenis, en wat er uniek en nieuw is aan deze serie veranderingen.

6. *Schenk aandacht aan de plaats.* De wijze van bijeenkomen heeft vaak meer gevolgen voor de opstelling en het commitment van onze cliënten dan we ons realiseren. De kamer zelf, de manier waarop we erin zitten en de manier waarop de vergadering wordt geleid, zijn belangrijke aanwijzingen over onze bedoelingen en wie er belangrijk is voor het slagen ervan. Veel van de plaatsen waar we bijeenkomen, bevorderen een strenge beheersing en opgelegde strategieën. Als u een keuze hebt in de structuur van de kamer, doe daar dan uw voordeel mee.

Het is zeker mogelijk de fases te doorlopen en enkele van de genoemde punten over te slaan. Tijdens de contracteringsfase bijvoorbeeld zijn de meesten van ons aardig goed in het taxeren van de behoeften van de cliënt. Maar als we nalaten even duidelijk vast te stellen wat de behoeften van de adviseur zijn of hoever de cliënt hem tegemoet wil komen, zitten we in de problemen. Op behoeften die in het begin zijn overgeslagen, kan in latere fases veel moeilijker teruggekomen worden. Een voorbeeld is de wens van de adviseur dat de cliënt het project ondersteunt en zijn eigen mensen ervan op de hoogte stelt. Als dit niet besproken zou zijn in de contracteringsfase, zou u later minder sterk in uw schoenen staan, wanneer u gegevens gaat verzamelen bij mensen die niet echt weten waarom u met ze praat.

Een andere belangrijke taak in de contracteringsfase is de mondelinge bespreking van de motivatie van de cliënt om met het project door te gaan. Soms maakt uw wens om met het project te beginnen dat u hier nauwelijks op ingaat. Nooit vraagt u de cliënten op de man af, of ze met het project willen doorgaan en hoe groot hun enthousiasme ervoor is. Als u later tijdens de feedbackbijeenkomst erachter komt dat de motivatie klein is, is het misschien te laat om er iets aan te doen.

Vanwege ons verlangen met het project te beginnen hebben de meesten van ons ook de neiging de weerstand en scepsis waar we al in een vroeg stadium op stuiten, te negeren en te bagatelliseren. We maken onszelf wijs dat wanneer cliënten eenmaal bij het project betrokken zijn, ze er warm voor zullen lopen en ons leren vertrouwen. Dit kan ertoe leiden dat we in het begin inschikkelijker zijn dan ons lief is, in de hoop dat we later onze poot stijf zullen kunnen houden. Zo werkt het meestal niet. Wanneer we in het begin inschikkelijk zijn, ziet de cliënt ons als iemand die zich naar hem schikt. Wanneer we in het begin geschilpunten uit de weg gaan, ziet de cliënt ons als iemand die geschilpunten uit de weg gaat. Deze beelden en verwachtingen van ons zijn later moeilijk te veranderen. Vooral als de cliënt wil dat we inschikkelijk zijn en problemen mijden.

Als we de ogen sluiten voor bepaalde punten die in een bepaalde fase om onze aandacht vragen, blijven we zitten met een opeenstapeling van onafgemaakte zaken die ons later blijven achtervolgen. Onafgemaakt werk komen we altijd weer tegen, en meestal indirect. De cliënt die in het begin van het project het gevoel had dat we dwang uitoefenden, maar die dat nooit direct uitte, is de cliënt die tijdens de feedbackbijeenkomst eindeloos vraagtekens blijft zetten bij onze gegevens. Die vragen waar geen eind aan komt, worden gevoed door het aanvankelijke gevoel van dwang, niet door de onjuistheid van onze gegevens. Het zal veel moeilijker zijn om deze gevoelens van dwang tijdens de feedbackbijeenkomst om te buigen dan wanneer ze tijdens de contractbijeenkomst waren besproken, toen het project begon.

In elke fase doen wat gedaan moet worden. Oprecht zijn in uw uitlatingen naar de cliënt over uw ervaringen. Dat is alles wat u nodig hebt om feilloos te adviseren.

Maar hoe zit het met het behalen van resultaten en met verantwoordelijkheid?

## Resultaten

Als adviseur hebt u, in tegenstelling tot de manager, per definitie slechts directe invloed en verantwoordelijkheid wat betreft uw eigen tijd en uw eigen personele middelen. De lijnmanager wordt ervoor betaald om verantwoordelijkheid op zich te nemen voor wat de lijnorganisatie implementeert of niet implementeert. Als de manager uw rapport aanvaardt en ervoor kiest om er niets mee te doen, is dat het recht van de manager. Uiteindelijk bent u niet verantwoordelijk voor het gebruik van uw vakkennis en aanbevelingen. Als adviseurs echt menen dat ze verantwoordelijk zouden moeten zijn voor het implementeren van hun aanbevelingen, moeten ze onmiddellijk een baan als lijnmanager nemen en ophouden zich adviseurs te noemen.

Dit verlangen om verantwoordelijk te zijn voor activiteiten die terecht het domein van onze cliënten zijn, kan op zichzelf een groot obstakel worden om effectief te adviseren. Wanneer we de zaak overnemen en optreden alsof het *onze* organisatie is (wat we allemaal wel eens zouden willen), is de lijnmanager van alle narigheid verlost. De organisatie is dan misschien wel van het onmiddellijke probleem verlost, maar zal weinig geleerd hebben over hoe ze het zelf kunnen doen. Wanneer er iets misgaat met ons systeem, wat onvermijdelijk een keer gebeurt, worden we of steeds opnieuw teruggeroepen of de lijnorganisatie zal beweren dat ons systeem vanaf het begin niet deugde. Zowel te grote afhankelijkheid als gebrek aan respect bij de cliënt, is een slechte zaak voor de adviseur. Het is essentieel om duidelijk te zijn over datgene waar u, de adviseur, verantwoordelijk voor bent en over datgene waar de lijnmanager verantwoordelijk voor is.

## Verantwoordelijkheid

Het feit dat we niet verantwoordelijk zijn voor wat de cliënt met onze inspanningen doet, betekent nog niet dat het ons niets kan schelen wat er uiteindelijk gebeurt. Het is juist van het grootste belang voor mij welke invloed mijn inspanningen als adviseur hebben. Ik wil dat mijn inspanningen gebruikt worden. Altijd. Als een adviseur engineering erbij gehaald wordt om een ketel in een fabriek te repareren, zal de engineer aanwijzingen geven voor reparatie en bediening van de ketel zodat hij voortaan altijd perfect zal werken. Het probleem is dat de adviseur niet kan bepalen *hoe* die ketel voortaan daadwerkelijk bediend wordt.

Dit is de grootste frustratie van het adviseren. U weet dat uw aanbevelingen goed zijn en opgevolgd zouden moeten worden, maar u bent niet verantwoordelijk voor de wijze waarop de ketel wordt bediend en dat feit moet u accepteren. Het enige wat u kunt doen is op zo'n manier met uw cliënten werken dat de kans toeneemt dat ze uw advies zullen volgen en de moeite zullen nemen om te leren hoe de ketel bediend moet worden.

De sleutel tot het vergroten van de kansen op succes is u te blijven richten op de manier waarop u met cliënten werkt. Het enige waar we echt controle over hebben is onze eigen manier van werken, ons eigen gedrag, onze eigen strategieën waarmee we cliënten erbij betrekken en hun tegenzin verminderen om de ketel anders te bedienen. Daarvoor moeten we verantwoordelijk gehouden worden. Voor hoe we met cliënten werken, niet voor wat cliënten doen aan het sturen of verkeerd sturen van hun eigen activiteiten.

Het nadeel van onze behoefte behulpzaam te zijn is het verlangen om te bewijzen dat ons werk tot goede resultaten heeft geleid. Die behoefte om de eer voor de risico's en de moeite van de cliënt op te eisen, geeft aan hoe belangrijk wij onszelf vinden en wijst op een onderliggende onzekerheid. Onze cliënten weten wel wat onze bijdrage aan hun succes was, ook al kunnen ze die niet altijd even eenvoudig benoemen. Onze behoefte om onze resultaten concreet te laten zien, dient om onze eigen twijfels weg te nemen, of om onze diensten beter te verkopen.

> Als ik –
>
> weet op welk gebied ik vakkennis bezit,
> me oprecht gedraag tegenover de cliënt en
> me richt op wat in elke fase van het adviesproces gedaan moet worden
> en me inzet de cliënt in staat te stellen een volgend probleem zelf op te lossen
> –

kan ik met recht zeggen dat ik feilloos geadviseerd heb. Zelfs als mijn inspanningen geen actie tot gevolg hebben. Zelfs als het project al vrij snel in de contracteringsfase wordt afgebroken. Zelfs als vanaf het moment dat ik mijn aanbevelingen doe, mijn diensten niet langer gewenst zijn. Zelfs als al deze dingen gebeuren, kan het een uitstekend staaltje advieswerk genoemd worden. Als dit soort dingen gebeuren, is het geen prettig adviesproject: we willen immers allemaal dat de wereld onder onze handen transformeert. Maar we hebben gedaan wat we konden.

Deze visie op adviesverantwoordelijkheid weerhoudt ons ervan het heft in handen te nemen en vergeefs druk op onze cliënten uit te oefenen om iets te doen wat ze niet willen of kunnen doen. Op de stoel van de cliënt gaan zitten, druk uitoefenen opdat mijn adviezen worden opgevolgd en klagen over de manier waarop een manager bestuurt, dit alles verzwakt naar mijn mening mijn effectiviteit. Wanneer ik me richt op mijn eigen acties, uiting geef aan wat ik ervaar in de relatie met de cliënt en de manier waarop *wij* werken, verhoogt dat allemaal mijn effectiviteit.

Onze eigen acties, ons eigen bewustzijn – daarvoor dienen we verantwoordelijk gehouden te worden. Ontsla me omdat ik geen goed contract heb gesloten. Ontsla me omdat ik de geringe motivatie van de cliënt pas tijdens de feedbackbijeenkomst onder ogen ben gaan zien. Ontsla me omdat ik zo'n volledig en perfect pakket aanbevelingen samengesteld heb, dat de cliënt er niet aan durfde beginnen. Maar beloon me omdat ik een degelijk contract gesloten heb met drie managers die projecten beëindigden toen er een nieuwe vice-president op komst was. Beloon me omdat ik niet aan een project ben begonnen toen een bedrijfsmanager zei dat dat noodzakelijk was, maar alles op het tegendeel wees.

Doen wat gedaan moet worden in elke fase. Oprechtheid tegenover de cliënt. Dat zijn de vereisten van feilloos adviseren, van adviseren zonder missers. In al mijn jaren als adviseur kwamen al mijn mislukkingen (die me verontrustend helder voor de geest staan) voort uit: hetzij het feit dat ik zo werd meegesleept door de vraag hoe *ik* het probleem van de cliënt moest oplossen dat ik geen aandacht schonk aan de motivatie van de cliënt, hetzij het feit dat ik die cliënt zo graag wilde dat het me niet uitmaakte hoe het contract eruitzag. Steeds negeerde ik een bepaalde stap in het adviesproces, liet belangrijke punten in een bepaalde fase zitten, of koos ervoor niet direct uit te komen voor mijn zorgen betreffende de cliënt. Als ik me meer had gericht op hoe ik precies werkte met elk van deze cliënten, hadden deze mislukkingen vermeden kunnen worden.

## Het recht om te falen

Mislukkingen kunnen vermeden worden, maar dat betekent niet dat een adviseur kan verwachten dat elk afzonderlijk project resulteert in een belangrijke verbetering. Interne adviseurs vragen vaak: "Je bedoelt dat als ik me oprecht gedraag en let op de belangrijke punten van elke fase, ik de steun win van een bedrijfsmanager die tot nu toe niet met me wilde praten?" Met die vraag geven ze uiting aan hun scepsis. Dat is terechte scepsis. Geen actie door een adviseur garandeert resultaten met een cliënt. Dat heeft meerdere oorzaken.

Ieder van ons leert en gebruikt informatie op verschillende manieren. Voor managers is het vaak moeilijk om hulp te accepteren en ervoor uit te komen dat suggesties welkom zijn. Achter gesloten deuren is ons werk misschien van grote invloed, zonder dat we dat ooit weten. Druk uitoefenen op cliënten om onze hulp onmiddellijk met beide handen aan te grijpen, kan een enorm obstakel vormen voor het leerproces dat we proberen te promoten. Als we ons eenvoudigweg kunnen blijven richten op de wijze waarop we met cliënten werken, zullen we vermijden dat we de cliënt onder druk zetten en zullen de resultaten vanzelf komen.

Een tweede reden dat adviseurs hun werk niet uitsluitend op grond van reacties van managers kunnen beoordelen, is dat managers het recht hebben om te falen, of u het nu leuk vindt of niet. Managers hebben het recht om de aanpak van problemen met de bediening van een ketel op de lange baan te schuiven, anderen op een afstand te houden, de controle op kasgeld te laten waaien, een inconsistente loonregeling voor verkopers in het veld te hanteren. Managers hebben ook het recht om te lijden, en als adviseurs staan we gewoonlijk te ver van hen af om daar echt iets aan te veranderen.

Vooral het recht van een manager om te falen kan een interne adviseur moeilijk accepteren. Als we in een organisatie werken die ons na aan het hart ligt en een divisie naar de knoppen zien gaan, voelen we ons verplicht jegens de organisatie en onszelf om te proberen een ommekeer in die situatie teweeg te brengen. Dat is een mooi verlangen, want het geeft ons werk betekenis. De fout die adviseurs daarbij wel maken is dat zij de sanering van die divisie als een persoonlijke doelstelling beschouwen. De manager van die divisie is verantwoordelijk voor de sanering ervan, niet de adviseur. Door de rechten van de manager over te nemen, inclusief het recht om te falen, worden adviesfouten gemaakt. Het kan ook leiden tot frustratie en wanhoop, want u neemt wellicht een taak op u die u in uw positie niet kunt volbrengen. Uw eigen verantwoordelijkheid als adviseur is om zo eenvoudig, direct en zelfverzekerd mogelijk informatie aan te dragen. En om elke fase binnen het adviesproces te voltooien zonder ook maar iets over te slaan. Dat is alles wat u te doen staat. En het ligt binnen ieders bereik om dat perfect te doen.

# 4 Contractering – een overzicht

Aan het begin van elke workshop die ik begeleid, vraag ik de mensen wat ze over adviseren willen leren. De eerste golf van antwoorden klinkt zeer redelijk en taakgericht.

- Hoe zet je een project op?
- Hoe beoordeel je de effectiviteit van het adviesproject?
- Kun je tegelijkertijd als bemiddelaar en als helper optreden?
- Wat doe je om verwachtingen van de cliënt aan het licht te brengen?
- Hoe kom je ergens binnen wanneer je niet welkom bent?
- Hoe schep je vertrouwen?
- Wat zijn trouwens adviesvaardigheden?
- Wanneer hebben we lunchpauze?
- ...enzovoort.

In de loop van de workshop komen de ware verlangens boven. Wat willen adviseurs leren over adviseren? We willen leren hoe we *invloed op onze cliënten* kunnen hebben! Hoe beïnvloeden we ze, laten we ze doen wat wij willen, leidinggeven volgens onze eigen visie? En terwijl we hun dit allemaal aandoen, hoe zorgen we dat ze ons blijven respecteren en waarderen?

De frase 'invloed op onze cliënten' is een verdraaiing van een verwachting die meer perspectief biedt, namelijk invloed *met* onze cliënten te hebben. Als we over onze cliënten willen heersen, plaatsen we onszelf op een voetstuk en laten hen op de grond staan. Dit is een erg instabiele opstelling, omdat cliënten algauw beseffen dat we over hen willen heersen en ze ons makkelijk kunnen wippen. Waarom zouden ze niet in staat zijn ons van ons voetstuk af te stoten: managers worden ervoor betaald om de touwtjes in handen te houden en moeten wel verstand van politiek hebben, anders waren ze geen managers. Met de wens om invloed te hebben *op* de cliënt bevindt de adviseur zich dus in een kansloze positie. Het realistische alternatief is invloed te hebben *met* de cliënt. Directe en constructieve impact te hebben, terwijl we op hetzelfde niveau staan.

De adviseur kan waarschijnlijk tijdens de contracteringsfase van het project het meest zijn invloed doen gelden. Er zijn mogelijkheden voor invloed die voor de duur van het project verloren kunnen gaan, als ze tijdens de contracteringsfase niet worden aangegrepen. Het contract zet de toon voor het project, en het is veel makkelijker om te onderhandelen over een nieuw, eerste contract dan opnieuw te onderhandelen over een oude overeenkomst. Eenieder die langer dan een jaar getrouwd is, begrijpt dit.

## Contractering – het concept en de vaardigheid

Het soort contract waarover ik het hier heb, is in feite een sociaal contract. Een contract is eenvoudigweg een expliciete overeenkomst over wat de adviseur en de cliënt van elkaar verwachten en over hoe ze zullen samenwerken. Het is gewoonlijk mondeling, soms schriftelijk. Contracten met externe adviseurs zijn vaker schriftelijk, omdat externe adviseurs minder vertrouwen genieten dan interne adviseurs, vooral als het om geld gaat. Sommige interne adviseurs willen altijd een schriftelijke verklaring waarin het project wordt beschreven waaraan ze werken. Dit is waarschijnlijk een goed idee, al is het maar in de vorm van een brief. Maar een contract tussen een interne of externe adviseur en een lijnmanager is hoofdzakelijk een sociaal contract. Het is niet zozeer ontworpen om iets af te dwingen, als wel om duidelijk af te spreken wat er met een project gaat gebeuren.

### Het woord – *contract*

"Wij zijn geen juristen", zeggen mensen. "Een contract is een wettelijk document, geschreven in formele taal. Het is bindend en schriftelijk, en het is stijf en formeel. Waarom noemen we het geen arbeidsovereenkomst?" Het woord *contract* is in twee opzichten nuttig. Omdat we niet gewend zijn om over sociale of arbeidsverhoudingen te denken in contractuele termen, vestigt het woord de aandacht op de behoefte aan specifieke verwachtingen binnen de relatie adviseur-cliënt. Ook zijn enkele wettelijke connotaties van het woord *contract* van toepassing op de relatie adviseur-cliënt.

Wettelijke contracten bevatten twee basiselementen die betrekking hebben op de relatie adviseur-cliënt – wederzijds goedvinden en redelijke beloning.

### Wederzijds goedvinden

**Hoofdconcept**: Beide partijen gaan de overeenkomst zonder terughoudendheid en uit vrije wil aan.

Het concept van wederzijds goedvinden richt zich direct op de vraag hoe gemotiveerd de stafmedewerker en de lijnmanager zijn om samen aan een project te beginnen. Er zijn vele krachten in organisaties die mensen welhaast tot samenwerking dwingen. Managers worden bijvoorbeeld vaak onder druk gezet doordat 'iedereen het doet'. Ze willen hun werknemers niet echt inspecteren, maar dat hoort nu eenmaal zo, en dus zitten ze met een stafadviseur te praten over het houden van een inspectie. Ingebakken 'dingen die moeten' of de gril van de dag kunnen sterke dwingende krachten worden. Ook de stafmedewerker werkt onder druk van vele 'dingen die moeten'. 'Een stafmedewerker moet nooit 'nee' tegen een lijnmanager zeggen' is een overtuiging die ertoe kan leiden dat aan een project begonnen wordt waarin een stafmedewerker niet gelooft.

De dwang kan ook heel direct zijn. Als er een variatie van deze dialoog optreedt, dan zijn de cliënt en de adviseur het eens over het werk dat moet worden verricht, maar ze werken niet met een betrouwbaar of geldig contract. De adviseur werkt onder dwang en neemt niet vrijwillig deel aan de overeenkomst. Vaak is het niet mogelijk om te komen tot een geldig contract. Dat is in orde. De oplossing is dat het probleem – wanneer de manager uiteindelijk niet tevreden is met de resultaten van het nieuwe evaluatieformulier – ligt in de onevenwichtigheid van het oorspronkelijke contract, en niet in de verfijndheid van het formulier.

**Hoofdconcept**: Er moet een redelijke beloning worden gegeven aan *beide* partijen, wil er sprake zijn van een solide contract.

In dit boek wordt onder *beloning* verstaan: de uitwisseling van iets waardevols tussen de adviseur en de cliënt. Vooral interne adviseurs zijn gewend zich te richten op de beloning aan de cliënt. Een gesprek tussen een lijnmanager en een staflid komt in eerste instantie voort uit de behoefte te praten over diensten die aan de lijnmanager verleend moeten worden. Deze dienst – of beloning – neemt de vorm aan van een advies, een analyse of gewoon een beschouwing. Wil er sprake zijn van een solide contract, dan moet de stafmedewerker echter iets waardevols terugontvangen. Deze kant van de balans wordt vaak ondergewaardeerd, genegeerd of zonder meer aangenomen.

Stafmedewerkers zullen vaak zeggen dat ze eigenlijk alleen behoefte hebben aan waardering, een teken van besef dat zij iets hebben bijgedragen. Op het emotionele vlak is dat misschien ook wel zo, maar adviseurs hebben behoefte aan enkele tastbaarder zaken die deel uit zouden moeten maken van het oorspronkelijke contract.

- *Operationeel partnerschap in de onderneming.* Dit betekent invloed hebben op wat er gebeurt, op de hoogte gesteld worden van belangrijke gebeurtenissen, respect blijven houden voor uw unieke bijdrage.
- *Toegang tot mensen en informatie in de lijnorganisatie.* Bewegingsvrijheid om door te vragen over kwesties en gegevens die u relevant schijnen.
- *Tijd van mensen in de lijnorganisatie.* De tijd van mensen in de lijnorganisatie om veranderingen in hun werk te plannen en te incorporeren is de grootste kostenpost bij projecten ter verbetering, zelfs als er investeringskosten mee gemoeid zijn. Vaak krijgt de adviseur een opdracht onder voorwaarde dat hij niet teveel tijd van de lijnmanagers in beslag neemt, omdat 'zij' de productie niet willen onderbreken. Dit is een waarschuwingssignaal dat het contract onredelijk is en dat er opnieuw over onderhandeld moet worden.
- *Kans om vernieuwend te zijn.* Adviseurs willen over het algemeen iets anders proberen. U hebt het recht om direct om die kans te vragen en het niet te hoeven ritselen.

In het volgende hoofdstuk zullen we veel uitgebreider ingaan op de behoeften en wensen van de adviseur. Hier is het belangrijk te onthouden dat u het effect van uw inspanningen slechts ondermijnt, als u aan het begin uw eigen behoeften en wensen bagatelliseert. Een sterk contract moet voorzien in een evenwichtige beloning.

## Vaardigheden in de contracteringsfase

Een feilloos contract sluiten is

1. oprecht zijn en
2. doen wat in de contracteringsfase gedaan moet worden.

Wat gedaan moet worden in de contracteringsfase is onderhandelen over behoeften, het hoofd bieden aan verdeelde motieven, bezorgdheid over verlies van aanzien en invloed aan de oppervlakte brengen, duidelijkheid verschaffen over alle contractpartners. Voordat u aan de eigenlijke stappen in een contractbespreking begint, is hier een lijst van de adviesvaardigheden die vereist zijn om de contracteringsfase te voltooien.

U dient in staat te zijn om:

- directe vragen te stellen over wie de cliënt is en wie de minder zichtbare contractpartners zijn;
- de verwachtingen die de cliënt van u heeft aan het licht te brengen;
- duidelijk en eenvoudig te stellen wat u van de cliënt wilt;
- 'nee' te zeggen tegen een project dat naar uw oordeel minder dan vijftig procent kans van slagen heeft, of zo'n project uit te stellen;
- door te vragen naar de onuitgesproken bezorgdheid van de cliënt over verlies van invloed;
- door te vragen naar de onuitgesproken bezorgdheid van de cliënt voor onthullingen en kwetsbaarheid;
- directe mondelinge steun te geven aan de cliënt;
- wanneer de contractbespreking niet goed verloopt, direct met de cliënt te bepraten waarom deze contractbespreking niet goed verloopt.

In het volgende hoofdstuk komen gedetailleerder vaardigheden aan de orde wanneer we een contractbespreking doorlopen. De bovenstaande lijst bevat de meest cruciale: vaardigheden in noodzakelijk optreden waarmee velen van ons juist moeite hebben. Het moeilijke zit hem niet zozeer in de actie zelf, als wel in het taxeren van het belang van deze acties. Directe gesprekken met de cliënt – over invloed, kwetsbaarheid, uw behoeften, de kans van slagen en het verloop van het gesprek – maken het verschil uit tussen een gemiddelde contractbespreking en een van hoog niveau. Het probleem is dat het mogelijk is een contractbespreking te hebben waarbij geen van deze onderwerpen direct wordt besproken. Als dat gebeurt, spelen de adviseur en de cliënt in feite onder één hoedje om bepaalde precaire onderwerpen niet aan de orde te stellen. De rationalisatie die we gebruiken is: "Ik zal me wel met deze aspecten bezighouden als de noodzaak zich voordoet." *De noodzaak om te praten over invloed, kwetsbaarheid, uw behoeften en kansen van slagen is altijd aanwezig.* Als u meent terwijl u dit leest dat *u* deze aspecten altijd aan uw cliënten voorlegt, hoeft u u geen zorgen te maken – u bent misschien vaker feilloos aan het werk dan u denkt.

## Elementen van een contract

Tot nu toe hebben we ons gericht op het proces van een contract uitwerken. Dit gedeelte biedt enkele suggesties voor de inhoud van het contract. Maar allereerst iets over de vorm.

Mensen vragen altijd of het contract schriftelijk moet zijn. Als u de energie en de tijd hebt, is het antwoord 'ja'. Het schriftelijk vastleggen is vanwege de duidelijkheid, niet om iets af te dwingen. Als het contract schriftelijk is vastgelegd en de cliënt verandert van gedachten over de van u gewenste diensten, moet u opnieuw onderhandelen over een nieuw contract of het project stoppen. Dat het oorspronkelijke contract schriftelijk is vastgelegd, verandert daar niets aan. Als u contant geld of in rekening te brengen tijd investeert in het project, zal een schriftelijk contract uw aanspraak op een vergoeding voor uw investering in geld en tijd ondersteunen in geval het project wordt beëindigt. Voor de meeste interne adviseurs is de feitelijke waarde van een schriftelijk contract helderheid over de afspraak met de lijnmanager voordat het project begint. Het is een goede test of u een solide contract hebt. Wanneer u de overeenkomst opschrijft, wordt u gedwongen explicieter te zijn over wat u gaat doen.

De vorm van het geschreven document dient kort te zijn, direct en bijna gemoedelijk. Het doel is te communiceren, niet uzelf te beschermen voor de rechtbank.

Meestal zal het nodig zijn de volgende elementen in uw contract op te nemen, vooral wanneer het contract het begin markeert van een belangrijk project.

### 1. De grenzen van uw analyse

Begin met het probleem te formuleren waarop u zich gaat richten. Als dit tijdens de contractbespreking aan de orde is geweest, kunt u erbij vermelden waarmee u u niet gaat bezighouden.

Voorbeelden:

"Het onderzoek zal zich bezighouden met de Brogan-reactorketel en zijn perifere ondersteunende netwerk. We zullen ons niet bezighouden met de bestaande problemen in krachtcentrale B."

"We zullen de effectiviteit beoordelen van de huidige organisatiestructuur van de afdeling Marketing en haar raakvlak met de afdeling Verkoop."

## 2. Doelstellingen van het project

Hier noemt u de door u verwachte verbeteringen in de organisatie in geval uw advies succesvol is. U schat zo goed mogelijk welke voordelen de cliënt kan verwachten. Soms is deze uiteenzetting bedoeld om de cliënt te helpen de beperkingen van het project onder ogen te zien. U bent geen tovenaar en daar moet u de cliënt steeds aan herinneren.

Er zijn vier algemene terreinen waarop u kunt verwachten de cliënt behulpzaam te zijn. U dient al in het begin duidelijk te maken welke hiervan deel uitmaken van uw contract.

*Een bepaald technisch/inhoudelijk probleem oplossen*
De cliënt is bereid met u te praten, omdat de organisatie van de cliënt ergens een probleem heeft. Het directe doel is de frictie te verminderen, of die nu voortkomt uit actuele onbevredigende resultaten of uit het feit dat kansen om een situatie te verbeteren niet benut worden.

*Een nieuwe kans voor de organisatie creëren*
Er zijn momenten waarop de cliënt gedreven wordt door een visioen van een nieuwe toekomst, en niet zozeer door het bestaan van een probleem dat opgelost dient te worden. Dit betekent vaak dat er naar de sterke punten van het systeem wordt gekeken en hoe die verder kunnen worden ontwikkeld in het streven naar een nieuwe cultuur.

*De cliënt leren hoe deze het probleem de volgende keer zelf kan oplossen*
U kunt een oplossing ontwikkelen en die gewoon aan de cliënt aanbieden. Als u denkt dat de cliënt het zelf kan wanneer het probleem zich opnieuw voordoet, laat daar dan geen twijfel over bestaan. Als de door u gebruikte procedure om het probleem op te lossen de cliënt in handen zal worden gegeven, eist dat veel meer betrokkenheid van de cliënt gedurende het project.

*Verbetering brengen in de manier waarop de organisatie haar middelen beheert, haar systemen gebruikt en intern functioneert*
In elk inhoudelijk of technisch probleem maakt het beheersen van het probleem deel uit van het probleem. Dit wordt soms de 'politiek' van de situatie genoemd. Veel interne adviseurs hebben er een hekel aan om zich op dit terrein te begeven. Hoe meer u dit als doelstelling kunt zien van het project, des te groter is de kans dat uw hulp zich uitstrekt tot de langere termijn. (Meer hierover in de hoofdstukken over gegevensverzameling en onderzoek.)

### Voorbeelden – Bedrijfsdoelstellingen

"Het doel van het onderzoek is het aantal fouten in het fabricageproces van printplaten (FP) te verlagen met vier procent."

"Ons doel is de ontvankelijkheid van de afdeling Marketing voor verschuivingen in de vraag van de consument te vergroten. We denken vooral manieren te kunnen ontwikkelen om de benodigde tijd voor de introductie van een nieuw product te verminderen met zes weken."

### Voorbeelden – Leerdoelstellingen

"Een tweede doelstelling is om de engineering-groep van het bedrijf te leren hoe ze zo'n productieanalyse moeten maken."

"De Marketingstaf moet beter leren beoordelen hoe goed de afdeling op de markt inspeelt en zich in de toekomst zonodig vernieuwen."

### Voorbeelden – Doelstellingen voor organisatie-ontwikkeling

"Dit project zal de bedrijfsleider helpen bij het ontwikkelen van manieren om engineering en operationele activiteiten binnen het bedrijf beter op elkaar af te stemmen."

"Een doel van het project is om samenwerking te bevorderen tussen het marktonderzoeksteam en de productmanagers."

"Het doel is een cultuur van echt commitment en aansprakelijkheid te scheppen en proactiever te zijn in het benutten van commerciële kansen."

## 3. Het soort informatie dat u zoekt

De belangrijkste behoefte van de adviseur is toegang tot mensen en informatie. De grootste ambivalentie van de lijnorganisatie ligt in de vraag hoever ze u tot het binnenste van de organisatie laten doordringen. Ze willen u vertellen wat er werkelijk aan de hand is en tegelijkertijd zijn ze bang u te vertellen wat er werkelijk aan de hand is. Kom dichtbij, maar niet te dichtbij. Wat de lijnmanager u ook zegt, er is altijd een verlangen naar bevestiging dat de organisatie doet wat onder de gegeven omstandigheden mogelijk is. Dit verlangen kan af en toe sterker zijn dan het verlangen het probleem op te lossen. Een manier om u in te dekken tegen deze ambivalentie is aan het begin zeer expliciet te zijn over het soort informatie dat u nodig hebt.

Voorbeelden van het soort informatie dat u wellicht in het contract wilt specificeren zijn technische gegevens, cijfers, werkstroom; houdingen van mensen tegenover het probleem; en rollen en verantwoordelijkheden.

Voorbeelden – Technische gegevens, cijfers, werkstroom

"Om het project te voltooien zullen we dagelijks outputcijfers voor het etsproces nodig hebben, alsmede de huidige werkschema's en procedures."

"Wanneer het project eenmaal van start is gegaan, willen we de geplande en eigenlijke schema's zien voor de laatste zes productverbeteringsintroducties."

Voorbeelden – Houdingen van mensen

"We willen ten minste vijftien mensen ondervragen om vast te stellen hoe ze momenteel denken over het functioneren van de afdeling Marketing."

"We willen met de mensen in enkel- en meerlaags etsen en in validatie/testen praten om een beeld te krijgen van het soort training dat ze nodig menen te hebben en om erachter te komen hoe ze denken over de manier waarop hun directe meerderen reageren op goede en slechte prestaties. We zijn van plan dezelfde vragen te stellen aan hun meerderen."

Voorbeelden – Rollen en verantwoordelijkheden

"De marketingorganisatie zal nader preciseren wie in elk stadium van het proces verantwoordelijk is voor belangrijke beslissingen over nieuwe producten."

"We zullen informatie krijgen van al het leidinggevend personeel over hun visie op de eigen werkzaamheden en op hun bevoegdheid om hun segmenten van het fabricageproces van printplaten te beheren."

## 4. Uw rol in het project

Dit is de plaats om te formuleren *hoe u wilt werken* met de cliënt. Als u wilt samenwerken, is dit de plaats om dat vast te leggen. Zie het als een verklaring hoe u erover denkt en wat u van plan bent. Het heeft geen zin om de samenwerking stap voor stap vast te leggen. Het is moeilijk om aan het begin te voorspellen wat er gaat gebeuren. U kunt u over enkele dingen uitspreken, zoals de wens om ieder voor vijftig procent verantwoordelijk te zijn voor het identificeren van problemen, het interpreteren van gegevens, en het ontwikkelen van aanbevelingen en plannen van actie.

Voorbeeld:

"Onze belangrijkste taak is u een duidelijk en begrijpelijk beeld te geven van de manier waarop in uw bedrijf momenteel de ets-, test- en validatieprocessen voor het fabriceren van printplaten uitgevoerd worden. Terwijl wij over de vakkennis op het gebied van het ontwerp van de apparatuur beschikken, weet uw team alles over de dagelijkse activiteiten. Het ligt in onze bedoeling om onze analyse van de efficiëntieproblemen te presenteren en om vervolgens samen met u aanbevelingen te ontwikkelen voor veranderingen die doorgevoerd moeten worden. Een belangrijk onderdeel van onze taak is u te helpen om dit probleem de volgende keer zelf op te lossen. Dit vereist dat het leidinggevend personeel in enige mate betrokken moet worden bij elke stap van het onderzoek. Wij verplichten ons behalve tot het ontwikkelen van specifieke oplossingen voor de huidige moeilijkheden ook tot het spelen van een belangrijke educatieve rol ten opzichte van u en uw leidinggevend personeel."

## 5. Het product dat u zult leveren

Hier is het belangrijk om heel duidelijk te zijn over wat u aanbiedt. Zal uw feedback uit een mondeling of schriftelijk verslag bestaan? Hoe lang zal het zijn en hoe gedetailleerd? Zal het verslag vijf of vijftien pagina's beslaan? Hoe specifiek zullen uw aanbevelingen zijn? Zult u enkele algemene suggesties doen voor de manier om dingen te verbeteren of zult u een lijst van stappen geven die meteen geïmplementeerd kan worden? Zult u feitelijke oplossingen presenteren of stappen die uiteindelijk tot oplossingen zullen leiden?

Natuurlijk kunt u dit niet allemaal al aan het begin voorspellen, maar u weet uit eigen ervaring hoe specifiek u zult zijn. Deze dimensie van een relatie adviseur-cliënt – specificiteit en aard van aanbevelingen – is een belangrijke oorzaak van teleurstelling bij cliënten over de diensten die ze van adviseurs hebben ontvangen. Dit betekent niet dat aanbevelingen altijd specifiek moeten zijn of altijd algemeen; dat hangt af van de opdracht van de adviseur. Het betekent wel dat er een duidelijke afspraak met de cliënt moet zijn over de aard van uw product.

### Voorbeelden – Een belofte tot specifieke aanbevelingen

"Dit project zal resulteren in een gedetailleerde schriftelijke beschrijving van onze bevindingen, die ergens tussen de vijf en vijftien pagina's zal beslaan. Voor elk belangrijk onderzoeksresultaat zullen we specifieke aanbevelingen doen die u kunt opvolgen."

### Een belofte tot algemene aanbevelingen

"Deze vraaggesprekken zullen grofweg resulteren in een overzicht van één pagina met onze belangrijkste conclusies. Deze zullen slechts de kritieke terreinen aanduiden die onze aandacht vragen. Feitelijke aanbevelingen zullen samen met u worden ontwikkeld, nadat het overzicht van de problemen is besproken. Deze aanbevelingen zullen worden ontwikkeld tijdens de feedbackbijeenkomst van een halve dag die we aan het einde van het project hebben gepland."

Wanneer u de cliënt resultaten belooft, bedenk dan wel dat u op een bepaald moment de actie aan de cliënt overlaat. Het is de cliënt die uiteindelijk voor blijvende resultaten moet zorgen, niet u. U *kunt* een oplossing voor een probleem garanderen, maar u *kunt niet* garanderen dat de oplossing zal worden nagevolgd. U vindt het misschien prettig om de oplossing volledig op uw schouders te nemen, maar daarmee ontneemt u cliënten wellicht de verantwoordelijkheid voor de oplossing die hun rechtmatig toebehoort.

## 6. Welke steun en commitment u nodig hebt van de cliënt

Dit gedeelte is de kern van het contract voor de adviseur. Hier specificeert u wat u van de cliënt verlangt om dit project te laten slagen. Deze lijst bevat datgene wat de cliënt u biedt. Neem hier vooral die behoeften op, die onderwerp van discussie waren tijdens de mondelinge contractbespreking. Als u uw behoeften opschrijft bent u verzekerd van heldere communicatie, en als er over een gevoelig punt is gesproken, moet u het opschrijven zodat er geen misverstand over bestaat dat het is opgelost.

Voorbeeld:

"U [lijnmanager] hebt ermee ingestemd om het bestaan van en de behoefte aan dit project kenbaar te maken aan uw organisatie. Wij zijn ook overeengekomen om de vice-president van de divisie te vragen naar zijn visie op het probleem en hem te betrekken bij de tweede feedbackbijeenkomst. [Een voorbeeld van wat een gevoelig punt van discussie geweest zou kunnen zijn.] Verder zullen twee mensen van uw staf ieder maximaal zeven dagen voor ons beschikbaar zijn om te helpen met de analyse en samenvatting van de gegevens."

## 7. Tijdschema

Vermeld het moment waarop u begint, alle tussenliggende mijlpalen en de datum van voltooiing. Als u tussentijds verslag wilt doen aan de cliënt voordat u het project afrondt, plan dat dan in aan het begin. Het is altijd makkelijker een bijeenkomst af te lasten dan er een op het laatste moment te beleggen.

Voorbeeld:

"We kunnen binnen zes weken met dit werk beginnen en de planning is dat we het tien weken nadat we zijn begonnen voltooien."

## 8. Vertrouwelijkheid

Aangezien u bijna altijd te maken hebt met zowel een politieke als een technische situatie, is het een voortdurende bron van zorg wie welk rapport in handen krijgt. Het is de moeite waard op dit punt voorzichtig te zijn en de cliënten te laten beslissen wie ze van de conclusies op de hoogte willen stellen. Dit is een luxe die de externe adviseur zich kan permitteren. Als interne adviseur hebt u waarschijnlijk geen andere keuze dan een technisch onderzoek of een accountantsrapport langs de lijn omhoog te zenden. Het enige wat u kunt doen is de cliënt te laten weten aan wie u exemplaren van uw rapport dient te geven. Daarmee geeft u de cliënt de keuze zich op de een of andere manier in te dekken, indien noodzakelijk.

Voorbeeld – Makkelijk geval

"De resultaten van dit onderzoek zullen gegeven worden aan de directeur Engineering [de cliënt]. Het is aan de directeur om verder verslag te doen. Mocht van de interne adviseurs geëist worden dat ze op bredere schaal binnen de organisatie resultaten bekendmaken, dan zal de directeur daarvan op de hoogte worden gesteld en worden uitgenodigd om alle bijeenkomsten over het onderwerp bij te wonen."

Voorbeeld – Moeilijk geval

"De resultaten van de accountantscontrole zullen aan de Managementcommissie Accountantscontrole overhandigd worden. Voordat het rapport wordt vrijgegeven, zal de afdelingschef [de cliënt] in staat worden gesteld de conclusies en aanbevelingen voor de accountantscontrole te beoordelen en te becommentariëren. Het is de bedoeling (en algemeen gebruik) dat het accountantsrapport naar de commissie gaat met steun van zowel de afdelingschef als het controleteam. Het slotrapport bevat ook de lijst van acties ter verbetering die de divisie van plan is te ondernemen."

### 9. Feedback aan u, naderhand

Een facultatief element van het contract is het verzoek aan de cliënt om u zes maanden na uw vertrek op de hoogte te brengen van de resultaten van uw interventie. Als u die wilt weten maar gewoonlijk niet kunt achterhalen, vraag er dan om.

Voorbeeld:

"Ongeveer zes maanden na voltooiing van het project zal de adviseur contact opnemen met de cliënt voor feedback over de impact van het project. Dit zou de vorm kunnen aannemen van een schriftelijke vragenlijst die enkele personen moeten invullen, een telefonisch vraaggesprek met enkele personen, of het toesturen van enkele recente operationele gegevens aan de adviseur."

## Checklist 2. Het analyseren van een van uw contracten

Neem een gecompliceerd contract waarover u hebt onderhandeld. Schrijf de elementen van dat contract op, waarbij u gebruik maakt van de volgende koppen.

1. De grenzen van uw analyse
2. Doelstellingen van het project
3. Het soort informatie dat u zoekt
4. Uw rol in het project
5. Het product dat u zult leveren
6. Welke steun en betrokkenheid u nodig hebt van de cliënt
7. Tijdschema
8. Vertrouwelijkheid
9. Feedback aan u, naderhand

## Grondregels voor de contractering

In het volgende hoofdstuk wordt een model gegeven voor een contractbespreking. Aan het model ligt een reeks regels ten grondslag, die hoofdzakelijk zijn voortgekomen uit mijn ervaringen met de Gestaltpsychologie.[3]

1. De verantwoordelijkheid voor elke relatie is 'fiftyfifty'. Er zitten twee kanten aan elk verhaal. Er moet sprake zijn van symmetrie, anders zal de relatie verbroken worden. Het contract moet 'fiftyfifty' zijn.
2. Het contract moet vrijwillig worden aangegaan.
3. U krijgt niets voor niets. Het moet van beide kanten komen. Zelfs in een relatie baas-ondergeschikte.
4. Alle behoeften zijn legitiem. Willen is een geboorterecht. U kunt niet zeggen: "Dat mag u niet willen."
5. U kunt nee zeggen tegen hetgeen anderen van u willen. Zelfs cliënten.
6. U krijgt niet altijd wat u wilt. Toch zult u blijven ademhalen. Toch zult u overleven, toch zult u in de toekomst weer cliënten hebben.
7. Gedrag kunt u regelen in een contract, niet dat de ander zijn gevoelens verandert.
8. U kunt niet iets vragen wat de ander niet heeft.
9. U kunt niet iets beloven wat u niet hoeft te leveren.
10. U kunt geen contract afsluiten met iemand die niet in de kamer aanwezig is, zoals bazen en ondergeschikten van de cliënt. U dient hen rechtstreeks te ontmoeten om te weten dat u een overeenkomst met hen hebt.
11. Zet contracten indien mogelijk op papier. De meeste worden gebroken uit onachtzaamheid, niet opzettelijk.
12. Over sociale contracten kunt u altijd opnieuw onderhandelen. Als iemand halverwege opnieuw wil onderhandelen over een contract, wees dan blij dat ze u dat meedelen en het niet gewoon doen zonder iets te zeggen.
13. Contracten vereisen een specifieke tijdslimiet of tijdsduur.
14. Goede contracten vereisen goed vertrouwen en vaak stom geluk.

# 5 De contractbespreking

Er is een oude grap van David Steinberg over iemand die zijn eerste bezoek brengt aan de psychiater. Hij loopt de spreekkamer binnen en moet kiezen tussen twee stoelen om in te gaan zitten. Hij wendt zich naar de psychiater en vraagt: "In welke stoel moet ik gaan zitten?" De psychiater zegt: "Dat maakt niet uit." De man gaat in een van de stoelen zitten. De psychiater springt op, richt een beschuldigende vinger naar hem en roept: "aha! alles is belangrijk!"

Zo gaat het ook met het afsluiten van een contract. Bijna elke gebeurtenis en actie zegt iets over de aard van het project en de cliënt.

De persoonlijke interactie tussen de adviseur en de cliënt tijdens de eerste contractbesprekingen is een duidelijke voorbode van hoe het project zelf zal gaan verlopen. Als u dit idee aanvaardt, zult u het verloop van deze eerste besprekingen aandachtig volgen. Het is zelfs zo dat de kritieke vaardigheid in de contracteringsfase het vermogen is geschilpunten tussen de adviseur en de cliënt te identificeren en te bespreken zodra ze zich voordoen.

Gewoonlijk wordt telefonisch een afspraak voor de contractbespreking gemaakt. Tijdens dit telefoongesprek kunt u achter bepaalde zaken komen waardoor u u beter kunt voorbereiden op de bespreking. Wie heeft er om de bespreking gevraagd? Dit wordt de eerste aanwijzing waar de verantwoordelijkheid ligt. Als de lijnmanager op aanraden van een derde een bespreking met iemand van de staf moet houden, is dat een waarschuwingsteken dat de manager wellicht onder enige druk opereert. Zoek uit wie bij de bespreking aanwezig zullen zijn en in welke rollen. Hoeveel tijd is er voor de bespreking? Dit geeft u in een vroeg stadium een aanwijzing hoeveel belang de manager aan het project hecht. U ontvangt een andere boodschap als u te horen krijgt: "We hebben een half uur" dan als u te horen krijgt: "We hebben zo veel tijd als we nodig hebben". Zorg dat duidelijk is welk resultaat van de bespreking wordt verwacht. Is het een bespreking over hoe men zal beginnen, of over de vraag of er iets gedaan moet worden? Zal men u om een voorstel vragen? Door u nog vóór de bespreking met deze kwesties bezig te houden, krijgt u meer gegevens om u voor te bereiden op die bespreking. Het is ook een teken voor de cliënt dat dit waarschijnlijk een 'fiftyfifty' plan gaat worden – dat u een actieve en verantwoordelijke deelnemer aan het proces bent en niet slechts een dienaar.

Dit alles is natuurlijk makkelijker wanneer de cliënt het initiatief neemt tot de bespreking met u, dan wanneer u bij de cliënt aanklopt. Later in dit hoofdstuk zullen we ingaan op de manier waarop u uzelf aanprijst bij cliënten die nog niet weten dat ze uw diensten nodig hebben. Wanneer echter de cliënt u wil spreken, raad ik u aan ten minste deze vragen alvast telefonisch te stellen.

- Wat wilt u bespreken?
- Wie is de cliënt voor dit project?
- Wie zullen er nog meer bij de bespreking aanwezig zijn? Wat zijn hun rollen?
- Hoeveel tijd zullen we hebben?
- Weet u al dat u een bepaald project wilt beginnen, of gaan we erover praten óf we iets gaan doen?

## Wie is de cliënt?

Wanneer u aan uw eerste contractbespreking begint met de cliënt, is de hamvraag: wie is de cliënt? De meeste projecten hebben diverse cliënten. De lijnmanager met wie u praat is één cliënt. Er kunnen ook anderen zijn die een aandeel hebben (zie hoofdstuk 7). Een van de grondregels bij contractering is dat u geen contract kunt afsluiten met iemand die er niet bij aanwezig is. Als er belangrijke deelnemers ontbreken tijdens het opzetten van een project, kunt u er niet van uitgaan dat ze het project steunen tot u hen feitelijk spreekt.

Over het algemeen zijn de cliënten bij een project de mensen die:

- de eerste planningsbijeenkomst bijwonen;
- de doelstellingen van het project vaststellen;
- te ondernemen acties goedkeuren;
- het verslag van de resultaten van uw werk ontvangen;
- substantieel geraakt worden door de inspanningen.

Dit betekent dat de cliënt een persoon kan zijn, een topmanagementteam, een complete afdeling waarmee u werkt via een representatieve planningsgroep, of zelfs uw eigen baas. Probeer ten minste één bijeenkomst te beleggen met eenieder die betrokken is bij het initiëren van dit project. Zelfs als zij zich op een zeer hoog niveau in de organisatie bevinden. Dit zal u in staat stellen uw eigen informatie te krijgen over de vraag wat ze van u willen en of hetgeen u voorstelt hun zal bevallen.

## Het sturen van de contractbespreking

Overeenstemming over hoe u met een cliënt zult werken kan bereikt worden door een aantal logisch op elkaar volgende stappen te zetten. In figuur 3 staat een overzicht van deze stappen, die leiden tot een overeenkomst om samen te werken dan wel tot een overeenkomst om niet samen te werken. Door gebruik te maken van dit model kunt u er zeker van zijn dat u de contracteringsfase naar behoren voltooit. Met de hiernavolgende beschrijving van deze stappen wil ik u elke taak die volbracht moet worden duidelijk maken en ook hoe een oprechte uitvoering van die taak eruitziet.

Het doel dat we hier voor ogen hebben is een stabiel, evenwichtig en werkbaar contract tussen de adviseur en de cliënt tot stand brengen.

*Figuur 2. Het sturen van de contractbespreking*

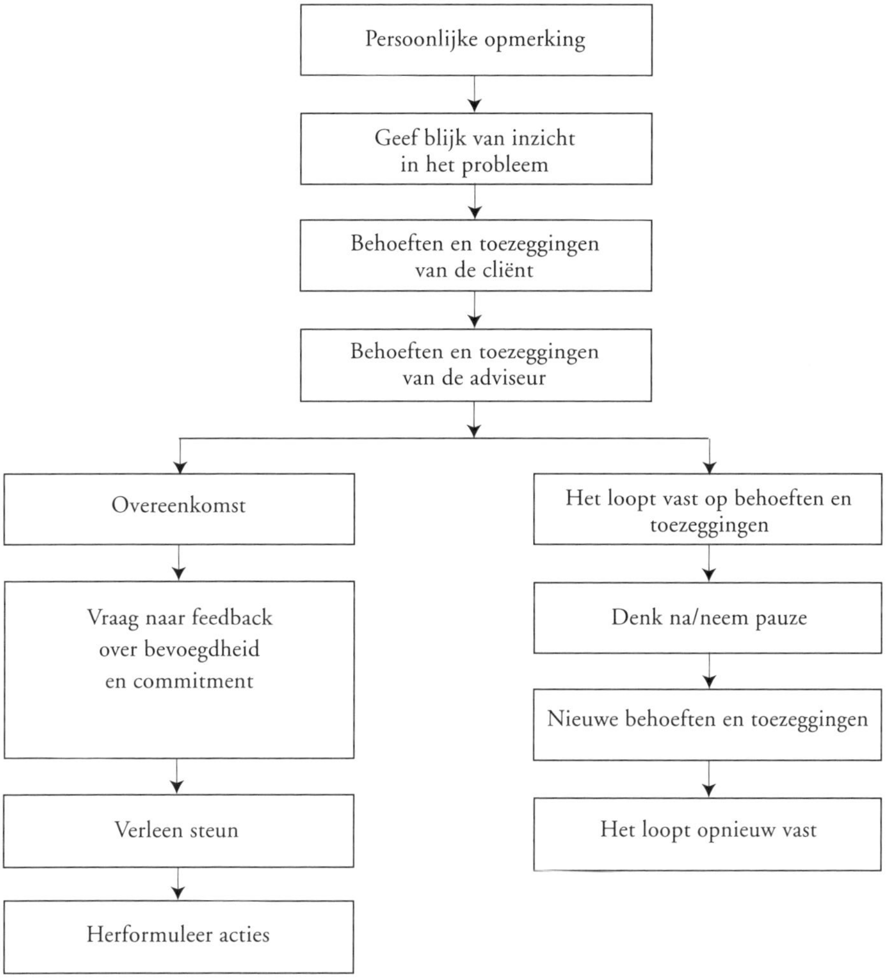


## Stap 1. Persoonlijke opmerking

Hoe gemotiveerd een lijnmanager ook is om uw hulp in te roepen, iemand om assistentie vragen ligt moeilijk binnen organisaties. Ik adviseer al jaren, maar wanneer mijn eigen organisatie een adviseur inhuurt om ons met een probleem te helpen, voel ik me toch wat ongemakkelijk. Dus is het eerste agendapunt van de contractbespreking iets te doen waardoor de adviseur en de cliënt zich beter op hun gemak voelen in elkaars aanwezigheid. Sommige mensen proberen dat te bereiken door over de voetbaluitslagen of het weer te praten. Het zou echter beter zijn om het wat persoonlijker te maken. Mijn advies aan mensen in workshops over advieswerk is dit:

Zeg iets persoonlijks waaruit blijkt wat uw gevoelens zijn over deze bespreking met de cliënt vandaag. Vraag dat ook van hen.

Enkele voorbeelden:

"Dit is een van de weinige bedrijven waarmee ik nooit heb gewerkt; ik ben blij dat u belde."

"Het verraste me dat u geïnteresseerd was in hetgeen wij doen. Ik hoop dat we er samen uitkomen."

"We hebben in het verleden aanvaringen gehad met uw groep. Ik maak me daar zorgen over en tegelijkertijd wil ik dat achter ons laten."

"Ik zie dat u het razend druk hebt. Ik hoop dat dit een geschikt moment is om bij elkaar te komen."

"Hebt u ideeën of zorgen over het met mij aan dit project werken?"

## Stap 2. Geef blijk van inzicht in het probleem

Cliënten willen u gewoonlijk erg graag vertellen over het probleem of de algehele situatie. Achter deze gretigheid schuilt vaak de overtuiging van de lijnmanager dat deze situatie in bepaalde opzichten uniek is en dat deze organisatie echt heel bijzonder is. Lijnmanagers kunnen ook het idee hebben dat hun situaties zo bijzonder en uniek zijn, dat iemand ze pas kan begrijpen na ze een jaar te hebben meegemaakt.

Soms geeft de cliënt op een zeer indirecte manier aan dat er sprake zou zijn van een unieke situatie; dat gaat vaak gepaard met twijfels over het vermogen van de adviseur om die situatie te begrijpen. Cliënten willen weten welk werk u elders in de organisatie doet, aan wie u verslag uitbrengt als zij dat niet weten, hoelang u dit soort werk al doet en of u enige hulp kunt bieden, hoe dan ook. Al deze beweringen en vragen komen voort uit de zorg of de cliënt eigenlijk wel geholpen kan worden en of het probleem kan worden opgelost. Voordat de adviseur op het toneel verschijnt, hebben cliënten tenslotte hun uiterste best gedaan om het probleem zelf op te lossen. Het is te begrijpen dat ze gefrustreerd zijn door het uitblijven van een oplossing en enigszins sceptisch over de mogelijke bijdrage van de adviseur.

De volgende fundamentele zorgen van de cliënt vereisen in een vroeg stadium van de contractbespreking een directe reactie:

"Mijn situatie is enig in zijn soort."

"Het probleem is gecompliceerd en leent zich niet voor een voor de hand liggende oplossing."

"Hoe denkt u als adviseur, iemand van buiten, in korte tijd hulp van betekenis te kunnen bieden?"

De adviseur moet zodanig blijk geven van inzicht in het probleem, dat de unieke aspecten van de situatie worden erkend, gereageerd wordt op de schijnbare complexiteit van de situatie en ingegaan wordt op de angst van de cliënt dat geen hulp meer mogelijk is.

Hier volgt hoe u dit doet.

### Erken de unieke aspecten van de situatie

Omdat iedere cliënt andere mensen om zich heen heeft en in een andere omgeving werkt, heeft de lijnmanager met zijn claim op uniciteit niet helemaal ongelijk. Als adviseur zien we eerder de overeenkomsten tussen deze cliënt en andere cliënten met wie we gewerkt hebben. Eerst is het echter belangrijk om onder woorden te brengen wat er anders is aan dit project.

Voorbeelden:

"Uw situatie is op twee punten uitzonderlijk: de druk op u van uw superieuren en het woestijnklimaat van deze locatie."

"Uw situatie kent verschillende unieke aspecten die haar zowel interessant als frustrerend maken."

### Herformuleer, in uw eigen woorden, uw visie op het probleem

Hiermee geeft u te kennen dat hoewel het probleem inderdaad gecompliceerd is, u het al begint te begrijpen. U doet dit ter geruststelling van de cliënt, opdat hij zich begrepen en gesteund weet. Op dit moment weet u nog niet wat het echte probleem is, want het *echte* probleem ligt vaak heel anders dan de cliënt in het begin deed voorkomen. Wat u bereikt, is dat u de cliënt laat weten dat u luistert en voldoende technische vakkennis hebt om snel vat te krijgen op de situatie.

De meeste lijnmanagers hebben zo zelden meegemaakt dat deskundigen naar hen luisteren, dat ze verrast zijn door onze 'scherpzinnigheid'. De manager zegt: "De teams ontwerpengineering en bedrijfsengineering geven elkaar altijd de schuld voor bedrijfsfouten." Ik antwoord met: "Als ze bijeenkomen voor overleg, kunnen ze zeker niet eens een enkel plan van actie uitwerken waar ze achterstaan." De manager zegt: "Dat klopt. Hoe wist u dat? U heeft de situatie snel door." Het heeft niets te maken met scherpzinnigheid; het is gewoon een kwestie van luisteren naar en herformuleren van de woorden van de manager.

Voorbeelden:

"U hebt zeer gedetailleerd uiting gegeven aan uw bezorgdheid over onkostendeclaraties, contanten en crediteuren, maar waar u u werkelijk zorgen over lijkt te maken is het gebrek aan specifieke controle op bepaalde terreinen."

"Het is duidelijk dat u u zorgen maakt over de productievermindering, de wilde staking, de verdachte explosies, de moedwillige vernieling van eigendommen, en het feit dat iemand in het weekend alle bewegende delen van de apparatuur vastgeplakt en gesoldeerd heeft. Maar waar u u volgens mij werkelijk zorgen over maakt is dat mensen het gewoon niet prettig lijken te vinden om hier te werken."

### Stel de manager gerust dat er oplossingen zijn voor dit uitzonderlijke en gecompliceerde probleem en dat u kunt helpen

Uw geruststelling moet oprecht zijn. U verklaart dat u een oplossing kunt helpen vinden en niet dat u nu direct de oplossing weet. Uw vakkennis bestaat uit kennis van de stappen die gevolgd moeten worden om een oplossing te vinden. Dit is wat u te bieden hebt. In deze fase vraagt de cliënt zich af: "Is deze adviseur iemand op wie ik me kan verlaten en die me echt met dit probleem zal helpen?" Het antwoord van de adviseur is een voorzichtig "Ja." Uw antwoord is voorzichtig in dit vroege stadium, omdat u niet precies weet wat de cliënt van u wil of welke steun de cliënt bereid is u te bieden. Pas wanneer u de specifieke behoeften en toezeggingen van de cliënt kent, weet u of dit een project is waarmee u succes kunt behalen.

Voorbeelden:

"Ondanks de frustratie die u voelt, kan ik u helpen met dit probleem."

"Dit is het soort situatie waarbij mijn achtergrond goed van pas komt. Ik denk dat ik kan helpen."

Korte, eenvoudige zinnen helpen als u duidelijk wilt maken dat u het probleem begrijpt. Velen van ons hebben de neiging zich te laten meeslepen en in dit vroege stadium te diep in een analyse van het probleem te raken. De opdracht hier is te reageren op de onuitgesproken zorgen van de cliënt over het ongewone karakter van zijn situatie, de complexiteit ervan en de vraag of hij wel geholpen kan worden. De opdracht is niet de aard van het probleem te analyseren – dat komt later. Op de emotionele zorgen van de cliënt kan beter met korte dan met lange zinnen gereageerd worden; korte woorden zijn beter dan lange woorden, directe uitspraken zijn beter dan impliciete. Doe eenvoudige uitspraken waarmee u blijk geeft van inzicht en steun, zonder te beschermend te zijn of ongemeend geruststellend. Houd ook geen verkooppraatje. U kunt volstaan met de eenvoudige constatering dat de situatie werkbaar lijkt. Bij de volgende stap wordt nader ingegaan op wat u en de cliënt werkelijk van elkaar verwachten.

## Stap 3. Behoeften en toezeggingen van de cliënt

Nadat u handen hebt geschud en een eerste formulering hebt gehoord van de dingen waar de lijnmanager zich zorgen over maakt, kijkt u de manager recht in de ogen en vraagt: "En..., wat wilt u van mij?" Het antwoord is de kern van de contracteringsfase en de vraag moet heel direct zijn. Het is de sleutelvraag die bepaalt of en hoe u met dit project succes kunt hebben.

Er is een verschil tussen hetgeen de cliënt van *het project* wil en hetgeen de cliënt van *u* wil. De cliënt kan erg duidelijk zijn over wat *het project* moet opleveren – betere kostenbeheersing, afgenomen overheadkosten, minder defecten aan apparatuur, beter moreel op de werkvloer, deskundiger eerstelijn supervisors, een verbeterd verkooprapportagesysteem – en toch niet laten weten wat er van *u, de adviseur* verwacht wordt.

Enkele algemene dingen die cliënten van hun adviseurs willen, zijn:
- een onderzoek naar een specifiek inhoudelijk probleem;
- aanbevelingen over de manier waarop een probleem moet worden opgelost;
- het ontwerpen en begeleiden van een trainingsprogramma;
- persoonlijke raad en steun;
- een beoordeling van personeel in de centrale lijn;
- een ontwerp voor een goedkoper proces.

Dit zijn over het algemeen min of meer directe verzoeken om uw diensten. Het wordt ingewikkelder naarmate u doorkrijgt *hoe* u in hun ogen te werk moet gaan. Om daarachter te komen, vraagt u de cliënt of er bepaalde ideeën leven over hoe u het aan moet pakken, of welke beperkingen dit project kent. Naar beperkingen vragen helpt u in een vroeg stadium ontdekken dat:
- u twee weken hebt voor een klus van vier weken;
- u niet met uitzendkrachten mag praten;
- niemand de ware redenen voor dit onderzoek kent en u hun dat niet mag vertellen;
- u niemand mag verontrusten noch de doos van Pandora mag openen;
- het project een budget heeft van € 3,05;
- na deze bespreking de cliënt geen tijd meer voor u heeft.

Het is voor u uiteraard van vitaal belang om nu te weten welke beperkingen er zijn aan uw werkwijze. *Uw werkwijze* is vaak het moeilijkste gedeelte van het contract waarover onderhandeld moet worden.

Beperkingen opsporen doet u door de cliënt rechtstreeks te vragen:
1. of deze bepaalde ideeën heeft over de manier waarop u met hen werkt, en
2. welke restricties gelden voor de manier waarop dit project wordt geleid. Dit omvat de methode voor gegevensverzameling, wie erbij betrokken is, wie de resultaten te horen krijgt, tijdschema en kosten.

Nadat u gehoord hebt wat de cliënt van u wil, wilt u vervolgens vragen welke steun de cliënt u in het project te bieden heeft. Als de cliënt u op projectbasis gaat betalen (u maakt geen deel uit van de overhead van de cliënt), wilt u weten wat het budget is voor dit project. De andere twee toezeggingen die de cliënt u kan doen betreffen de tijd van de mensen in de organisatie en de toegang tot informatie. U zult deze terreinen nauwkeurig willen onderzoeken, wanneer u eenmaal toe bent aan het formuleren van uw eigen behoeften.

De meeste adviseurs zijn eigenlijk tamelijk goed in dit stadium van de contracteringsfase. Vooral stafmedewerkers lijken gericht te zijn op de behoeften van de cliënt en kunnen die goed identificeren. Stafadviseurs hebben echter veel meer moeite met de volgende stap, het vaststellen en formuleren van hun eigen behoeften.

## Stap 4. Behoeften en toezeggingen van de adviseur

Een van de meest kritieke vaardigheden bij feilloos adviseren is het ondubbelzinnig onder woorden brengen van wat u, de adviseur, van de cliënt wilt om een project te laten slagen.

Wanneer ik interne adviseurs vertel dat ze duidelijk moeten maken wat ze van de cliënt willen, zeggen ze vaak: "Wij hebben een dienende rol en het is onze taak om aan de behoeften van de lijnmanager te voldoen. Als we daarin slagen, hebben we ons werk gedaan. Wij zitten niet in een positie om dingen te verlangen van de mensen bij wie we in dienst zijn." Met deze puur dienstverlenende instelling kunt u uzelf in de weg staan. Duidelijk maken wat de adviseur van de cliënt verlangt, draagt ertoe bij dat het project zal slagen; het gaat er niet om tegemoet te komen aan de persoonlijke grillen en wensen van de adviseur.

De behoeften van de adviseur waarover we het hier hebben, omvatten zaken als de behoefte aan voldoende tijd om het werk goed te doen, toegang tot de juiste mensen en informatie, steun van de cliënt op moeilijke momenten, medewerking van mensen uit de organisatie van de cliënt aan het project, en afspraken over vertrouwelijkheid, follow-up van de aanbevelingen en tijd van de lijnmanager zonder stoornis. *Deze behoeften moeten geuit worden in de contracteringsfase.* Wanneer u geen uiting geeft aan uw behoeften, loopt u het risico dat het project mislukt, en een mislukt project is erger dan helemaal geen project.

Sommige dingen die we van cliënten willen, zijn belangrijker dan andere. Tijdens het plannen van een contractbespreking kunt u uw behoeften het beste in twee categorieën onderscheiden: essentiële behoeften en wenselijke behoeften.

### Essentiële behoeften

*Essentiële behoeften* zijn de dingen die u minimaal dient te hebben. Sommige mensen noemen ze *noodzakelijke behoeften.* Als een cliënt niet aan een essentiële behoefte tegemoet komt, kunt u beter niet met het project doorgaan. Essentiële behoeften zullen van situatie tot situatie verschillen.

Enkele essentiële behoeften kunnen zijn:

- toegang tot de sleutelfiguren die iets te maken hebben met het probleem dat mij verzocht is op te lossen;
- genoeg tijd om het werk professioneel te doen;
- een afspraak dat mij niet gevraagd zal worden om een individuele prestatiebeoordeling te geven van mensen met wie ik tijdens dit project werk;
- geld;
- toegang tot bepaalde rapporten en documenten;
- de toezegging van de topmanager in de organisatie dat het project wordt voortgezet;
- antwoord op mijn telefoontjes.

U weet wat essentieel is uit ervaring of omdat u een paar keer uw vingers hebt gebrand. We krijgen nooit alles wat we willen bij een project, dus hebben we aanvankelijk de neiging onszelf onder druk te zetten om wat concessies te doen en door te gaan met het project. Als we op een essentieel punt concessies doen – hetzij omdat we iemand zelf graag als cliënt willen hebben, hetzij omdat we onder druk staan van onze baas om 'die cliënt binnen te halen' – zullen we daar spijt van krijgen. Concessies doen op een essentieel punt betekent dat het project een wankele basis heeft en dat we een mislukking riskeren.

Als u middenin een contractbespreking zit en u en de cliënt steeds met nieuwe suggesties blijven komen en u plotseling moet besluiten of u ergens mee instemt of niet, onderbreek de sessie dan en gun uzelf een korte pauze. U kunt een kop koffie gaan drinken, naar het toilet gaan, enkele knikkers op de grond gooien en nadenken terwijl u ze zoekt, of wat dan ook om uzelf ruimte te geven om na te denken. Stel uzelf tijdens de pauze, die niet langer dan drie of vier minuten hoeft te duren, slechts één vraag: is de suggestie die op tafel ligt in enig opzicht nadelig voor wat ik in dit project als essentieel beschouw *voor mij*? Als het antwoord ja is, ga dan terug naar de bespreking en zeg: "Wat u oppert is bijzonder zinnig, maar het is niet wat ik essentieel acht voor het welslagen van het project." Zoek dan verder naar een overeenkomst.

Het beste wat u kunt doen wanneer u aan een project begint, is voor uzelf op realistische wijze te definiëren wat voor u de essentiële punten zijn van een project. Als u dit eerlijk gedaan hebt – zonder hebzucht of zelfopoffering – kan er tijdens de contracteringsfase weinig meer gebeuren waar u echt schade van ondervindt. Er kan een heleboel gebeuren waar u beroerd van wordt, maar als aan uw essentiële behoeften gehoor wordt gegeven, kan het project slagen. Als er geen gehoor aan wordt gegeven, kan het project alleen maar mislukken.

### Wenselijke behoeften

*Wenselijke behoeften* zijn de dingen die u graag zou willen hebben van de cliënt, maar zonder welke u *kunt* leven. Het zijn geen terloopse of grillige behoeften: ze zullen het project effectiever helpen maken, maar u weet dat u succes kunt hebben zonder hen.

Enkele wenselijke behoeften kunnen zijn:
- dat iemand uit de organisatie van de cliënt met u aan het project werkt;
- dat de manager persoonlijk alle mensen spreekt die bij het project betrokken zijn, om het uit te leggen en te steunen;
- dat het topmanagement van de groep persoonlijk diepgaand betrokken raakt bij uw project;
- een bepaald tijdschema;
- de onvoorwaardelijke samenwerking van mensen op alle niveaus van de organisatie;
- afspraak dat de cliënt het doorvertelt aan anderen in de organisatie, als ik het project goed uitvoer.

Soms zijn interne adviseurs zo gefixeerd op het tegemoetkomen aan de behoeften van hun cliënten, dat ze met moeite kunnen vaststellen wat zij op hun beurt van hun cliënten willen.

Hier volgt een lijst van wat enkele interne adviseurs zeiden van hun cliënten te willen:
- het probleem samen aanpakken;
- commitment bij het project;
- verantwoordelijkheid voor falen en succes delen;
- een objectieve houding tegenover de uitkomst van het onderzoek;
- zorgen voor de materiële benodigdheden om de opdracht te vervullen (in dit geval: auto, chauffeur en vertaler in woestijn);
- open staan voor feedback tijdens het project;
- feedback over wat er na mijn vertrek gebeurde;
- feedback aan mijn baas;
- accepteer dat bepaalde dingen gewoon niet kunnen;
- vergevensgezindheid.

### Het onder woorden brengen

Vaststellen wat u van de cliënt wilt, is de eerste stap. De volgende stap is te handelen naar die behoeften. Dit komt overeen met de twee vereisten van feilloos adviseren: aandacht schenken aan de kernpunten van elke fase en zich oprecht gedragen. Het kernpunt op dit moment is vaststellen wat u wilt, zich oprecht gedragen betekent het zo eenvoudig en direct mogelijk onder woorden brengen van deze behoeften.

Soms hebben we de neiging om op een ingewikkelde manier onze wensen kenbaar te maken. We denken uitvoerige verklaringen en rechtvaardigingen nodig te hebben voor onze behoeften. We introduceren een behoefte met een paragraaf over andere ervaringen, de bijzondere vereisten van deze organisatie, en we maken de behoefte nogal vaag en algemeen. Soms maken we onze behoeften kenbaar in de vorm van een vraag. Dit alles vertroebelt en ondermijnt de formulering alleen maar.

Hier volgt een voorbeeld van twee manieren om behoeften kenbaar te maken.

## De behoefte

Een trainingsmanager praat met een divisiemanager over een cursus moeilijke gesprekken voeren waar een ondergeschikte naartoe gestuurd gaat worden. De behoefte is dat de divisiemanager direct bij het project betrokken wordt door ook deel te nemen aan de cursus.

### Onduidelijke formulering van behoeften

*Trainingsmanager:* Uit eerdere ervaringen is ons gebleken dat hetgeen in een trainingscursus geleerd is langer blijft hangen als er eenmaal terug in de werksituatie duidelijk sprake is van een positieve bekrachtiging. Dit zorgt voor een beter gebruik van de pas verworven vaardigheden, en in uw geval introduceert de cursus een totaal andere benadering van het coachen van werknemers, wat belangrijk is en veel resultaat heeft. Als deze positieve bekrachtiging niet plaatsvindt, kunt u verwachten dat de kennis wegzakt en dat de kosten-batenratio van uw investering aanzienlijk lager wordt. Hebt u ooit deelgenomen aan een cursus prestatiebeoordeling?

**Toelichting:** Alles wat de trainingsmanager hier zegt snijdt hout. De divisiemanager heeft goede redenen om aan de cursus deel te nemen. Het probleem is echter dat de behoefte verpakt is in de rechtvaardiging. Het kan zijn dat de vraag aan het slot uiteindelijk leidt tot de suggestie dat de divisie-manager deelneemt aan de cursus, maar deze weg is indirect en onnodig.

Hier volgt een alternatief.

### Oprechte formulering van behoeften

*Trainingsmanager:* Ik zou graag zien dat u ook aan de cursus moeilijke gesprekken voeren deelneemt.

**Toelichting:** Dit lijkt wellicht te eenvoudig. Dat is het niet. De kracht van de mededeling zit hem hoofdzakelijk in het feit dat ze eenvoudig is. En dat het alledaagse spreektaal is. Het doel van feilloos adviseren is het maximaliseren van uw overtuigingskracht en invloed op de cliënt, zodat uw vakkennis benut wordt. Oprecht handelen is het effectiefste wat u kunt doen. In elk stadium van het proces.

Wanneer we vaststellen wat we van de cliënt willen, komt eerst de behoefte en pas later de rechtvaardiging. We weten dat we willen dat de manager aan de cursus deelneemt. Vervolgens gaan we nadenken over de manier waarop we dat tegenover de cliënt kunnen rechtvaardigen. We vragen ons af hoe we dat moeten formuleren, hoe we dat moeten uitleggen in termen van 'winst of verlies', we gaan zoeken naar woorden die de cliënt zal begrijpen. Al deze moeite is niet alleen overdreven, het kan ook onduidelijkheid veroorzaken en een obstakel vormen bij onze poging te krijgen wat we willen.

Het is de kunst om:
1. eerst de behoefte in eenvoudige spreektaal te formuleren;
2. te zwijgen en de cliënt te laten reageren;
3. als de cliënt u enkele vragen stelt, in twee zinnen te antwoorden en de behoefte opnieuw te formuleren;
4. te zwijgen en te wachten op een 'ja' of 'nee'.

U zult niet altijd 'ja' te horen krijgen. Zo is het leven. Als u de behoefte in simpele bewoordingen kenbaar maakt, de stilte gebruikt om de cliënt over zijn gevoelens te laten praten en uw uitleg zo bondig mogelijk houdt, hebt u alles gedaan wat u kunt. De lange paragrafen geven *u* wellicht een goed gevoel, maar ze zitten u in de weg. Met eenvoudige en oprechte formuleringen hebt u de meeste kans om te krijgen wat u wilt en te weten wat u op dat punt aan de cliënt hebt.

### Uw kans

Pak een potlood en een stuk papier. Verdeel het papier in twee kolommen: essentiële behoeften en wenselijke behoeften. Denk aan een cliënt die u zorgen baart en maak een lijst van essentiële en wenselijke behoeften in verband met die cliënt. Maak u niet druk over de vraag of u een cliënt ooit om deze dingen zou vragen; schrijf ze gewoon op zoals ze in eerste instantie bij u opkomen.

## Stap 4. Toezeggingen van de adviseur (vervolg)

Behalve dat u uw behoeften kenbaar maakt aan de cliënt, dient u ook te zeggen wat u te bieden hebt. Dit vereist van u dat u realistisch bent over wat u maximaal kunt beloven. Meestal belooft de adviseur een duidelijk beeld van wat er in de organisatie van de cliënt aan de hand is, plus aanbevelingen voor hoe men dingen kan verbeteren. Daadwerkelijke verbeteringen kan de adviseur slechts beloven als het lijnmanagement diens vijftig procent verantwoordelijkheid draagt. Operationele verbeteringen kunnen slechts een gezamenlijke belofte zijn van adviseur en cliënt, niet een eenzijdige belofte van de adviseur. Als ik resultaten toezeg, zuiver en alleen als gevolg van mijn inspanningen als adviseur, presenteer ik mezelf als een tovenaar. Ik kan niet iets toezeggen waar ik geen controle over heb. Ik heb geen controle over het gedrag of de acties van de cliënt. Als ik in mijn enthousiasme specifieke resultaten beloof die feitelijk het werk zijn van de cliënt, ga ik in op de heimelijke wens van de cliënt om achterover te leunen en de adviseur wonderen te zien verrichten.

Een voorbeeld van de keuze.
*Cliënt:* Hoe snel kan ik resultaten van u verwachten?
*Fabelachtige toezegging van de adviseur:* We zullen de machine binnen drie dagen weer op gang hebben en daarna zult u er geen problemen meer mee hebben.

*Realistische toezegging van de adviseur:* We zullen de machine binnen drie dagen weer op gang hebben. Daarna is het aan u om haar draaiende te houden.

De meesten van ons die zich met adviseren bezighouden, moeten voortdurend werken aan twee dingen:

1. duidelijk formuleren, met soms het risico van overstatement, wat we van de cliënt nodig hebben om dit project te laten slagen;
2. voorzichtig zijn, met soms het risico van understatement, in onze uitlatingen over de resultaten die alleen wij zullen leveren in dit project.

## Stap 5. Overeenstemming bereiken

Na het uitwisselen van behoeften met de cliënt bereikt u overeenstemming of loopt u vast.[4] Als u, zoals meestal gebeurt, overeenstemming bereikt, moet u even pauzeren en er gewoon een goed gevoel over hebben. Als u euforisch voelt, kunt u zelfs tegen de cliënt zeggen: "Het ziet ernaar uit dat we het eens zijn over de werkwijze. Daar ben ik echt heel blij over." Het helpt ook om nog eens precies te formuleren wat is afgesproken.

Adviseurs doen vaak net of de contractbespreking is afgelopen wanneer overeenstemming is bereikt. Het is nog niet afgelopen. Er zijn nog drie belangrijke stappen te gaan voordat men verzekerd is van een stabiel, evenwichtig contract.

## Stap 6. Om feedback over invloed en commitment vragen

Dit is een stap om zekerheid te krijgen. De meeste zwakke contracten zijn onvolmaakt om een van de volgende twee redenen:

1. De cliënt is de overeenkomst aangegaan onder enige mate van dwang, hoe subtiel en indirect ook.
2. De cliënt stemde in met het project, maar kreeg steeds meer het gevoel onvoldoende zeggenschap te hebben over het verloop.

Dwing uzelf dus aan het begin van elk project naar elk van beide zwakke plekken te zoeken.

### Test 1

Vraag de cliënt rechtstreeks en mondeling: "Wilt u werkelijk dat dit project wordt ondernomen? Bent u tevreden met onze afspraak over de opzet ervan?"

Er zijn veel manieren waarop de lijnmanager zich tot het project gedwongen kan voelen. Het topmanagement kan dit project geopperd hebben. Het kan de laatste rage binnen de organisatie zijn om dergelijke projecten te beginnen. De manager kan het gevoel hebben dat het politiek gezien onverstandig is om nee tegen u te zeggen.

Vragen naar het commitment van de cliënt betekent niet dat u van het project zal afzien als het te wensen overlaat. U stelt de vraag, zodat u vanaf het begin weet waar u aan toe bent. Als de cliënt onder dwang handelt, wilt u dat nu weten. Zo zit het leven soms in elkaar. Het is belangrijk daar realistisch over te zijn, zodat u niet overinvesteert of beweert dat het contract solide is terwijl dat niet zo is.

Cliënten naar hun commitment vragen heeft één bijkomend voordeel: het dwingt hen verantwoordelijkheid te dragen voor het feit dat ook zij aan een project beginnen zonder er volledig achter te staan. Soms kan de erkenning door cliënten dat ze onder enige dwang handelen feitelijk bijdragen tot de verhoging van hun commitment aan een project.

Het is belangrijk om tegen het einde van de contractbespreking te praten over commitment aan het project. Doe het.

### Test 2

Nadat u over het commitment van de cliënt aan het project hebt gesproken, stelt u de vraag: "Hebt u het gevoel dat u voldoende controle hebt over de voortgang van dit project?"

Lijnmanagers (evenals de rest van ons) hebben de neiging om invloed boven al het andere te stellen. Als de cliënt het gevoel krijgt steeds minder controle over de situatie te hebben, zullen het contract en het project bedreigd worden. Net als bij uw vragen naar commitment, wilt u nu weten of het project de cliënt in enig opzicht verontrust. Het uit handen geven van gezag is een belangrijke bron van onrust binnen een organisatie. Telkens wanneer cliënten een beroep doen op een adviseur, geven ze een klein stukje gezag uit handen; u als adviseur moet erachter zien te komen in hoeverre dit onrust veroorzaakt.

Wanneer ik interne adviseurs aanraad om deze vragen over commitment en invloed te stellen, vragen zij op hun beurt: "Ja, maar hoe weten we of we een eerlijk antwoord krijgen?" "Zal de cliënt hierover openhartig met ons spreken?" Als u naar invloed en commitment vraagt op een manier waaruit uw oprechte interesse blijkt in het antwoord, zal de cliënt u een eerlijk antwoord geven. Als uw vragen een overredende of smekende ondertoon hebben, zijn eerlijke antwoorden minder waarschijnlijk. Het doel van de vragen is managers uit te nodigen hun eventuele bedenkingen te uiten. De vragen zijn geen indirecte verkooptechnieken.

Ook als uw vragen oprecht zijn, zult u soms geen rechtstreeks antwoord krijgen. Dan nog was het de moeite waard ze te stellen.

## Stap 7. Verleen steun

Maak duidelijk dat u de bereidheid van de cliënt waardeert om met u dit project te beginnen. Er is enige moed voor nodig om mensen uit te nodigen of toe te laten in uw organisatie voor het doen van aanbevelingen over hoe u zich dient te ontwikkelen. Ook al betreft het een ruim twee meter lange cliënt met een olifantshuid die vuur spuwt, ik ga er altijd van uit dat er behoefte is aan waardering en ik voldoe graag aan die behoefte.

U zou de cliënt ook kunnen vertellen wat ze tijdens de vergadering deden dat nuttig was. Als u het ze niet vertelt, zullen ze het nooit weten.

Uw waarderende woorden moeten oprecht zijn en specifiek. Hier volgen enkele voorbeelden.

"Zo'n project als dit te beginnen houdt voor u een zeker risico in en ik waardeer uw bereidheid om met mij dat risico te nemen."

"U hebt lange tijd met deze situatie geleefd. Het is geweldig dat u nu in een positie bent om er iets aan te doen."

"U hebt uw twijfels en bedenkingen heel duidelijk naar voren gebracht."

"U hebt mij veel verteld over een aantal heel persoonlijke uitdagingen. Dank dat u mij op die manier hebt willen vertrouwen."

"U hebt een bijzonder scherp inzicht in de aard van dergelijke problemen. Dat zal een heleboel helpen tijdens dit project."

"Ik weet dat u aanvankelijk erg sceptisch stond tegenover het idee mij binnen te laten. Ik ben blij dat dit verleden tijd is."

## Stap 8. Herformuleer acties

Als laatste stap om zekerheid te krijgen, zorgt u ervoor dat u en de cliënt precies weten wat ieder van u nu gaat doen. Eenvoudige mededelingen zijn voldoende.

"U stuurt een memo over het project naar uw mensen."

"Ik zal 4 maart hier komen om met de vraaggesprekken te beginnen."

"Vanaf morgen zal ik met George de rapporten bekijken. U en ik zullen elkaar vrijdagmiddag om vier uur ontmoeten."

Nadat u overeenstemming hebt bereikt over de volgende stappen, is de contractbespreking voltooid. Geen enkel sociaal contract zal echter eeuwig duren; integendeel, gewoonlijk wordt gedurende het project nog vaak opnieuw over het contract onderhandeld. Als u de hierboven genoemde acht stappen echter hebt doorlopen, hebt u in dit stadium gedaan wat u kunt.

## Als u vastloopt

Na 'Stap 4. Behoeften en toezeggingen van de adviseur' bespraken we wat u moet doen wanneer u tot overeenstemming komt. Maar wat gebeurt er als overeenstemming moeilijk te bereiken is? Dit heet Stap 5-V, waarbij V staat voor vastgelopen.

*Figuur 3. Het sturen van de contractbespreking*

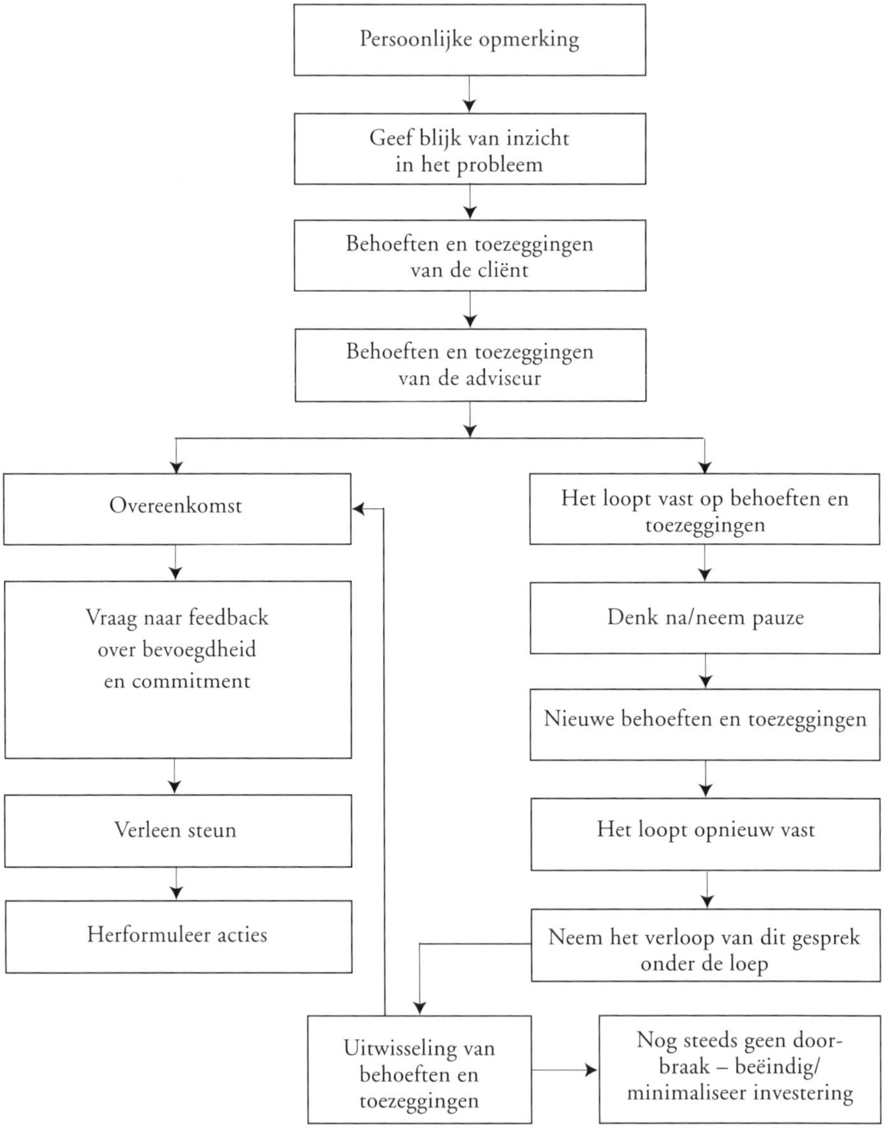

## Stap 5-V. Het loopt vast op behoeften en toezeggingen

Vastgelopen onderhandelingen weer op gang brengen gebeurt in twee fases.

- Ten eerste moet u beseffen dat u zo niet verder komt.
- Ten tweede moet u daar iets aan doen.

### Weten wanneer u vast zit

Het is mogelijk dat u het gevoel hebt dat u een redelijk gesprek met de cliënt aan het voeren bent over de voor- en nadelen van het project en niet in de gaten hebt dat u in een impasse bent geraakt. Toch zijn er enkele zeer duidelijke signalen die aangeven dat u bent vastgelopen.

1. *U bent vastgelopen wanneer u uzelf iets voor de derde keer hoort uitleggen.* De eerste keer dat u uitlegde waarom u iets wilt, hebt u zich wellicht in jargon of onhandig uitgedrukt. De tweede keer dat u het uitlegde, had u misschien het gevoel dat de cliënt niet echt luisterde. Wanneer u voor de derde keer aan het worstelen bent om iets in andere, helderder bewoordingen uit te drukken, moet u uzelf toegeven dat u bent vastgelopen.
   Veel communicatie binnen organisaties is in codes uitgedrukt.

| Wanneer mensen bedoelen | maken ze dat als volgt kenbaar |
|---|---|
| Het bevalt me niet. | Ik begrijp het niet. |
| Ik wil het niet doen. | Laten we er meer gegevens bij halen.<br>of<br>Ik kom er nog op terug.<br>of<br>Ik zal het met mijn staf overleggen. |
| Ik begrijp geen woord van wat u zegt. | Zwijgen. |
| Doe wat ik zeg, verdorie. | Waarom denkt u er niet eens over na en komt u dan bij me terug! |
| Ik moet er niet aan denken uw team in mijn organisatie te hebben. | We willen nog met een paar andere mensen praten over alternatieve benaderingen van dit probleem en zullen het u laten weten. |
| | Enzovoort, enzovoort |

Deze codes moet u leren kennen en ter harte nemen omdat ze een eerste waarschuwingssignaal zijn wanneer u dreigt vast te lopen met uw lijnmanager. Wanneer u bij uzelf denkt: "De cliënt begrijpt totaal niet waar ik het over heb", begrijpt de cliënt in werkelijkheid wel degelijk waar u het over hebt, alleen is hij het niet met u eens. Als dit gebeurt, leg het dan niet voor de vierde en vijfde keer uit. Erken dat u vast zit.

2. *U bent vastgelopen wanneer u merkt dat de cliënt zich voor de derde keer op de uitleg van hetzelfde idee werpt.* Wanneer de cliënt denkt dat u het nog steeds niet begrijpt, zegt deze: "Eens kijken of ik het anders kan formuleren." Het proces van opnieuw uitleggen gaat ervan uit dat gebrek aan duidelijkheid het probleem is. Bij de derde poging is er geen sprake meer van gebrek aan duidelijkheid, maar van gebrek aan overeenstemming. U bent vastgelopen. Erken dat.

3. *Uw lichaam zal u duidelijke signalen geven dat u vastloopt.* Wanneer u geeuwen begint te onderdrukken, moet u dat opvatten als een signaal dat de bespreking niet volgens uw plan verloopt. Verveling en vermoeidheid zijn gewoonlijk indirecte uitingen van irritatie. U begint nauwelijks merkbaar geïrriteerd te raken over de weerstand van de kant van de cliënt. Misschien gaat het om het gebrek aan enthousiasme bij de cliënt. Zodra u geïrriteerd raakt, zegt u tegen uzelf dat u niet geïrriteerd moet zijn, dus begint u de irritatie te onderdrukken. De spanning van het onderdrukken van de irritatie, vooral als het onbewust gebeurt, is vermoeiend. Uw schouders en nek beginnen pijn te doen. U begint te gapen en maakt er op het laatste moment een lach van. U begint op uw horloge te kijken en te denken aan de tenniswedstrijd die u gisteren speelde. Of u merkt dat de cliënt er ook erg moe uitziet en van een geeuw een lach maakt, uit het raam staart of stilletjes wegdommelt terwijl u praat.

   Dit zijn allemaal signalen dat de bespreking is vastgelopen. Als u vooruitgang zou boeken en op weg was naar een overeenkomst, zou uw energie toenemen. Als uw energie afneemt en u geïrriteerd begint te raken, betekent dat eenvoudigweg dat u niet krijgt wat u wilt en dat u vast zit.

4. *Uw ogen geven u de beste signalen dat de contractbespreking in een impasse is geraakt.* Vertrouw op wat u ziet. Geloof in non-verbale boodschappen. Er is veel geschreven over lichaamstaal – hoe men verschillende houdingen moet interpreteren en welke houding u zelf moet aannemen om bepaalde berichten door te geven of te verbergen. Het is verkeerd lichaamstaal of non-verbaal gedrag te gebruiken om een situatie te manipuleren of om uzelf op een bepaalde manier te 'presenteren'. Wanneer u uw lichaam in een houding dwingt die verbergt hoe u u werkelijk voelt, maakt u op anderen de indruk dat u iemand bent die zijn lichaam in een houding dwingt om te verbergen hoe hij zich werkelijk voelt.

   Als u het kunt nalaten om te proberen iets te 'doen' met uw non-verbale gedrag of om andermans non-verbale gedrag te psychologiseren, kan het voor u een waardevolle bron van informatie zijn.

   Als u non-verbale signalen zoekt tijdens de contractbespreking, zult u opmerken dat de cliënt zich naar voren beweegt, naar het gesprek toe, of naar achteren, weg van het gesprek. U zult op de handen van de cliënt letten – gebaren die u wegduwen, die u grijpen zoals een vuist, die naar u wijzen als een geweer, of die de handen wijd openen met de palm naar boven, zeggende: "Ik ben hier toevallig aanwezig, een hulpeloos slachtoffer van het lot. Wat kan iemand van ons, arme stervelingen, aan deze situatie doen?"

Men kan deze gebaren slechts in grote lijnen interpreteren: Zijn het uitingen van steun of afwijzing? Wil de cliënt meedoen met het project of niet? Verloopt het gesprek goed of slecht? Het fysieke gedrag van de cliënt en uw eigen bewegingen zijn slechts signalen die u erop helpen wijzen dat u vastgelopen bent. Ze vertellen u niet waarom u bent vastgelopen. Weersta het gedachtenspel van specifieke gebaren interpreteren. Hecht wel geloof aan de algemene boodschappen.

Er is vaak een scherpe tegenstelling tussen wat cliënten zeggen en hun nonverbale gedrag. Ze zeggen dat ze werkelijk geïnteresseerd zijn in dit project, en tegelijkertijd zitten ze ineengedoken tegen de muur aangedrukt, met hun armen ineengeslagen over hun hoofd alsof ze zich tegen bommen moeten beschermen.

Als ik moest kiezen tussen het geloven van de woorden en het geloven van het lichaam, zou ik het lichaam geloven. We hebben allemaal zeer geraffineerde verbale vormen van verweer, maar onze non-verbale vormen van verweer zijn veel minder geraffineerd. Dus vertrouw ik op wat ik zie. Maar ik gebruik het slechts als een signaal. Ik geef geen direct commentaar op hun gedrag. Ik weersta de verleiding om te zeggen: "Telkens wanneer ik voorstel om uw ondergeschikten te ondervragen, zet u uw stoel tegen de muur, legt u uw hoofd in uw armen en houdt u uw adem in, totdat uw gezicht rood aanloopt. Waarom? Vindt u het vervelend wat ik voorstel?"
Conclusies trekken over de motieven voor andermans gedrag is erg agressief en leidt altijd tot een defensieve houding bij de ander. Het is uw doel om de cliënt te helpen zijn bedenkingen directer te uiten. U wilt een eenduidige boodschap van de cliënt, zodat u weet hoe de zaken ervoor staan. Wanneer u een dubbelzinnige boodschap krijgt, wanneer de lichaamstaal niet overeenkomt met de woorden, stelt u een open vraag over hoe de cliënt denkt over hetgeen u aan het bespreken bent.

Nogmaals, het doel van de concentratie op non-verbaal gedrag is een vroeg waarschuwingssysteem op te zetten, een nauwkeuriger reeks signalen te verzamelen, zodat u een realistischer beeld hebt van hoe de cliënt reageert op wat u zegt. Uw eigen lichaam is ook een aanwijzing voor wat u werkelijk denkt over de contractbespreking. Als het gesprek oppervlakkig gezien goed lijkt te verlopen en u tegelijkertijd merkt dat u weinig energie hebt en onderuit zakt in uw stoel, moet u u gaan afvragen of uw lichaam soms waarschuwingssignalen oppikt die uw geest liever negeert. Als het gesprek inderdaad goed verloopt en u toch onderuit zakt in uw stoel, bent u misschien gewoon moe. En dat is ook goed.

Wat moet u doen wanneer u merkt dat u vastgelopen bent?

## Stap 6-V. Denk na/neem pauze

Wanneer u vastgelopen bent, is het volgens mij het moeilijkste om daadwerkelijk aan uzelf toe te geven dat u in een impasse bent geraakt. Wanneer u tegenover uzelf erkent dat u bent vastgelopen, moet u u allereerst geestelijk uit het gesprek terugtrekken. Word een toeschouwer van de contractbespreking die u aan het voeren bent. U kunt verder praten en luisteren, en tegelijkertijd nadenken of u uw positie in enig opzicht kunt veranderen. Kunt u andere behoeften kenbaar maken en toch uw doelstellingen bereiken?

Soms is het verstandig om de bespreking te onderbreken. Geef te kennen: "Het ziet ernaar uit dat we ons blind staren op dit punt en ik zou er graag nog even verder over na willen denken." Dit geeft u tijd om opnieuw te beoordelen of er inderdaad een onoverbrugbaar verschil is tussen u en de cliënt, of dat het probleem dat u hebt te wijten is aan een misverstand dat is ontstaan door de manier waarop het gesprek is verlopen. Wanneer u u geestelijk of lichamelijk terugtrekt uit de vuurlinie, schept u tijd om een andere benaderingswijze van het project vast te stellen of een andere manier om de overeenkomst te bekrachtigen.

## Stap 7-V. Nieuwe behoeften en toezeggingen

Als u denkt dat over de geschilpunten tussen u en de cliënt onderhandeld kan worden, presenteer dan nieuwe ideeën over wat u van de cliënt wilt, of wat u te bieden hebt. Vaak loopt de contractbespreking vast op het tijdschema. De cliënt wil dertig dagen voor het werk uittrekken, terwijl wij zestig dagen nodig denken te hebben. Elk van ons heeft goede redenen en dus lopen we vast.

Na de stap van nadenken en pauzeren besluit u wellicht dat u het project binnen dertig dagen kunt voltooien, als de cliënt zorgt voor twee mensen die met u samenwerken en ermee instemt dat uw slotrapport in hoofdlijnen wordt aangegeven in plaats van in een zorgvuldig geformuleerd betoog.

Hier volgt wat u zegt.
*Het veranderen van uw toezegging:* Het werk zal gedaan worden binnen dertig dagen in plaats van binnen zestig dagen.
*Het veranderen van uw behoeften:* Geef me twee mensen om mee samen te werken en aanvaard een korter slotrapport.

Met andere behoeften en toezeggingen komen is altijd de moeite van het proberen waard, ten minste één keer. Niettemin helpt het soms niet.

## Stap 8-V. Het loopt opnieuw vast

Als u u realiseert dat het veranderen van de behoeften en toezeggingen alleen maar heeft geleid tot een nieuwe impasse, is het echt tijd om het roer om te gooien. U hebt tot twee keer toe tevergeefs geprobeerd overeenstemming te bereiken, dus moet u u afvragen of het ware probleem misschien gelegen is in de manier waarop u met de cliënt werkt en in de relatie tussen u en de cliënt.

Lijnmanagers nemen besluiten over projecten op basis van hun gevoelens jegens de betrokken personen. Vertrouwt de manager deze adviseur of de afdeling van de adviseur? Adviseurs sluiten overeenkomsten met lijnmanagers op basis van de vraag of ze de manager vertrouwen. Wanneer adviseur en cliënt vastlopen op de vraag hoe en of ze moeten doorgaan, is een ander soort gesprek nodig.

## Stap 9-V. Neem het verloop van dit gesprek onder de loep

Wanneer u opnieuw vastloopt, moet het gesprek verder gaan over de vraag hoe deze bespreking verloopt. Leg het project waarover u het had even terzijde. Er zijn veel manieren om het verloop van een gesprek onder de loep te nemen; deze zullen uitgebreider behandeld worden in de hoofdstukken 8 en 9, waar we het hebben over het wegnemen van weerstand.

Hier volgen enkele manieren om de focus van het gesprek te verschuiven naar het verloop van de bespreking.

1. Zeg: "Volgens mij zijn we vastgelopen." Dit is waarschijnlijk het meest effectief. Een eenvoudige vaststelling van een feit – de bespreking loopt op niets uit. Natuurlijk zult u uw eigen taal en stijl gebruiken, maar de hoofdzaak is om het feit dat u in een impasse geraakt bent ondubbelzinnig te formuleren. Als de cliënt over het project blijft praten, herhaal dan het feit dat u bent vastgelopen en stimuleer een gesprek over de mogelijke oorzaak daarvan.

2. Stel een open vraag over wat de cliënt vindt van het verloop van de bespreking. Het hoeft geen subtiele vraag te zijn. Zeg: "Vindt u dat we het al aardig eens worden over de voortgang?" Als u bij de vraag blijft, zult u snel ontdekken hoe de lijnmanager op de samenwerking met u reageert. De manager kan inzitten over:
   - het project in de hand houden;
   - de koppige indruk die u maakt;
   - hoezeer ze zich niet begrepen voelen;
   - de reputatie van uw groep binnen hun organisatie;
   - hoe vaag de voordelen van dit project lijken;
   - het jargon en stokpaardjes die u gebruikt;
   - enzovoort.

Als de lijnmanager over dergelijke zaken bezorgd is, wilt u dat weten. Vraag er dus gewoon naar. De meeste gevallen van vastgelopen contractbesprekingen komen voort uit dergelijke zorgen, niet uit de details betreffende de opzet van het project. Er moet rechtstreeks over gesproken worden, door de cliënt en door de adviseur.

Wanneer deze bronnen van zorg kenbaar zijn gemaakt, worden de details veel makkelijker bespreekbaar.

### Stap 10-V. Spreek opnieuw over behoeften en toezeggingen

Het gesprek over het verloop van de bespreking zal gewoonlijk de impasse doorbreken. U kunt terugkeren naar de details van het project. Doorgaans bereikt u overeenstemming over iets wat u weer op het oorspronkelijke spoor brengt (Stap 5: Het bereiken van overeenstemming) en u in staat stelt verder te gaan en de bespreking af te sluiten.

Ondanks al uw vaardigheden en ook al hebt u al deze suggesties perfect opgevolgd en feilloos geadviseerd, blijft u soms vastzitten.

### Stap 11-V. Doorbraak blijft uit – beëindig, minimaliseer uw investering

Projecten kunnen nog zo belangrijk voor u zijn, maar soms zit het er gewoon niet in. Het is van vitaal belang dat u dit nu, in een vroeg stadium van het project, accepteert en niet rekent op latere wonderen om de slag te winnen.

Wanneer u er niet meer uitkomt met de cliënt, moet u zeggen: "Het kost ons grote moeite om overeenstemming te bereiken, misschien is het nu niet de juiste tijd om dit werk te doen", of: "Ik stel voor dat we niet aan dit project beginnen, aangezien we geen overeenstemming lijken te bereiken over de voortgang." Beëindig de contractbespreking in uw eigen stijl en eigen woorden, en verlaat het zinkende schip.

## Het probleem van nee zeggen

Vooral interne adviseurs hebben het gevoel dat ze enorme risico's nemen als ze tegen lijnmanagers zeggen dat ze er beter aan doen het project te beëindigen. Ondanks het risico is het juist in het belang van de adviseur en de cliënt om projecten die geen redelijke kans van slagen hebben af te wijzen. Wanneer u in de contracteringsfase bent vastgelopen met een cliënt, komt dat doordat u allebei het gevoel hebt dat als u uw zin niet krijgt, het project zal mislukken. Als u verder gaat met een project waarin u niet gelooft, loopt u het risico dat het mislukt. De reden om projecten te beëindigen is niet dat de adviseur nukkig of kieskeurig is, of zich slechts wenst bezig te houden met exotisch werk of werk dat professioneel gezien stimulerend is. De reden om nee te zeggen is eenvoudigweg om mislukking en verspilling van uw middelen te vermijden.

Een andere reden om de mogelijkheid nee te zeggen tegen een cliënt open te houden, is omdat u uw relatie met de cliënt op dezelfde manier probeert te onderhouden als u zou willen dat zij met hun mensen omgingen. Nee zeggen betekent dat er grenzen zijn, dat we het recht hebben om paal en perk te stellen en zelf te beslissen waar we ons voor inzetten. Als we geen nee kunnen zeggen, verliest ja zijn betekenis. En van commitment is al helemaal geen sprake. We raken eraan gewend om ja te zeggen en na een poosje weten we niet meer wanneer dat jawoord nu oprecht is of een bureaucratische gewoonte.

Als u gewoonlijk geen nee kunt zeggen tegen een cliënt, welke keuzes hebt u dan? U kunt zo min mogelijk tijd investeren, zo min mogelijk hoop koesteren en uw potentiële verliezen laag houden. De makkelijkste manier om dit te doen is het project uitstellen. “Ik ben bereid door te gaan met het project zoals u hebt verzocht, maar ik stel voor dat we er over acht maanden mee beginnen.” Tegen die tijd heeft deze manager misschien een andere baan of heeft u iets beters gevonden om uw krachten voor in te zetten.

Als u het project niet kunt uitstellen, dient u de omvang van en de tijdsinvestering in de opdracht te minimaliseren. Beperk de doelstellingen van het project. Doe wat u kunt om het project naar de achtergrond te schuiven en het beslag op uw tijd en energie te verminderen. De hoofdzaak is dat u eerlijk bent tegenover uzelf over de beperkingen van het project.

We houden onszelf vaak voor de gek. Een cliënt komt naar ons toe en wil ons gebruiken als een handlanger, verlangt een werkwijze van ons die ons het gevoel geeft dat we voor hem moeten buigen. We werken in de illusie dat als we ons nu naar deze cliënt schikken, ons offer vertrouwen zal wekken bij de cliënt en we later in staat zullen zijn de rug te rechten. Heel meegaand zijn met een cliënt, onze behoeften niet kenbaar maken, ergens aan werken waarin we geen vertrouwen hebben – dat alles geeft ons het gevoel ondergeschikten te zijn. Dus werken we als ondergeschikten. Ook de cliënt ziet onze ondergeschikte positie en begint na een poosje te denken dat dit de manier is waarop we normaal werken – als ondergeschikte. Het gevolg is dat wanneer de cliënt iemand nodig heeft die zijn gelijke kan zijn, een beroep op iemand anders wordt gedaan.

Wees dus realistisch over onaantrekkelijke projecten. Laat er tegenover uw baas en anderen geen twijfel over bestaan dat het project geen solide basis heeft en dat u liever niet door zou gaan, maar dat u het gevoel hebt dat u geen keuze hebt omdat u het zich niet kunt permitteren om nee te zeggen tegen deze cliënt. Investeer vervolgens zo weinig mogelijk in het project.

Het cruciale punt van overweging is of het echt in uw belang is om met een project door te gaan. Het kan beter zijn om het zonder het project te doen en die cliënt niet ‘bekeerd’ te hebben dan een project te beginnen dat misschien mislukt. Als u één cliënt laat schieten, zal die cliënt misschien boos op u zijn en zich afgewezen voelen. Maar u hebt slechts één cliënt verloren. Als u doorgaat met een project waarvan u denkt dat het wel eens zou kunnen mislukken en het gaat niet goed, zit u in grotere moeilijkheden. De cliënt zal vijf andere managers vertellen hoe teleurstellend het project was en hoe het mislukte. Dan zit u in het nauw met *zes* managers in plaats van slechts één. Dus is het zakelijk gezien niet goed om projecten te ondernemen met een kleine kans van slagen.

## Controleren van de contractering

Nu hebt u alle benodigde informatie om foutloos een contractbespreking te voeren. Stap voor stap hebben we het verloop van de contractbespreking behandeld. De bespreking bestaat in hoofdlijnen uit drie delen: (1) inzicht in het probleem en uitwisseling van behoeften, (2) het afsluiten van de bespreking door controle van bezorgdheid en commitment van de cliënt, en (3) uit de impasse komen in geval overeenstemming moeilijk is. Elke stap is essentieel en mag nooit overgeslagen worden. Als u alle stappen hebt doorlopen en toch niet het contract krijgt dat u wilde, hebt u alles gedaan wat u kunt en feilloos geadviseerd.

Gebruik checklist 3 om u te helpen bij de voorbereiding van een contractbespreking. Beantwoord de vragen vóór iedere contractbespreking en u bent gereed.

## Checklist 3. Het plannen van een contractbespreking

1. Welke onevenwichtigheid verwacht u in de verantwoordelijkheid voor dit project? Denkt u dat de cliënt u als de deskundige zal willen behandelen en u tachtig procent van de verantwoordelijkheid zal geven? Of zal de cliënt u behandelen als een handlanger en tachtig procent van de verantwoordelijkheid houden?

2. Wat wilt u van de cliënt?
   - Wat zijn uw essentiële behoeften?
   - Wat zijn uw wenselijke behoeften?

3. Wat hebt u de cliënt te bieden?
   - Technisch?
   - Persoonlijk?

4. Wat zou de cliënt volgens u willen? Maak een lijst van alle mogelijkheden.
   - Technisch?
   - Persoonlijk?

5. Zullen de belangrijkste cliënten in de kamer aanwezig zijn?
   - Wie kan besluiten met dit project door te gaan?
   - Voor wie zal dit project grote gevolgen hebben?
   - Wie mist u bij de bespreking?

- Welke rol hebben zij? (Bijvoorbeeld, de aanpak van het probleem in gang zetten, uw advies uiteindelijk uitvoeren; zij hebben de beste informatie over het probleem.)

6. Welke weerstand verwacht u?

7. Onder welke omstandigheden zou het het beste zijn om niet door te gaan?

Ook al zijn sommige vragen in checklist 3 op dit moment misschien niet te beantwoorden, door te proberen ze te beantwoorden richt u u op de essentie van de bespreking. Als u deel uitmaakt van een adviesgroep, geeft de checklist u een middel om orde op zaken te stellen. Meestal houden de vragen u geconcentreerd op wat u van de bespreking nodig hebt, zodat u geen tijd verspilt aan een discussie over de wereldvisie van de cliënt.

## Het aanbieden van uw diensten – goed verkopen betekent goed contracteren

Wanneer de cliënt naar ons toe komt, is het makkelijk. We kunnen ervan uitgaan dat men ons echt ergens voor nodig heeft, redelijk gemotiveerd is en enig respect heeft voor onze bekwaamheden. De meesten van ons moeten er echter ook op uit om de cliënten ervan te overtuigen dat zij van onze diensten gebruik willen maken. Interne adviseurs moeten doelstellingen van hun eigen afdelingen verwezenlijken. Zij krijgen te horen dat een bepaalde groep gebruik zou moeten maken van de diensten van de afdeling en zij worden erop beoordeeld of ze bepaalde cliënten binnen weten te halen.

De vaardigheden om opdrachten binnen te halen zijn in essentie dezelfde als bij het afsluiten van een standaardcontract zijn beschreven. Hier zijn echter nog enkele ideeën die u speciaal in de verkoopsituatie van pas kunnen komen.

### Behoeften van partijen in omgekeerde volgorde aan de orde stellen

Wanneer de cliënt naar u toe komt, begint u over behoeften te praten door te vragen wat de cliënt van u wil. Wanneer het gesprek op uw initiatief plaats vindt, moet u zonder omwegen zeggen wat u van de cliënt wilt. Figuur 4 toont de omgekeerde volgorde.

U moet een reden hebben voor uw keuze met deze cliënt te praten en u licht die toe door het probleem te beschrijven waarvoor de toekomstige cliënt zich volgens u gesteld ziet. Vraag de cliënt voordat u het over behoeften gaat hebben, of het probleem inderdaad is zoals u het omschreven hebt. Zo niet, probeer het dan nog een keer en overweeg dan om u onopvallend terug te trekken.

*Figuur 4. De eerste stappen van de contracteringsfase wanneer u uw diensten aanbiedt*

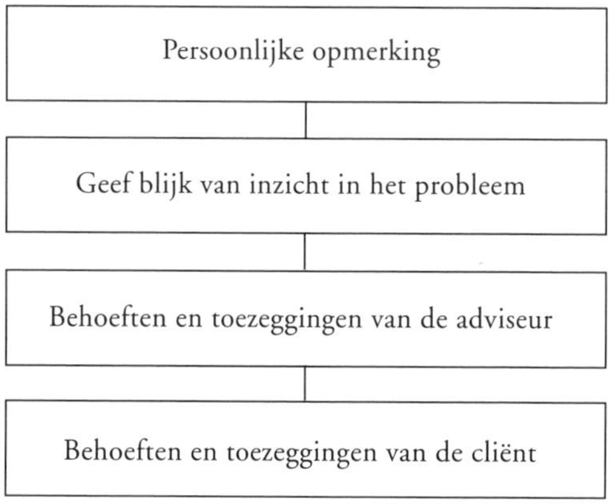


Nadat u hebt vastgesteld wat de cliënt nodig heeft, maakt u kenbaar wat u van de cliënt wilt. Erken dat u gekomen bent om een opdracht binnen te halen. Stafadviseurs zien het als een succes wanneer ze lijnmanagers zover krijgen dat die hun diensten gebruiken. Dat weet iedereen, ook lijnmanagers weten het. De stafadviseur wil met de bespreking vooral bereiken dat de lijnmanager zijn cliënt wordt – erken dat dus. Als u zegt dat u alleen maar wilt helpen, vertelt u maar de helft van het verhaal.

## Verkopen is meer obstakels verwijderen dan enthousiasme wekken

We zijn allemaal opgegroeid met het beeld dat een goede verkoper energiek en dynamisch is, een vlotte babbel heeft en oprecht bezield is. Daarin schuilt vast een kern van waarheid. Maar goede verkopers zijn ook mensen die rustig en bedaard zijn, lang zoeken naar de juiste woorden en ogen als aardige doorsneelieden. Beide typen zijn succesvol, maar er wordt teveel nadruk gelegd op persoonlijkheid als de sleutel tot verkoop. Dus hebben mensen die naar mijn workshops komen vaak het idee dat goede adviseurs Charisma en Persoonlijkheid hebben.

Charisma en Persoonlijkheid zijn twee mythische deugden die hogelijk worden overschat. Ik moet toegeven dat ik een gevestigd belang heb om Charisma en Persoonlijkheid te bagatelliseren. Ik ben rustig, traag, kom moeilijk uit mijn woorden en oog als een aardig doorsneetype. Deelnemers aan mijn workshops kijken me aan en vragen me of ik altijd zo geweest ben. Ik zeg: “Wat bedoel je met ‘zo’?” Ze zeggen: “Nou, zo bedaard en halfslapend.” Dan binden ze in en denken ze dat ik expres zo doe. Dat ik het rustig aan doe terwille van hun leerervaring. Dat ik alle remmen losgooi, wanneer ik bij cliënten ben. Natuurlijk is dat niet waar. We zijn zoals we zijn. Hun onuitgesproken zorg is dat voor advieswerk een bepaalde, speciaal hiervoor geschikte persoonlijkheid nodig is, en deze zorg neemt toe als het op verkopen aankomt. Ik geloof er niet in en ik zal u zeggen waarom.

Als ik iets te bieden heb, wat beantwoordt aan een werkelijke behoefte in de organisatie van de cliënt, dan ga ik ervan uit dat een gedeelte van de cliënt beslist ja zou willen zeggen op mijn voorstel. Als ik de behoefte juist heb ingeschat en de cliënt ontkent de behoefte of ontkent dat mijn diensten de situatie kunnen helpen, vraag ik: "Wat weerhoudt de cliënt ervan om vertrouwen te hebben in wat ik aanbied?" Als de cliënt nee zegt, probeer ik de aard van zijn weerstand te begrijpen. Gewoonlijk:

- hebben ze geen vertrouwen in de competentie of discretie van de afdeling die ik vertegenwoordig;
- hebben ze het gevoel de controle te zullen verliezen als ze ja zeggen;
- hebben ze het gevoel dat ze te kwetsbaar zullen worden als ze ja zeggen;
- hebben ze geen vertrouwen in of respect voor mij als persoon;
- hebben ze in het verleden slechte ervaringen gehad met iets dergelijks.

Wanneer ik een programma aanbied en de cliënt er afwijzend tegenover staat, wakkeren de gevoelens van de cliënt zijn weerstand aan. Als ik een telefooncel induik en er weer uitstap met een op wonderbaarlijke wijze verkregen Charisma en Persoonlijkheid om vervolgens echt te gaan 'verkopen', gooi ik alleen maar olie op het vuur. De weerstand van de cliënt neemt toe. Mijn persoonlijkheid, bevlogen of bedaard, is het probleem niet. Het probleem is dat de cliënt niet koopt omdat negatieve gevoelens hem ingeven mij en mijn woorden niet te vertrouwen. Om de weerstand weg te nemen moet u de cliënt helpen om onomwonden, in woorden, zijn negatieve gevoelens uit te drukken. Hoe meer de cliënt zijn gevoelens van wantrouwen kan uiten, des te vrijer zal hij zijn om mijn aanbod echt op zijn merites te beoordelen. Hoe oprechter ik ben, des te meer zal de cliënt mij vertrouwen en des te sneller verdwijnt zijn weerstand. Dus volgen hier enkele tips voor wat u moet doen wanneer u uw diensten aanbiedt:

- Wees niet anders wanneer u uzelf aanbiedt dan wanneer de cliënt u benaderde.
- Probeer de weerstand niet weg te nemen met meer uitleg en argumenten dat het zo goed is voor de organisatie.
- Help de cliënt zijn bedenkingen jegens u en uw product te uiten.
- Geef toe dat u daar bent om uw diensten aan te bieden en dat u wilt dat zij van uw diensten gebruik maken.
- Wees oprecht en houd u aan de opeenvolgende stappen van de contracteringsfase.

Als u dit allemaal doet – en u krijgt de bedenkingen boven tafel en u bouwt enig vertrouwen in de relatie op – en nog steeds nee te horen krijgt, is het tijd om u terug te trekken en opnieuw te overwegen of u een werkelijke behoefte hebt geïdentificeerd en of u de juiste dienst aanbiedt. Het is veel beter om het op te geven en een goede relatie met de cliënt te behouden dan te blijven proberen een project erdoor te drukken dat nooit een succes zal worden.

### Een opmerking over tijd en geld

Cliënten wijzen een contract vaak af met het argument dat ze geen geld hebben om met het project door te gaan of dat de organisatie er geen tijd in kan investeren. Beide zijn indirecte redenen iets niet te doen en ik accepteer ze nooit zonder slag of stoot. Zulke uitvluchten moeten bijna altijd verhullen dat de manager het project gewoon niet wil doen.

Het probleem is hier een kwestie van motivatie, niet van tijd of geld. Managers besteden hun tijd en de tijd van hun organisatie aan dingen die zij willen doen. Ze besteden geld aan dingen die zij willen doen. Ze zijn managers en ze hebben de touwtjes in handen en ze doen eigenlijk precies wat ze willen – ongeacht tijd en geld. Als ze uw project wilden doen, zouden ze er wat op vinden. Als u beaamt dat tijd of geld het probleem is, speelt u het spelletje mee om de ware reden te vermijden. Doe er niet aan mee. Achterhaal de ware reden en u zult een betere kans van slagen hebben.

## De bespreking als model van uw werkwijze

Adviseren is in de eerste plaats een educatief proces. Door hun contact met u leren lijnmanagers iets over hoe ze hun organisatie moeten leiden of hoe ze een technisch probleem moeten oplossen. Zelfs als u bij een zeer technisch probleem bent gehaald, kan de manager door naar u te kijken iets leren over de benadering van dergelijke problemen. Waarschijnlijk wordt zelfs meer van adviseurs geleerd door naar hen te kijken dan door naar hen te luisteren. Dat is de reden dat oprecht gedrag een wezenlijk onderdeel vormt van uw feilloos adviseren.

U kunt de contractbespreking als voorbeeld gebruiken van hoe u met cliënten werkt. Tijdens de bespreking bent u gegevens over het probleem aan het verzamelen, u probeert een paar van uw eigen theorieën uit en geeft de manager feedback over uw reactie op het probleem. U bent ook bezig om *samen* het probleem vast te stellen en plannen te maken. Wanneer cliënten u vragen hoe u denkt te gaan werken met hun organisaties, kunt u de contractbespreking als voorbeeld van uw benadering in het klein gebruiken. U geeft dan aan dat het gehele project op een uitgebreider manier deze stappen zal volgen.

Hoe duidelijker u bent over uw procedures, des te beter helpt u de angst van de cliënt voor verlies aan invloed en aanzien te verminderen. In gevallen waarbij een manager echt veel moeite heeft om te zien hoe ik kan helpen – zelfs nadat ik de contractbespreking als voorbeeld heb gebruikt van mijn werkwijze – stel ik een zeer korte demonstratie voor van wat ik doe. De manager en ik spreken dan af ter plekke tijdens de contractbespreking gedurende twintig minuten overleg te voeren. In die twintig minuten treed ik op als de adviseur van de manager, die daarvoor een probleem heeft gekozen. Na twintig minuten beëindigen we het adviesproces in het klein en bespreken we hoe het ging. Deze methode helpt mij uit te leggen en te demonstreren hoe ik te werk ga en helpt de manager te bepalen hoe het zou zijn om met mij te werken en of mijn oriëntatie is wat hij zoekt.

Zo'n mini-adviesproces werkt als volgt. De manager stelt een probleem vast. Ik stel vragen over de situatie en reageer op de visie van de manager op het probleem en op zijn of haar pogingen het op te lossen. Ik richt me op de eigen rol van de manager in het probleem. Tegen het einde van de twintig minuten geef ik enige feedback over die rol, alsmede enkele aanbevelingen op grond van de beperkte gegevens die tijdens dit gesprek naar voren kwamen. Dan beëindigen we het overleg. Voordat we ons weer richten op het contract, vraag ik de manager wat deze vond van de afgelopen twintig minuten. Deze ervaring verschaft ons allebei wat informatie over hoe eventuele samenwerking in een project zal verlopen.

Zo'n proefoverleg is vooral nuttig wanneer het project nogal veelomvattend en onduidelijk is en de manager bang is de controle over het project te verliezen. Tijdens het korte overleg heeft de manager de gelegenheid u mee te maken als iemand die zich goed kan inleven en met wie het goed samenwerken is, maar die toch een andere kijk op de wereld te bieden heeft.

## Het afsluiten van de contractbespreking

Hier zijn twee andere suggesties om te onthouden.

### Hoe kan succes gemeten worden

Vraag hoe u en de cliënt zullen weten of u succes hebt. Misschien is de vraag niet te beantwoorden, maar in het ongunstigste geval zal het de verwachtingen van de manager aan het licht brengen. In het gunstigste geval zal het een goede leidraad verschaffen om het project te structureren.

### Twintig minuten voor het einde van de contractbespreking

Geen contractbespreking mag eindigen zonder dat u om feedback vraagt over wat de manager vindt van het project, de bespreking en u. Vraag: "Wat vindt u van dit gesprek – nog bedenkingen?" en "Wat vindt u van hetgeen ik gezegd heb en van mijn benadering hiervan – nog bedenkingen, of bent u laaiend enthousiast?" Trek er twintig minuten voor uit om deze vragen te bespreken. Misschien neemt het slechts twee minuten in beslag, maar als de vragen nieuwe problemen aan de oppervlakte brengen, is het het beste om ze nu te bespreken.

## Na de contractbespreking

Checklist 2, Het analyseren van een van uw contracten, (in hoofdstuk 4) verschaft u een manier om de afspraken samen te vatten die tijdens een contractbespreking zijn overeengekomen. Checklist 4 bevat enkele vragen die u na de bespreking kunt stellen om duidelijkheid te krijgen over de *interactie* met de cliënt. De contractbespreking is de belangrijkste aanwijzing voor de manier waarop de rest van het project zal verlopen. Door uw antwoorden op deze vragen te bestuderen krijgt u een idee van de problemen waarmee u tijdens het project voortdurend te maken zult hebben.

## Checklist 4. Terugblik op de contractbespreking

1. Welke beoordeling zou u geven van:

| | Cliënt | | Adviseur |
|---|---|---|---|
| • Participatie-evenwicht | 100%______ | 50/50______ | 100% |
| • Wie nam het initiatief? | 100%______ | 50/50______ | 100% |
| • Wie stuurde het gesprek? | 100%______ | 50/50______ | 100% |

2. Welke tegenwerpingen of welk voorbehoud maakte de cliënt?
   - Welke hebt u direct onderzocht en besproken met de cliënt?
   - Welke onderzocht u niet echt?

3. Welke bedenkingen hebt u tegen het contract?
   - Welke hebt u met de cliënt besproken?
   - Welke maakte u indirect of helemaal niet kenbaar?

4. Hoe steunde u de cliënt?

5. Hoe kwam de bezorgdheid van de cliënt tot uiting:
   - Door stilzwijgen?
   - Onderdanigheid?
   - Aanval?
   - In de vragen?
   - In de antwoorden?
   - Direct, uitgesproken?

6. Welke mimiek en lichaamstaal nam u waar?

7. Hoe zou u de motivatie van de cliënt beoordelen om door te gaan?

8. Hoe zou u uw eigen motivatie beoordelen om door te gaan?

9. Wat hebt u de cliënt niet kenbaar gemaakt?

10. Bekijk opnieuw 'Het sturen van de contractbespreking'. Hebt u stappen overgeslagen?
    - Welke?

11. Wat zou u de volgende keer anders doen?

# 6 De knelpunten van de contracteringsfase

Er kunnen enkele bijzonder lastige situaties voorkomen in de contracteringsfase die de moeite waard zijn om de aandacht op te vestigen. Allereerst is er de moeilijke situatie wanneer de cliënt bereid is om verder te gaan met een project, maar u weet dat de motivatie van de cliënt voor het project gering is. Lijnmanagers nemen een onnatuurlijke houding aan wanneer ze doorgaan met een project wat ze eigenlijk niet willen. Wanneer ze akkoord gaan met een project wat ze niet willen, betekent dat gewoonlijk dat ze gedwongen zijn ja te zeggen. Ze kunnen gedwongen zijn door hun baas, door hun ondergeschikten, of zelfs door de moeite die ze hebben om nee te zeggen tegen u, de adviseur. Ook u kunt onder druk van uw baas staan om met het project door te gaan. Een recente toevoeging aan het rijtje complicaties voor contractering is de vereiste om zaken te doen in een virtuele wereld. Hoewel onze groeiende afhankelijkheid van technologie van invloed is op elk aspect van advieswerk, is het in de contracteringsfase dat het ons voor het grootste risico stelt.

## De aanpak bij geringe motivatie

Figuur 5 dient als model om u te helpen wanneer u op geringe motivatie stuit.

Voor elk van de stappen om geringe motivatie aan te pakken nog wat goede raad.

1. Als de cliënt weinig energie kan opbrengen voor het project, is de eerste keuze te overwegen om het gewoon niet te doen.
   Als u of de cliënt meent toch door te moeten gaan met het project...

2. Geef dan, op zijn minst aan uzelf, toe dat het project onder dwang begint. Vraag de cliënt of deze zich enigszins onder druk voelt gezet om door te gaan. Gewoonlijk zal de cliënt het toegeven als hij zich ergens onder druk gezet voelt.
   Wanneer de cliënt druk erkent...

3. Stel dan voor dat de cliënt teruggaat naar de persoon die de druk uitoefent en opnieuw onderhandelt over de noodzaak van het project. De cliënt kan ermee instemmen met het project te stoppen of de vorm ervan te veranderen zodat het prettiger aanvoelt. Als u een controlerende of toezicht houdende rol hebt en zelf de druk veroorzaakt, laat dan weten dat u zich realiseert dat de cliënt geen andere keus heeft dan met u te werken.
   Als u door moet gaan vanwege een bepaalde druk...

4. Sluit dan een contract met de cliënt voor een kleinschalig project. Stel voor dat u en de cliënt samenwerken aan een klein gedeelte van het totale project, zodat de cliënt kan bekijken of het proces inderdaad zo erg is als gevreesd wordt. Als de cliënt enige positieve ervaring met u heeft, zal zijn bezorgdheid meestal afnemen.
   Laat de cliënt weten dat u doorgaat ondanks de geringe motivatie en...

5. Vraag de cliënt vervolgens hoe de zorgen die hij heeft, kunnen worden geminimaliseerd. Cliënten zijn vaak bezorgd over verlies aan invloed of over hun kwetsbaarheid. Vraag dus: "Hoe kunnen we dit op zo'n manier regelen, dat u niet het gevoel krijgt teveel de controle over de situatie te verliezen? Hoe kunnen we dit op zo'n manier regelen, dat uw kwetsbaarheid wordt beschermd?" U kunt onderhandelen over het verloop van het project, zodat u toch krijgt wat u ervan wilt en de cliënt zich niet zo erg een slachtoffer voelt.

6. Hoop er het beste van. Dit zijn lastige contracten om af te sluiten. Mensen met een controlerende rol hebben er altijd mee te kampen. Het beste wat ze kunnen doen is de druk te onderkennen en de cliënt te steunen bij het moeilijke parket waarin ze zitten door te helpen hun gevoelens onder woorden te brengen. Verder kunt u niet veel meer doen behalve aan de slag gaan.

*Figuur 5. Stappen om geringe motivatie aan te pakken*

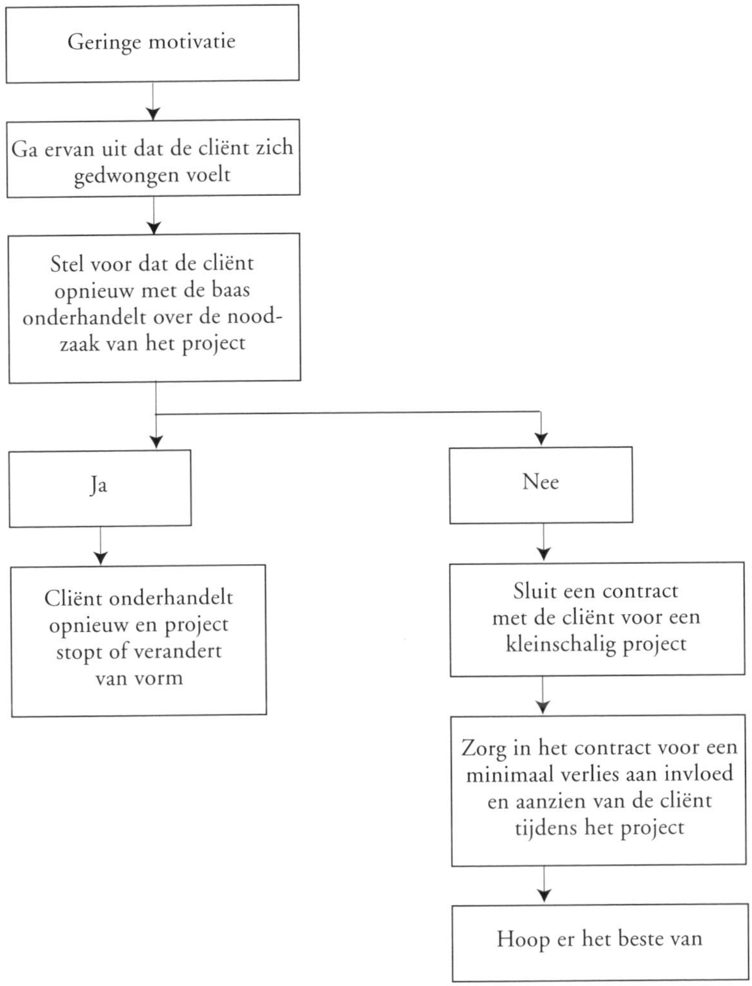


## Voortdurend onderhandelen – de getijwisseling van uw rol

Adviesprojecten vinden in de grote wereld plaats, midden in zeer politieke organisaties waar de mensen en de druk van verschillende kanten voortdurend veranderen. Zo gaat het ook met sommige delen van uw adviesprojecten. Nog iets wat kan veranderen is de manier waarop de cliënt met u omgaat. Omdat de cliënt u bij het project wil betrekken en u tegelijkertijd op een afstand wil houden, moet er voortdurend onderhandeld worden over uw rol ten opzichte van de cliënt.

Soms is een verandering in het project heel duidelijk. Er komt een nieuwe manager, het budget is verlaagd, bevindingen halverwege uw controle wijzen op nieuwe problemen. Vaker zijn de veranderingen subtieler. Zonder dat u het beseft, is de cliënt u iets anders gaan behandelen. U dacht dat u uitgenodigd zou worden voor een bijeenkomst, maar dat werd u niet. De planning die de cliënt verzorgt voor een van uw bijeenkomsten loopt mis. Deze signalen zijn moeilijker te lezen, maar kunnen wijzen op de noodzaak opnieuw te onderhandelen.

Hier volgt een voorbeeld uit mijn recente werkzaamheden bij een groot geneesmiddelenbedrijf. Er was een grote conferentie gepland voor mei over management development. Er zouden ongeveer 75 leden van het hoger management aan deelnemen en het doel was om hen gezamenlijk problemen te laten oplossen in verband met de cruciale introductie van drie nieuwe producten, die voor het volgende jaar gepland was. Het was nu januari en ik was met een planningscommissie de meiconferentie aan het voorbereiden. De commissie bestond uit twee lijnmanagers, Tim en Hans; een stafmedewerker, Rob; en mijzelf, een externe adviseur. Tim, Hans en Rob waren lid van de Raad van Bestuur, die verslag uitbrachten aan de president. Ik was hoofdzakelijk verantwoordelijk voor het gedetailleerde ontwerp en de structurering van de bijeenkomst. Het was de president die oorspronkelijk de meiconferentie had voorgesteld, dus wij als commissie wisten dat we zijn steun hadden. De commissie was verscheidene malen bijeengekomen en ik voelde me bij het proces betrokken, echt een deel van de commissie. We pikken het verhaal op op een nevelige dinsdagochtend in januari.

Tim en Hans, de lijnmanagers, spraken erover hoe moeizaam het topmanagementteam de laatste tijd zijn zaken rond kreeg en dat als ze niet snel overeenstemming bereiken over enkele dingen, ze vreselijk voor gek zullen staan op de grote bijeenkomst in mei. Uit het gesprek komt naar voren dat de president een deel van het probleem is. Hij is erg stil, mensen weten niet wat ze aan hem hebben en iedereen voelt zich daardoor ongemakkelijk – en die onrust zal duidelijk worden tijdens de meibijeenkomst. Hans stelt ten slotte voor dat we de meibijeenkomst misschien maar moeten uitstellen totdat het managementteam er beter gereed voor is. Tim zegt dat het misschien goed zou zijn voor het managementteam om tijdens de meibijeenkomst te blunderen, want dan zouden ze gedwongen worden met de president de dingen op een rijtje te zetten. Rob, de stafmedewerker, zegt dat we ons misschien te druk maken over het managementteam, de problemen zijn niet zo groot en misschien merken mensen er niets van.

Hans zegt dat de bijeenkomst niet moet doorgaan, Tim zegt dat de bijeenkomst wel gehouden moet worden en Rob zegt, jongens, waar maken jullie je nou druk om, en onze bespreking draait alsmaar in de rondte. Ik ben een fervent voorstander van de bijeenkomst, maar niet met deze wolk erboven. Ik stel uiteindelijk voor dat we morgen, woensdag, met de president zullen overleggen, het probleem in zijn algemeenheid vaststellen en voorstellen dat hij vóór de meibijeenkomst het probleem aanpakt. De president is zich nauwelijks bewust van de invloed die zijn stijl van weinig woorden heeft op de groep. Dat weet ik uit andere gesprekken met hem. Er ontstaat veel discussie over mijn voorstel. Hans is bang dat hij als brenger van slecht nieuws de kogel krijgt, Tim zegt, waarom zouden we hem niet ontmoeten, Rob zegt, nou, als we de juiste woorden kunnen vinden en er niet een enorm probleem van maken, zou het misschien in orde zijn. Ten slotte, na sterk aandringen van mijn kant, stemt de groep in met een afspraak morgenmiddag om vier uur om met de president de kwestie te bespreken. Ik ga ermee akkoord om het idee te presenteren en de anderen kunnen invallen als ze willen. Terwijl we vertrekken zegt Hans tegen me: "Voor jou is het makkelijk om aan te sturen op een confrontatie met de president, omdat je niet voor hem werkt zoals de rest van ons." Ik ben het met hem eens, voor mij is het makkelijker om te doen, en daarom stelde ik het ook voor. Ik verliet de bijeenkomst moe en met het gevoel dat onmiddellijk overleg met de president de enige verstandige manier was om het probleem op te lossen en de commissie te deblokkeren, zodat ze haar taak de meibijeenkomst te plannen kon voltooien.

Woensdag was ik er al vroeg voor de bijeenkomst met de president om vier uur en zat ik nog even met Rob te praten. Na wat over koetjes en kalfjes gesproken te hebben, zegt hij: "Tussen twee haakjes, de bijeenkomst om vier uur gaat niet door." De commissie was woensdagochtend meteen bijeengekomen en had het besluit om de president te ontmoeten heroverwogen. Hans had er nog eens over nagedacht en meende dat het te riskant was. Tim en Rob sloten zich bij hem aan. Dus zou de commissie om vier uur bijeenkomen om door te gaan met de planning van de meiconferentie.

Verrast, teleurgesteld en een beetje boos ging ik om vier uur naar de commissievergadering. Ik stelde een heleboel vragen over de reden waarom ze de bijeenkomst hadden afgelast en wat we gingen doen aan hun oorspronkelijke zorgen over de meiconferentie. Hans herhaalde zijn verhaal over hoe riskant het was om naar de president te gaan en in wat voor kwetsbare positie dat hem bracht, waarbij hij me er nogmaals op wees dat het voor mij makkelijk was omdat ik niet intern was – en bovendien was het probleem niet zo groot als we het deden voorkomen. Hans' zorgen waren in zekere zin terecht. Als hij zich zo kwetsbaar voelde, had hij daar waarschijnlijk zijn redenen voor.

Ik meende dat ik gedaan had wat ik kon en nadat ik mij een tijdje door hen had laten paaien, gingen we uiteindelijk over tot het plannen van de meibijeenkomst. Rob verklaarde dat hij een dezer dagen, op een geschikt tijdstip, het onderwerp van de relatie tussen het managementteam en de president zou aansnijden en dat hij zou kijken welke reactie hij daarop kreeg. Het was een aardig gebaar, een aanbod waarvan we allemaal wel wisten dat het nooit zou gebeuren. Het moment was voorbij, de bijeenkomst werd beëindigd.

Piekerend over het hele geval verliet ik die bijeenkomst en ik vroeg me af waarom ik piekerde. Ik begreep Hans' zorg over het risico: ik geloof niet in ondoordachte risico's nemen. Ik wist dat het probleem geen crisis was en dat de zaken gewoon zouden doorgaan. Er was een kans gemist, maar dat gebeurt elke dag.

Nadat ik een paar uur had lopen mopperen, terwijl ik probeerde te doen alsof er niets aan de hand was, begon het me te dagen wat me eigenlijk dwars zat. In de loop van 24 uur, in één bijeenkomst, was mijn rol bij die groep radicaal veranderd. Toen ik dinsdag de bijeenkomst verliet, was ik een echt lid van de commissie. Ik had een aandeel in de belangrijke besluiten en ik had mijn portie invloed, zij het niet meer dan mijn portie. Ik was steeds op de plaats van actie. Toen ik de volgende dag terugkwam, was dat allemaal veranderd. Ze hadden zonder mij een belangrijk strategisch besluit genomen – geen bijeenkomst met de president. En ze hadden zonder mij dat besluit geïmplementeerd – ze gelastten de bijeenkomst van vier uur af.

Mijn rol was binnen één dag veranderd – van iemand met een volwaardige status als commissielid tot iemand die slechts op de hoogte werd gebracht van een besluit en die zoet gehouden en gekalmeerd moest worden. Ze hadden me niet gebeld om te kijken of ik op tijd kon zijn voor een ochtendbijeenkomst, ze hadden me niet gebeld om telefonisch te bespreken wat er gedaan moest worden, ze hadden me niet gebeld om hun verandering in de strategie toe te lichten voordat ze die implementeerden. Ik was van commissielid tot een specialist geworden, belast met het structureren van de details van de meibijeenkomst. Het gebeurde recht voor mijn ogen en pas drie uur na de bijeenkomst besefte ik dat mijn rol was veranderd. Nadat het me duidelijk was geworden wat er was gebeurd, heb ik enkele dagen later met Rob afgesproken met de bedoeling opnieuw over mijn rol in of contract met die groep te onderhandelen. We kwamen overeen dat ik als volwaardig lid zou worden behandeld en zo bleef het in grote lijnen gedurende de rest van het project.

Wat belangrijk is aan dit incident is hoe snel en subtiel het contract van de adviseur kan verschuiven – hetgeen betekent dat het onderhouden van en het opnieuw onderhandelen over de overeenkomst een voortdurend proces is.

De timing van opnieuw onderhandelen is ook erg belangrijk. Onderhandeling moet plaatsvinden zodra u het gevoel hebt dat de cliënt u anders behandelt, dat er iets is veranderd. Als u het een tijdje op zijn beloop laat, is het veel moeilijker om even om de tafel te gaan zitten en te bespreken wat een maand eerder gebeurd is. Het was al moeilijk om met Rob om de tafel te gaan zitten en te bespreken wat drie dagen daarvoor gebeurde. Zijn eerste reactie was te vragen waarom ik het niet tijdens de bijeenkomst te berde had gebracht. Dat was een vraag die ik niet kon beantwoorden. *Had* ik het inderdaad maar tijdens de bijeenkomst te berde gebracht, want dan had ik met de hele commissie opnieuw over mijn rol kunnen onderhandelen in plaats van slechts met Rob.

Wanneer uw contract lijkt te gaan veranderen of de cliënt enkele basisregels wijzigt, hebt u precies op het moment van de verandering de meeste greep op de situatie. Hoe langer u ermee wacht om het punt aan de orde te stellen dat de cliënt meer of minder van u wil, des te moeilijker het is om opnieuw over uw contract te onderhandelen. Maar hoeveel tijd ook al verstreken is, toch moet het gesprek over een veranderd contract plaatsvinden. Het helpt een beetje als u van begin af aan weet dat contractonderhandelingen steeds opnieuw plaatsvinden gedurende het project. Steeds opnieuw doorloopt u verschillende stadia van het adviesproces en er komt nooit een einde aan de onderhandelingen.

## Enkele andere specifieke knelpunten

### De 'shoppende' cliënt

Soms ontdekt u dat u de vierde bent met wie de manager over dit project spreekt. U zou hierop kunnen reageren met een agressievere verkoopmethode. Een optie is de manager te vragen waarom een besluit zo moeilijk is. Preoccupatie met de selectie van een adviseur betekent gewoonlijk dat de manager een project wenst te beginnen zonder echter te willen dat er werkelijk iets gebeurt. Waarom moet het proces anders zo overdreven nauwgezet begeleid worden?

### Kwalificaties? Nog steeds... op uw leeftijd!

Men vraagt: "Wat hebt u elders gedaan?" of "Wat zijn uw kwalificaties?" Op een dergelijk kruisverhoor zijn twee antwoorden. De ene is dat u uw favoriete huzarenstukje paraat hebt en uit de doeken doet. En dan maar hopen dat het van toepassing is op de situatie van de cliënt. Het tweede antwoord, na het huzarenstukje, is een wedervraag: "Twijfelt u eraan of ik u echt wel kan helpen?" Als de manager erkent zijn twijfels te hebben, vat dat dan niet persoonlijk op. Managers (hoe stoer of nors ze ook zijn) hebben de neiging te denken dat niemand hen kan helpen. Ze hebben de verzekering nodig dat verbetering mogelijk is. Geef hun die. Verval niet in een opsomming van titels, cliënten, successen – een verdediging van uw kwalificaties.

### Tussenpersonen

Soms is er een tussenpersoon tussen de adviseur en de manager, iemand uit de staf van de manager of uit een andere afdeling. Als de tussenpersoon te actief of beschermend is, wordt er een scherm opgebouwd tussen u en de manager. Het is moeilijk door een scherm te achterhalen hoe de zaken er echt voor staan. Dring erop aan dat de manager aanwezig is bij besprekingen met u om over het project te praten.

### Het probleem tot op het bot uitbenen – een algemene fout

Uit de workshops die ik leid en mijn observaties van honderden adviseurs bij hun pogingen een terughoudende cliënt in te pakken, komt één fout duidelijk naar voren. Tijdens de contractbespreking besteden we te veel tijd aan pogingen om het probleem te definiëren.

Als we een bespreking van een uur hebben, besteden we vijftig minuten om inzicht in het probleem te krijgen en hebben we slechts tien minuten over voor de kernpunten van de bespreking – onderhandelen over behoeften, en bezorgdheid wegnemen over verlies aan invloed en aanzien. Dit gebeurt omdat we tijdens de bespreking de verwarring of koppigheid van de cliënt kunnen overnemen. We weten niet precies wat onze volgende stap is, dus blijven we vragen stellen over het probleem. Het verschaft ons en de cliënt een prettig uitstel van de executie.

Besteed niet zo veel tijd aan het uitpuzzelen van het probleem. U hebt het hele adviesproces om dat te doen. Als u niet weet wat de volgende stap is, of als de bespreking mislukt:

1. Kijk de cliënt aan en zeg: "We moeten het probleem maar even laten rusten. Zeg me wat u van me wilt." Of...

2. Kijk de cliënt aan en doe enkele uitspraken. Het doet er niet toe wat, het zal u op weg helpen. Zeg: "U bent kennelijk niet zeker over de aard van dit probleem." Vervolgens: "Het volgende zou ik van u willen zodat we de volgende stap kunnen nemen." Ga dan over tot de uitwisseling van behoeften.

Zorg dat u niet meer dan 35 procent van de totale tijd voor de bespreking besteedt aan de bespreking van het probleem. Als u echt niet begrijpt wat het probleem is voor de cliënt, onderhandel dan over een klein contract om meer over het probleem te weten te komen. Als u na twintig minuten praten geen duidelijkheid kunt krijgen, zult u in de bespreking geen duidelijkheid krijgen, hoeveel vragen u ook stelt.

## De virtuele wereld

Communiceren met mensen die zich niet in de kamer bevinden is iets waar we aan zullen moeten wennen. We doen alsof we ons in een nieuw technologisch tijdperk bevinden, maar de uitvinding van het schrift en vervolgens de boekdrukkunst heeft virtueel werken en communiceren al behoorlijk op weg geholpen. Mensen praten al een tijdje met mensen die zich niet in de kamer bevinden.

Het nieuwe is hoe het virtueel aanwezig zijn tot in elke hoek van ons leven is doorgedrongen. Ik mail tegenwoordig mensen die naast mij zittten. Op internet kan ik liefde, gezelschap en aanspraak vinden. Ik werk regelmatig met mensen die ik nooit zal ontmoeten. We krijgen coaching en therapie uit een ander land, zonder dat er oogcontact aan te pas komt. De mensen die wij adviseurs willen aansturen zonder dat ze aan ons rapporteren, hoeven we niet eens meer te ontmoeten.

Bovendien zijn we elk moment van de dag aanspreekbaar. We weten dat we onze privacy en rust, onze avonden en weekenden, hebben opgegeven. Als niemand kijkt, controleren we stiekem onze e-mail.

We zijn zo verblind door de snelheid en niet aflatende toevloed van applicaties dat we beginnen te geloven dat technologie een waardig substituut is voor hetgeen het vervangt. Het wordt zo opgedrongen als hét antwoord, dat wie het ter discussie stelt een *Luddite* wordt genoemd, een barrière tegen de vooruitgang. Een onprettige vergelijking, ook al hadden de *Luddites* toen goed gezien dat de industriële revolutie enorme negatieve gevolgen zou hebben op het gezinsleven, de gemeenschap en traditionele normen en waarden. Maar daar gaat het hier niet om. Waar het om gaat is dat de culturele dwingelandij van de magie van technologie zorgt voor de inflatie van waarde. Snelheid is goed, gemak is goed, maar een keukenmachine staat niet garant voor een goede maaltijd en dat ik mijn kinderen e-mail, wil niet zeggen dat ik ze iets belangrijks te zeggen heb.

Computertechnologie, en de virtuele wereld die daarmee gecreëerd wordt, is verbazingwekkend, maar ook niet meer dan dat. Het is geen substituut voor verwantschap, authenticiteit, betekenis of dienstbaar zijn in de wereld. Het hoeft niet eens iets bij te dragen. De grote voordelen van de virtuele wereld zijn vermaak, snelheid en kosten. In de eerste plaats is de virtuele wereld erg vermakelijk. Het is het antwoord op verveling. Het is een afleiding voor alles wat me dwarszit. Ik kan elk loos en ledig moment van mijn leven vullen met sms'jes, e-mails, filmpjes, podcasts en e-books. En ik heb toegang tot de media, dus ik heb ook een beetje macht.

Het grote voordeel voor het bedrijfsleven is dat het snel en goedkoop is. Erg prettig. Het gaat erom te begrijpen welke aspecten van werk zich lenen voor snelheid en kostenbesparingen. Daarom is de virtuele wereld een vloek en een zegen voor ondersteunende afdelingen en advieswerk. Voor werk dat in essentie op relaties rust zal het lastig zijn dezelfde resultaten te leveren als het sneller moet en er minder tijd is voor mensen om in de kamer te kunnen zijn.

Voor het adviesproces dat in dit boek wordt beschreven maakt het niet uit hoe virtueel we zijn – of we ons nu in dezelfde kamer, de ether of cyberspace bevinden. We moeten nog steeds verbonden zijn en vragen hoe de ander tegen samenwerken aankijkt. We moeten behoeften uitwisselen, naar twijfel zoeken, gespitst zijn op verzet en dat benoemen, dezelfde vragen stellen tijdens gegevensverzameling. Teams moeten nog steeds samenwerken en we moeten bereid zijn om ons daarover uit te spreken. Hier volgen een aantal specifieke kwesties waar u op moet letten.

## Gevoel voor afscheid

Een belangrijke beperking van virtuele technologie in het adviesproces is dat het de meeste van mijn zintuigen overbodig maakt. Elektronisch beeld en geluid geven maar een klein gedeelte weer van de informatie die je oppikt als je met iemand samen bent. Zelfs als het levensgroot beeld en de hoogste geluidskwaliteit is.

In de virtuele wereld beschik ik niet over de mogelijkheid de ander aan te raken, aan te voelen en te ervaren. Ik zie slechts een klein gedeelte van de omgeving die betekenis heeft. Niets aan te doen, behalve dan niet te doen alsof digitale gesprekken en relaties gelijkwaardig zijn aan in dezelfde kamer zijn.

Het effect is dat alles wat we elektronisch doen meer zorg en aandacht nodig heeft dan als we samen in de kamer waren. Als adviseur moet ik steeds opnieuw controleren wat de cliënt van mij verwacht. Ik moet sterker op mijn gehoor vertrouwen als ik vermoed een teken van verzet te zien of te horen. Ik moet bewust ruimte maken voor stilte, wat lastiger is op afstand. De vragen 'Hoe staan we ervoor?' en 'Levert dit op wat je ervan verwachtte?' halverwege de vergadering zijn in de virtuele wereld nog veel belangrijker, omdat we weten hoeveel we missen.

## E-mail telt niet

We weten van e-mail dat onze bedoelingen er vrijwel altijd verkeerd door overkomen. Mild sarcasme lijkt teleurstelling, humor een gebrek aan inlevingsvermogen, en oprechte woede wordt opgeblazen en blijft veel langer hangen. Als je denkt dat je mailtje wel door de geadresseerde ontvangen en gelezen zal zijn, heb je het bovendien de helft van de tijd mis. E-mail is een zegen voor de logistieke kant van het leven, maar een vloek voor de relationele kant.

## De verborgen kosten van efficiency

Er is een beweging geweest om alles wat we in persoon of met de hand doen te vervangen door een elektronisch of online proces. De online vervangers voor winkelen, afspreken, leren, zoeken en vermaakt worden zijn de voornaamste.

Op het gebied van persoonlijke ontwikkeling – dat voor elke adviseur van belang is – zijn er behoorlijke inspanningen geleverd om van online leren een waardige vervanger voor de klassikale ervaring te maken. Het wordt verkocht als vraaggestuurd leren, gericht op het gemak van de student. Allemaal waar. Wat niet gezegd wordt is hoe dat de kwaliteit aantast en welk type leren zo nog mogelijk is.

Het internet is geweldig om feiten te controleren, om goed geïnformeerd te blijven, om het laatste nieuws bij te houden. Het is een grote encyclopedie en nieuwsdienst. De verborgen kosten in al deze opwinding zijn menselijke kosten. Als ons advieswerk zich op het gebied van transformatie afspeelt, als intermenselijke relaties essentieel zijn voor de uitkomsten die wij zoeken, dan is de virtuele wereld een kleine speler.

Net zoals mijn profielen op Facebook en LinkedIn weinig zeggen over wie ik ben, kan een verzameling avatars geen nieuwe toekomst creëren. Hoezeer ze ook als ons gekleed, afgebeeld of gestileerd zijn. Sacharine is geen suiker, margarine is geen boter. Hoewel Skype iets te bieden heeft, omdat ik een digitaal beeld van mijn peetzoon Pete in Singapore kan zien, is het nog steeds een digitale simulatie van Pete en mij. De technologie is prettig, handig en goedkoop en ik teken ervoor. Maar kwalitatief is het een slecht substituut voor het in dezelfde kamer zijn als Pete.

## Onderscheid maken in de virtuele wereld

Voor ons als adviseurs is het belangrijk te kunnen beslissen wanneer een virtuele vervanger voor nabijheid nuttig is en wanneer het noodzakelijk is om iemand in persoon te ontmoeten. In essentie is het een kwestie van diepte en risico. Bepaalde adviesvragen zijn moeilijker en doen een groter emotioneel beroep op ons dan andere.

Vragen die in de virtuele wereld gesteld kunnen worden zijn de meer cognitieve en onpersoonlijke. Bijvoorbeeld:

- Wat is het aanvankelijke probleem?
- Wat is de voorgeschiedenis?
- Welke personen zijn erbij betrokken?
- Wat is de businesscase om te besluiten verder te gaan?
- Hoeveel tijd zal dit kosten?
- Wie moet deel uitmaken van het ontwerpteam?
- Naar welke doelen en resultaten ben je op zoek?

Dit zijn belangrijke vragen.

De meer relationele en persoonlijke vragen die niet goed in de virtuele wereld gesteld kunnen worden zijn:

- Hoe staat u tegenover met mij samenwerken?
- Welke bijdrage hebt u geleverd aan het probleem waar we ons hier op richten?
- Hoe goed werkt deze groep samen?
- Hoe staat u tegenover de hoeveelheid sturing en kwetsbaarheid die u in dit project hebt?
- Welke twijfels en bedenkingen hebt u dat hier iets zal veranderen?
- Wat hebt u in dit proces over uzelf geleerd?

Dit zijn vragen die verbondenheid scheppen. Dit zijn de vragen die het sociale weefsel creëren dat ons door de moeilijke fases van een project heen helpt. Dit zijn de vragen waarvoor we al onze zintuigen nodig hebben om de invloed te kunnen uitoefenen die we willen.

Wellicht maakt u uw eigen onderscheid, op basis van uw eigen werk, maar weten welk deel van een project virtueel geregeld kan worden en voor welk deel mensen met elkaar in een kamer moeten zijn, is nu een essentieel onderdeel van de contracteringsfase. We moeten ons afvragen wat belangrijk is. Dat betekent dat we aan de virtuele wereld moeten wennen. We moeten het romantiseren noch afwijzen. Het is een nuttig en vermakelijk instrument. Het kan ook een verweer tegen engagement zijn, en het onderscheid zien is essentieel voor het verschil dat we willen maken.

# 7 De interne adviseur

Wanneer ik workshops voor interne adviseurs begeleid, zitten de deelnemers geduldig naar me te luisteren, terwijl ik het heb over 'Nee zeggen tegen een manager', 'Bied het hoofd aan problemen met de manager zodra ze zich voordoen', 'Maak uw eigen behoeften en verlangens duidelijk' en 'Pak de politiek van de situatie direct aan'. Uiteindelijk steekt iemand achter in de zaal zijn hand op en zegt: "Dat kunt u makkelijk zeggen. U bent een externe adviseur. U hoeft niet dagelijks in de organisatie te verkeren die u adviseert. Wij zijn interne stafadviseurs. Als een lijnmanager kwaad op ons wordt, zitten we in de problemen. U heeft geen idee hoe het is."

Ik ging er altijd tegen in. Ik zei dan dat de problemen dezelfde zijn. Dat ze dezelfde dingen moeten doen met cliënten als ik enzovoort, enzovoort, enzovoort. De groep leunde vervolgens achterover, ik stelde een koffiepauze voor en zij spraken opgewonden met elkaar terwijl ze mij negeerden. Nu ga ik er niet meer tegen in. Deels om afwijzing te voorkomen. Ook is het me duidelijker geworden hoe intern en extern adviseren in sommige opzichten van elkaar verschillen. Enkele opvallende verschillen staan in Figuur 6.

## Belangrijke verschillen tussen interne en externe adviseurs

Als interne adviseur zit u steeds vast aan een bepaald deel van de hiërarchie en de actuele politieke situatie van de organisatie. U hebt een baas die u tevreden moet stellen (op zijn minst in zekere mate). Uw eigen afdeling heeft bepaalde doelen die bereikt moeten worden. Technische afdelingen hebben een nieuw proces dat ze willen introduceren in de producerende bedrijven. Financiële werkgroepen willen dat nieuwe controleprocedures worden toegepast.

Welke invloed heeft het hebben van een baas en de aanwezigheid van afdelingsdoelstellingen op de manier waarop interne adviseurs werken en contracten afsluiten met lijnmanagers?

1. Vaak is het niet mogelijk precies te voldoen aan de eigen wensen en behoeften van de lijnmanager. De procedures waarvan u wilt dat de lijnmanager ze toepast, kunnen tegenstrijdig zijn met de eigen filosofie en stijl van de manager.

2. Interne adviseurs kunnen beoordeeld worden op basis van het aantal managers dat de programma's van de stafgroep toepast. U wordt vaak gevraagd de benadering van uw eigen afdeling te verkopen, en de druk om dit te doen kan enorm zijn.

*Figuur 6. Opvallende verschillen tussen interne en externe adviseurs*

| | **Interne adviseurs** | **Externe adviseurs** |
|---|---|---|
| Kleding | Aangepaste kleding (zoals gebruikelijk in het betreffende bedrijf) | Minder conventionele kleding, laten hun persoonlijkheid spreken in hun kleding |
| Favoriete woorden | Meten is weten<br><br>Lange termijn<br><br>Snel<br>Praktisch<br>Doelstellingen<br>Achtergrond<br>Kosten | Dat werpt een interessant probleem op<br>Fundamentele en onderliggende oorzaken<br>Aanpakken<br>Confronteren<br>Uitspitten<br>Dilemma<br>Model<br>Implicaties<br>Opnieuw beoordelen op een bepaald moment in het proces |
| Persoonlijk leven | Redelijk stabiel, verantwoordelijk en de moeite waard | Een rampgebied |
| Levensdroom | Verlangen naar de vrijheid en afwisseling van de externe adviseur | Verlangen naar de continuïteit en stabiliteit van de interne adviseur |
| Onuitgesproken angst | Genegeerd, afgewezen en miskend worden | Genegeerd, afgewezen en miskend worden |

3. Interne adviseurs worden vaak geacht een tegenstander te bekeren. Een bepaalde lijnmanager heeft misschien jarenlang de diensten geweigerd van uw afdeling, maar het is uw taak om deze binnen te halen.

4. Wanneer één belangrijke manager kwaad op u is, kan dat een ramp betekenen. Het potentiële aantal cliënten beperkt zich tot de managers in één organisatie. Als u één of twee opdrachten verprutst, gaat dat snel rond en kan de vraag naar uw diensten spoedig verdwijnen. Als dat gebeurt, bent u werkloos, ook al houden ze u op de loonlijst.

5. Status en taakniveau van de interne adviseur zijn bekend bij de meeste mensen in de organisatie. Dit kan voor u de toegang tot sleutelfiguren op hoge posten beperken, met wie u rechtstreeks in contact zou moeten kunnen treden. Status en niveau van een externe adviseur zijn onduidelijker, zodat ze zich makkelijker van het ene niveau naar het andere kunnen bewegen.

6. Dat het moeilijk is om 'profeet in eigen land' te zijn, wordt overdreven en men kan zich erachter verschuilen, maar er zit iets van waarheid in. Aangezien u voor dezelfde organisatie werkt, kunnen lijnmanagers u beschouwen als iemand die beheerst wordt door dezelfde krachten en waanzin waaraan ze zelf ten prooi zijn gevallen. Zodoende zijn ze wellicht wat minder snel met u te vertrouwen en te erkennen dat u hun iets speciaals te bieden hebt.

Dit betekent dat interne adviseurs vaker verplicht zijn een project uit te voeren dan dat ze ervoor kunnen kiezen. Daarom is een intern contract een voorstel met een hoog risico. Uiteindelijk kan de interne adviseur alleen de kosten van de opgedragen verandering verduidelijken. Maar dat u de uiteindelijke beslissing niet neemt, is nog geen reden om discussie te vermijden.

De externe adviseur ziet zich gesteld tegenover de meeste van deze problemen, maar ze hebben niet dezelfde intensiteit. Omdat ik me buiten de organisatie bevind, is er een potentieel grotere markt voor mijn diensten, en zolang mijn cliënten tevreden over me zijn, heeft mijn eigen adviesbureau niets te klagen.

Het verschil in intensiteit en entourage van deze problemen maakt de positie van de interne adviseur delicater en kwetsbaarder. Dit veroorzaakt beperkingen wat betreft de manier waarop interne adviseurs contracten afsluiten met cliënten en de hoeveelheid risico die ze bereid zijn te nemen door eerlijke feedback te geven. Als de beperkingen op de lange termijn leiden tot al te voorzichtig gedrag, kan het zover komen dat de interne adviseur slechts als een handlanger wordt gebruikt. Als ze de beperkingen volledig negeren, kunnen interne adviseurs beschouwd worden als onvolwassen en niet loyaal, niet 'gevoelig voor hoe we hier werken'.

De benadering van adviseren die in dit boek wordt beschreven, biedt interne adviseurs een manier om op te treden in de sfeer van hoger risico/hogere pay-off en toch het respect en de waardering van hun cliënten te behouden. Tenslotte is het enige wat u hoeft te doen, feilloos adviseren. De rest van dit hoofdstuk beschrijft een paar dingen waar u als interne adviseur bijzonder voorzichtig mee moet zijn.

## Drie- en vier-partijencontracten

De bespreking met een lijnmanager als cliënt is vaak slechts het begin van het contractproces. De interne stafmedewerker moet op zijn minst ook een contract afsluiten met de eigen supervisor.

Elke stafafdeling – of het nu gaat om technische engineering, financiële controle, personeelszaken of concern-staf – heeft haar eigen voorkeursprojecten waar ze zich in een bepaald jaar sterk voor maakt en heeft bepaalde ideeën over de aard van de advisering die plaats moet vinden. Technische organisaties komen met bepaalde innovatieve productieprocessen en willen dat hun technische adviseurs deze aan de bedrijven verkopen. Marketingafdelingen hebben bepaalde prijsstellingsstrategieën die aan hun cliënten verkocht moeten worden. Elke stafafdeling is overeengekomen bepaalde doelstellingen te bereiken die haar interne adviseurs zullen moeten aanbevelen aan hun cliënten, de lijnmanagers. Zodoende moeten adviseurs vaak zowel voorzien in de behoeften van de cliënt als een contract met hun eigen management nakomen en deze prioriteiten implementeren. Hierdoor is de baas onvermijdelijk betrokken bij het contractproces, en dat betekent dat interne adviseurs altijd ten minste een drie-partijencontract hebben.

*Figuur 7. Een drie-partijencontract*

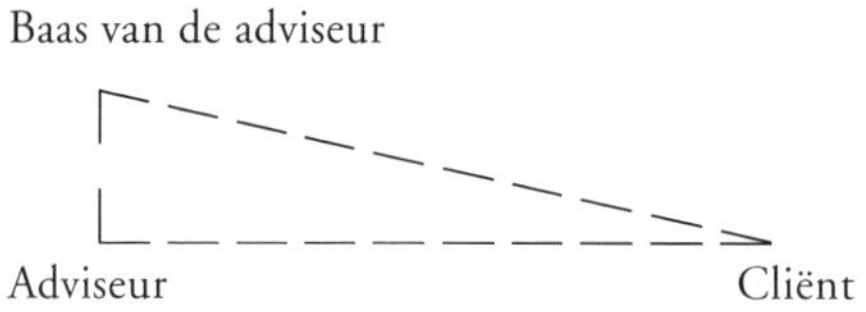


Soms is er sprake van een vier- of zelfs van een vijf-partijencontract.

*Figuur 8. Een vier-partijencontract*

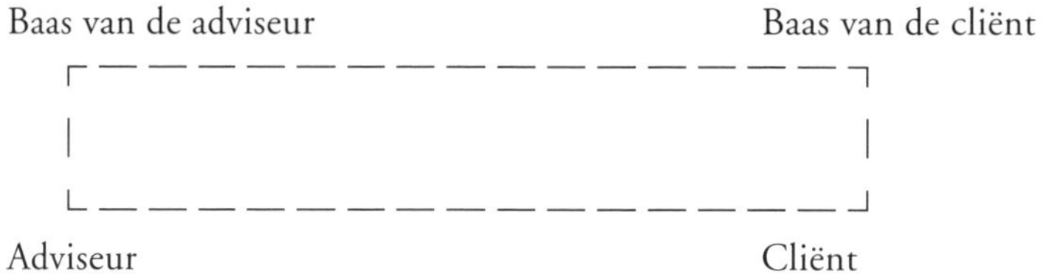


Het vier-partijencontract kan beginnen met een algemene overeenkomst tussen de baas van de adviseur en die van de cliënt.

Dit betekent dat de adviseur met de cliënt komt werken in een situatie waarbij eigenlijk geen van beiden gekozen heeft voor het adviesproject, maar waarbij ze toch een bepaalde commitment hebben gekregen om te beginnen. Het gevolg van deze situatie is dat de contracteringsfase verlengd wordt. Het is wenselijk dat de adviseur met elke bij het contract betrokken partij spreekt om helderheid te krijgen over bestaande verwachtingen. Misschien is dat soms niet mogelijk, maar op zijn minst kunt u weten wat u te wachten staat en de contracteringsfase niet beschouwen als een eenvoudig proces. Elke partij binnen het vier- of drie-partijencontract dient te worden onderzocht voordat wordt begonnen met het verzamelen van de gegevens.

## Verwachtingen van uw baas

Wanneer u alle partijen bij het contract betrekt, blijken veel schijnbare problemen tussen interne adviseurs en hun cliënten slechts symptomen te zijn van problemen tussen interne adviseurs en hun eigen bazen. De baas kan verwachtingen hebben van een adviseur waaraan u niet kunt voldoen. U hebt wellicht het gevoel dat u nooit nee kunt zeggen of dat u zeer moeilijke cliënten moet bekeren.

Ik vroeg een groep engineering-adviseurs welke signalen ze van hun eigen organisatie krijgen over hoe ze te werk moeten gaan. Hun antwoorden vormen een reeks normen voor intern advieswerk.

- Wat het ook is, zorg dat het lukt.
- Als het technische probleem zo belangrijk is, maak u dan geen zorgen over de gevoeligheden van de cliënt.
- Verontrust of irriteer de cliënt niet.
- Blijf lang genoeg om het karwei te klaren, maar blijf niet te lang.
- Overtuig de cliënt uw aanbevelingen op te volgen. Geef hoog op van 'de aanpak van uw bedrijf'.
- Voor elk probleem bestaat een oplossing.
- Elke cliënt kan 'bereikt' worden als de adviseur echt alert is.
- Wees loyaal tegenover uw eigen organisatie.
- Hang geen vuile was buiten.
- Geef geen oordeel over mensen en spreek geen kwaad over iemand.
- Geef nooit een fout toe aan een cliënt.
- Contracten met cliënten dienen heel erg flexibel te zijn.
- Verplicht uzelf niet tot werk in de toekomst.
- Maak geen kwetsende opmerkingen.
- Blijf altijd rustig en evenwichtig. Geen emotie.
- Als u A zegt, moet u ook B zeggen.
- Gedraag u waardig, tactvol, zelfverzekerd en met decorum.

Deze lijst van verwachtingen geeft natuurlijk onrealistische gevoelens van druk weer die adviseurs kunnen hebben: geen enkele supervisor zal deze woorden gebruiken. Ze geven echter wel een beeld van het lastige parket waarin interne adviseurs zich bevinden wanneer het contract met hun bazen niet duidelijk en expliciet is.

## Contracten met uw baas

Omdat deze culturele normen voor interne adviseurs onhaalbaar zijn, brengen we het gesprek daarom op hun contracten met hun supervisors. De eerste stap in de contracteringsfase is vast te stellen wat u wilt, dus vroegen we een groep interne adviseurs wat ze van hun bazen wilden om de druk waaronder ze stonden weg te nemen. Ze zeiden het volgende.

- Een duidelijke omschrijving van de opdracht voordat ik op een project gezet word.
- Toegang tot de baas.
- Hulp bij de niet-technische en politieke elementen van het project.
- Zadel me niet de hele tijd met allerlei dingen op.
- Vrijheid om over contracten te onderhandelen naar gelang de situatie.
- Zo min mogelijk vooroordelen over wat het project zou moeten opleveren, hoe de aanbevelingen eruit zouden moeten zien.

Dezelfde groep adviseurs stelde vast wat ze van hun cliënten wilden. Let erop hoezeer de lijsten overeenkomen.

- Een duidelijke omschrijving van de opdracht.
- Toegang tot de persoon die de organisatie van de cliënt werkelijk vertegenwoordigt, tevens toegang tot gegevens.
- Het probleem gezamenlijk aanpakken – samenwerking.
- Commitment bij het project.
- Verantwoordelijkheid voor succes en falen delen.
- Gewenst en nuttig zijn.
- Een objectieve houding tegenover de uitkomst van het onderzoek.
- Zorgen voor de materiële benodigdheden om de opdracht te vervullen.
- Openheid en feedback.
- Feedback over wat er na mijn vertrek gebeurde.

Hoe goed u in staat bent om feilloos de juiste reacties te geven bij uw cliënten, hangt in hoge mate ervan af of u goede en duidelijke afspraken met uw baas hebt. Als u geen duidelijk contract met uw baas hebt afgesloten, zult u eerder vage contracten met cliënten aangaan. Het gevaar bestaat dat u te makkelijk zwicht voor cliënten en dat u grote moeite zult hebben af te zien van projecten die weinig kans van slagen hebben. Ook kan het gebeuren dat u de prioriteiten van uw eigen staforganisatie u dusdanig in beslag nemen, dat het niet meer redelijk te noemen is, en dit zal u van uw cliënten verwijderen.

Probeer deze oefening. Maak allereerst een lijst van de belangrijkste dingen die u van uw baas verlangt. Vraag vervolgens aan uw baas om een lijst te maken van de belangrijkste dingen die van u verlangd worden. Wissel de beide lijsten uit en kom dan bij elkaar om te zien of u een contract overeen kunt komen waarin een redelijk evenwicht wordt bereikt tussen wat uw groep of afdeling nodig heeft om haar verplichtingen jegens de totale organisatie na te komen en wat u nodig hebt om te beantwoorden aan de behoeften en prioriteiten van uw cliënten.

Als het gesprek niet goed verloopt, bent u gereed voor de volgende twee hoofdstukken – over het wegnemen van weerstand.

# 8 Weerstand begrijpen

Het moeilijkste deel van advieswerk is weerstand van de cliënt overwinnen. Tijdens het adviseren hebben we begrijpelijkerwijs het idee dat als we onze ideeën maar duidelijk en logisch kunnen presenteren en de belangen van de cliënt voor ogen hebben, onze cliënten onze vakkennis zullen accepteren en onze suggesties zullen navolgen. We ontdekken echter al snel dat hoe redelijk we onze gegevens en aanbevelingen ook presenteren, onze cliënten met weerstand komen.

Weerstand treedt niet altijd op, maar als dat wel zo is, is het moeilijk te begrijpen en frustrerend. Wanneer we geconfronteerd worden met weerstand, beginnen we de cliënt koppig en irrationeel te vinden, en doorgaans draait het er simpelweg op uit dat we de gegevens luider en dwingender presenteren en de aanbevelingen rechtvaardigen.

De sleutel tot het begrijpen van de aard van weerstand is het besef dat weerstand een reactie is op een emotioneel proces dat in de cliënt plaatsheeft. Het is geen weerspiegeling van ons gesprek met de cliënt op een objectief, logisch, rationeel niveau. Weerstand is een voorspelbare, natuurlijke, emotionele reactie die gericht is tegen het proces van geholpen worden en tegen het proces van moeilijke problemen binnen de organisatie onder ogen moeten zien.

Weerstand is een voorspelbaar, natuurlijk en noodzakelijk deel van het leerproces. Wanneer wij als adviseurs wensen dat weerstand nooit voorkwam of gewoon verdween, verhinderen we door die houding dat de cliënt echt geïntegreerd wordt en leert van onze vakkennis. Wil een cliënt iets belangrijks leren over hoe een moeilijk probleem moet worden aangepakt, dan moet hij eerst lucht geven aan zijn gevoelens van weerstand; pas dan is de cliënt er klaar voor oprecht te accepteren en gebruiken wat de adviseur te bieden heeft.

De kunst bij het wegnemen van weerstand is:
- in staat zijn vast te stellen wanneer er sprake is van weerstand;
- weerstand zien als een natuurlijk proces en een teken dat u doel treft;
- de cliënt steunen in het direct uiten van weerstand;
- uitingen van weerstand niet persoonlijk, of als een aanval op u of uw competentie opvatten.

Dit is een moeilijke opgave, waarop dit hoofdstuk en het volgende uitvoerig ingaan.

## De gedaanten van weerstand

Weerstand neemt vele vormen aan, waarvan sommige zeer subtiel en ongrijpbaar zijn. In de loop van één gesprek kunt u stuiten op allerlei vormen. Terwijl u begonnen bent het in één vorm aan te pakken, zal het soms verdwijnen en in een andere gedaante opnieuw verschijnen.

Voor technisch georiënteerde adviseurs – zoals engineers, accountants, computerdeskundigen en systeemanalisten – kan het heel moeilijk zijn om weerstand te identificeren. Door onze technische achtergrond zijn we zo gericht op gegevens, feiten en logica, dat wanneer ons gevraagd wordt een emotioneel of interpersoonlijk proces te begrijpen, het net is alsof we het beeld op een slecht, onscherp stuk film proberen te bekijken.

Het volgende, zij het onvolledige, overzicht van gebruikelijke vormen van weerstand is bedoeld om te helpen het beeld scherp krijgen.

### Geef me meer details

De cliënt blijft vragen om steeds gedetailleerder informatie. "Wat vinden de mensen in de ploeg van elf tot zeven ervan?" "Welke kladblaadjes gebruikte u toen u de getallen verzamelde, en schreef u de getallen in rood of blauw?" De cliënt lijkt onverzadigbaar in zijn verlangen alles te weten over wat er gaande is. Hoeveel informatie u de cliënt ook geeft, het is nooit genoeg. Na elk gesprek hebt u het gevoel dat u de volgende keer nog meer ondersteunende gegevens moet meebrengen. U krijgt ook het gevoel dat enorm veel tijd besteed wordt aan informatie verzamelen en te weinig tijd aan besluiten wat u zult gaan doen. Sommige vragen van de cliënt zijn redelijk; ze moeten weten wat er gebeurt. Wanneer u ongeduldig begint te worden, ook al kunt u de vragen beantwoorden, is dat het moment waarop u zich moet afvragen of het verzoek om details soms een vorm van weerstand is en niet een eenvoudig verzoek om informatie.

### U wordt overspoeld met details

Een gevolg van het verzoek om details is dat uzelf te veel details krijgt. U vraagt een cliënt hoe een probleem ontstond en het antwoord luidt: "Nou, het begon allemaal tien jaar geleden op een donderdagmiddag in september. Volgens mij had ik een blauw sweatshirt aan, en het was buiten bewolkt – er zat regen in de lucht. Ik hoop dat ik u niet verveel, maar ik denk dat het belangrijk voor u is om de achtergrond van de situatie te begrijpen." De cliënt blijft u steeds meer informatie geven, waar u steeds minder van begrijpt. Zodra u verveeld raakt of niet meer begrijpt wat dit alles met het actuele probleem te maken heeft, moet bij u het vermoeden rijzen dat u op weerstand bent gestuit en niet alleen maar een overdreven poging om u alle feiten te verschaffen.

## Tijd

De cliënt zegt echt door te willen gaan met uw project, alleen komt het nu niet zo goed uit. U wordt aan het lijntje gehouden, maar de cliënt blijft u voorhouden hoe druk het op dit moment is. Eigenlijk heeft de cliënt nauwelijks tijd u te spreken. Soms komt deze vorm van weerstand aan het licht door voortdurende onderbrekingen tijdens uw gesprekken. Ineens worden telefoontjes gewoon aangenomen en kan de secretaresse rustig binnenkomen. Of iemand steekt zijn hoofd om de hoek van de deur, waarop de cliënt zich naar mij wendt en zegt: "Eén momentje, Peter, maar ik moet even deze kwestie met Anne regelen." En de cliënt gaat met Anne praten, terwijl ik daar maar zit.

Wat lijkt de cliënt in al deze voorbeelden te willen overbrengen?

- Het is zo opwindend om bij deze organisatie te werken, altijd gebeurt er wel iets. Je bent zeker wel onder de indruk en zou hier ook wel willen werken?
- Mijn organisatie heeft zo weinig tijd.
- Ik heb zo weinig tijd.
- Ik wil dat je denkt dat ik je afwijs wegens tijdgebrek en niet omdat ik me bijzonder ongemakkelijk voel bij je voorstel.

De kwestie tijd, waar we allemaal dagelijks mee te maken hebben, is meestal weerzin bij de cliënt om zijn ware gevoelens over uw project kenbaar te moeten maken. Wanneer u in december ontdekt dat de cliënt het project echt wil doen maar pas in het derde kwartaal van het jaar daarop kan beginnen, moet het u gaan dagen dat u op weerstand gestuit bent.

## Onuitvoerbaarheid

De cliënt blijft u erop wijzen dat zij in de 'deze wereld leven en geconfronteerd worden met de problemen van deze wereld'. Ik moet talloze malen het begrip 'deze wereld' gehoord hebben – ik vraag me af waar cliënten denken dat adviseurs leven. Deze vorm van weerstand van de cliënt beschuldigt ons ervan onpraktisch en een kamergeleerde te zijn. Zelfs een idealist, de grootse zonde denkbaar. Zoals bij vele vormen van weerstand kan zo'n uitspraak een kern van waarheid bevatten, maar in bijna iedere uitspraak schuilt wel een kern van waarheid. Het is de intensiteit van de nadruk op 'uitvoerbaarheid' die u doet vermoeden dat u te kampen hebt met een emotioneel probleem.

## Dat verbaast me niets

Ik vind het altijd verbazingwekkend hoe belangrijk het is voor mensen om niet verbaasd te zijn. Het lijkt erop dat wat er ook in de wereld gebeurt prima is, zolang ze er maar niet verbaasd over zijn. Wanneer u een onderzoek hebt afgerond, kunt u de manager vertellen dat het gebouw is ingestort, dat de werknemers net zijn weggelopen, dat het hoofd Financiën er net vandoor is gegaan met de vice-president Marketing en dat de FIOD op de stoep staat, en het eerste wat de manager zegt is:

"Dat verbaast me niets." Het is net of verbaasd zijn het ergste is wat er in de wereld kan gebeuren. De angst van de manager om verbaasd te staan is in werkelijkheid de wens om altijd alles onder controle te hebben. Als we ermee in aanraking komen, is het nogal kleinerend. Wij kunnen het opvatten als een teken dat wat we tot stand hebben gebracht eigenlijk niet zo belangrijk of uniek is en het kan onze bijdrage bagatelliseren. Neem de wens van de cliënt om niet verbaasd te staan voor wat het is – een vorm van weerstand en niet echt kritiek op uw werk.

## Aanval

De meest flagrante vorm van weerstand is een aanval van de cliënt. Met dreigende woorden, een rood gezicht, met de vuist op tafel slaand, met beschuldigende vinger naar je wijzend, het slot van elke zin benadrukkend. De adviseur blijft achter met het gevoel een stuntelend kind te zijn dat niet alleen slecht werk heeft geleverd, maar ook op de een of andere manier een ethische grens heeft overschreden die nooit overschreden had mogen worden. Onze reactie op een aanval is vaak dat we ons of terugtrekken of met gelijke munt terugbetalen. Beide reacties betekenen dat we de aanval persoonlijk gaan nemen en niet zien als nog een vorm waarin de weerstand kan optreden.

## Verwarring

Wanneer een cliënt naar ons toe komt voor hulp, ervaart de cliënt altijd enige oprechte verwarring. Dit hoeft geen weerstand te zijn, maar gewoon een verlangen naar helderheid. Wanneer de zaken u echter duidelijk zijn geworden en u het twee of drie keer hebt uitgelegd, en de cliënt nog blijft volhouden er niet uit te komen of het niet te begrijpen, denk dan eens aan de mogelijkheid dat verwarring de manier is waarop deze cliënt zich verzet.

## Stilte

Dit is het moeilijkste van alles. We blijven toenadering zoeken tot de cliënt en krijgen erg weinig respons. De cliënt is passief. Een cliënt beweert misschien dat hij weinig te zeggen heeft op uw voorstel. Wanneer u om een reactie vraagt, zegt deze: "Ga door, ik heb geen problemen met wat u zegt. Als ik het wel had, zou ik het zeggen." Geloof daar niets van. Stilte betekent nooit instemming. Als u bezig bent met iets wat belangrijk is voor de organisatie, is het niet normaal voor de cliënt om geen reactie te hebben. Stilte betekent dat de reactie geblokkeerd is. Voor sommige mensen is stilte of het inhouden van reacties feitelijk een vechtstijl. Ze zeggen door hun optreden: "Ik blijf zo vasthouden aan mijn positie en mijn gevoelens, dat ik zelfs geen woord tegen u zeg." Pas op voor de stille cliënt. Als u denkt dat een bespreking gladjes verliep omdat de manager geen tegenwerpingen maakte, vertrouw het niet. Vraag uzelf af of de cliënt eigenlijk wel van zijn instemming blijk gaf, enig enthousiasme toonde of persoonlijk betrokken raakte bij de actie. Als er weinig tekens van leven waren, moet u zich af gaan vragen of stilte de gedaante is die de weerstand van de cliënt aannam.

## Filosoferen

Wanneer iemand het gesprek over de wijze van aanpak een andere wending geeft en theorie na theorie begint uit te diepen over waarom dingen zijn zoals ze zijn, bent u geconfronteerd met weerstand in de vorm van filosoferen. De cliënt zegt: "Deze resultaten impliceren een fascinerende hypothese. Ik vraag me af of er een omgekeerde evenredigheid bestaat tussen deze situatie en de laatste drie keer dat we failliet gingen. De crisis lijkt een aantal vragen te hebben opgeworpen."

Veel energie besteden aan het verzinnen van theorieën is een manier om om de hete brij heen te draaien. Het is een afweermiddel dat de meesten van ons gebruiken wanneer we in het nauw geraken. Dit doet niets af aan de waarde van een goede theorie of de noodzaak te begrijpen wat er met ons aan de hand is. Het is een waarschuwing om niet mee te doen met de cliënt aan oeverloze bespiegelingen, wanneer de vraag of u en de cliënt in staat zullen zijn het hoofd te bieden aan een moeilijke situatie, aan de orde is. Filosoferen moet u wantrouwen wanneer het begint op een moment van grote spanning of tijdens een bijeenkomst waar veel vanaf hangt. Wanneer dit gebeurt, is het uw taak om het gesprek weer op acties te brengen en de theorieën te laten voor wat ze zijn.

## Moraliseren

Moraliserende weerstand maakt veel gebruik van bepaalde woorden en frasen: 'die mensen', 'zouden moeten' en 'ze moeten begrijpen'. Wanneer u ze hoort, weet u dat u op reis gaat naar een wereld van hoe dingen zouden moeten zijn, hetgeen simpelweg een moraliserend afweermiddel is tegenover de realiteit. Mensen doelen met 'die mensen' op iedereen die niet in de kamer is op dat moment. Het drukt superioriteit uit en wordt gebruikt om mensen te beschrijven die (1) doorgaans lagere posities in de organisatie bekleden dan de spreker, of (2) niet gelukkig zijn met iets wat de spreker gedaan heeft en daarom 'geen flauw benul hebben van hoe het hoort'.

Frasen die superioriteit uitdrukken zijn feitelijk manieren om zichzelf op een voetstuk te plaatsen. Op een voetstuk staan is altijd een afweermiddel tegen bepaalde ongemakkelijke gevoelens en het ondernemen van bepaalde ongemakkelijke acties.

De frase 'ze moeten begrijpen' betekent 'ik begrijp het – zij niet. Waarom zien ze de dingen niet helder en met hetzelfde brede perspectief als ik? Wat zijn de lasten van kennis toch groot en eindeloos!' Vaak begrijpen 'die mensen' over wie de spreker het heeft het wel degelijk. Ze begrijpen het maar al te goed. Het probleem (voor de spreker) is dat ze het er niet mee eens zijn. Dus in plaats van het meningsverschil aan te pakken, vlucht de spreker in een moralistische positie.

Moraliseren kan verleidelijk zijn voor de adviseur. De moraliserende manager nodigt u uit om samen deel uit te maken van een zeer select gezelschap van mensen die weten wat het beste voor 'die mensen' is en die weten wat ze 'moeten begrijpen'. Dit is een elitaire positie; het geeft een gevoel van macht en het is goed beschermd – als de rest van de organisatie geen waardering heeft voor wat u doet, is dat alleen maar weer een aanwijzing hoe verward ze zijn en hoe verschrikkelijk nodig ze u hebben! Weersta de verleiding zo vriendelijk en vasthoudend mogelijk.

## Meegaandheid

De moeilijkste vorm van weerstand om te onderkennen komt van de meegaande manager die het volkomen met u eens is en staat te popelen om te weten wat er nu moet gebeuren. Het is moeilijk meegaandheid als weerstand te beschouwen, omdat u precies krijgt wat u wilt – instemming en respect. Als u echt gelooft in het concept dat elke manager enigszins ambivalent staat tegenover uw hulp, dan weet u dat er iets niet klopt wanneer u geen enkele negatieve reactie krijgt.

Elke cliënt heeft enige bedenkingen tegen uw aanpak. Als de bedenkingen niet tegen u worden geuit, krijgt een ander ze wel te horen, misschien met een vernietigender effect. Ik heb liever dat men mij zijn bedenkingen direct kenbaar maakt; dan kan ik ze aanpakken. Het is duidelijk merkbaar wanneer de gewillige cliënt meegaandheid gebruikt als weerstand. U heeft met deze vorm van weerstand te maken wanneer bedenkingen bijna geheel ontbreken en sprake is van matte instemming. Als de overeenkomst tot stand komt met veel energie, enthousiasme en oprecht inzicht in waar we voor staan, kunt u simpelweg het gevoel hebben dat u boft en het niet opvatten als weerstand, ook al worden enkele bedenkingen kenbaar gemaakt. Maar pas op voor de cliënt die de wens uit om snel tot oplossingen te komen zonder over problemen te praten – en ook voor de cliënt die zich erg afhankelijk van u opstelt en laat doorschemeren dat alles wat u doet goed is.

## Methodologie

Als bij uw project uitgebreid gegevens zijn verzameld, zal de eerste golf vragen gaan over uw methoden. Als u een vragenlijst hebt rondgedeeld, zult u vragen krijgen over hoeveel mensen er hebben geantwoord, hoe groot het antwoordpercentage was en of de resultaten een significantieniveau van 0.05 hebben. Vervolgens krijgt u vragen over hoe de bewakers en de mensen in de nachtploeg reageerden.

Vragen over de methode geven gedurende de eerste tien minuten uiting aan legitieme behoeften aan informatie. U hebt genoeg aan tien minuten om uw project geloofwaardig te maken, als de vragen echt worden gesteld om informatie te krijgen. Zodra vragen over uw methode de tien-minutengrens overschrijden, moet u voorzichtig gaan denken aan weerstand. Het doel van het gesprek is niet om u door te zagen over methoden; u bent waarschijnlijk al geruime tijd van school. Het doel van het gesprek is het probleem te begrijpen en te besluiten wat eraan gedaan moet worden. Herhaalde vragen over de methode of suggesties voor alternatieve methoden kunnen dienen om het gesprek over problemen en acties te vertragen.

## Beweren dat het goed gaat

De meest subtiele vorm van weerstand vindt zonder twijfel plaats wanneer ergens halverwege of tegen het einde van het project blijkt dat de cliënt niet langer te kampen heeft met het probleem waarop u u in de eerste plaats richtte. Naarmate u steeds dichter bij het moment komt waarop de cliënt het probleem onder ogen moet zien en moet aanpakken, begint u te horen te krijgen hoeveel beter de dingen lijken te gaan.

Hier zijn enkele variaties op dit thema.

Toen u het project begon, waren de winsten laag. Zodra ze iets beginnen aan te trekken, komt de manager naar u toe en zegt dat de mensen zich beter lijken te voelen nu het winstenplaatje gunstiger is. Misschien is de behoefte aan uw diensten niet meer zo groot.

U praat in mei met de cliënt en u komt overeen het project op 20 juni te beginnen. Wanneer u op 10 juni belt om het begin van het project te bevestigen, zegt de manager: "Als we willen, kunnen we heus met het project beginnen, maar om de een of andere reden lijkt het of het probleem niet zo ernstig is." Er is niets veranderd aan de manier waarop de groep zaken doet... wat er gebeurd is dat de groep besefte dat ze op 20 juni hun problemen echt te lijf moesten gaan, dus leek het makkelijker te doen alsof de problemen nu niet zo belangrijk waren.

Ik trad op als adviseur voor een bedrijf waar de engineering- en productieteams moeilijk met elkaar konden werken. Tijdens het onderzoek kwam ik erachter dat de teams al tien jaar lang op alle niveaus conflicten hadden, dat de president van het bedrijf achter het productieteam stond en voortdurend in de aanval ging tegen het engineeringteam, en dat de beide teams elkaar overlappende en vage verantwoordelijkheden en bevoegdheden hadden. Net voordat ik feedback zou geven over de resultaten van het onderzoek belde de president me op en zei dat het hoofd Engineering van baan veranderde. Hij had het idee dat nu deze ene persoon vertrok, de problemen waarschijnlijk zouden verdwijnen. Dat hij zich vasthield aan zijn goede gevoel over het vertrek van deze persoon, was een manier om de onderliggende problemen waarmee deze teams de afgelopen tien jaar te kampen hadden niet onder ogen te hoeven zien.

De manager die weerstand biedt door te beweren dat het goed gaat, maakt hetzelfde proces door als het ruziënde echtpaar dat eindelijk een afspraak maakt met een huwelijksconsulent: naarmate de sessie dichterbij komt, ontdekken ze dat ze steeds beter met elkaar overweg kunnen. Tegen de tijd dat ze naar de huwelijksconsulent gaan, kijken ze elkaar aan en zeggen ze dat ze niet helemaal zeker durven zeggen wat de problemen waren, omdat ze de laatste tijd zo goed met elkaar overweg kunnen. Natuurlijk is er niets mis mee als de situatie van de cliënt verbetert, maar de meeste oppervlakkige symptomen horen bij onderliggende problemen die aandacht vragen.

Als de cliënt u plotseling vertelt dat de symptomen zich verbeteren, zou ik me maar afvragen of ze zich niet te gretig aan de verbetering vasthouden en gladstrijken wat de echte focus van uw advies zou moeten zijn.

### Aandringen op oplossingen

De laatste vorm van weerstand is het verlangen van de cliënt naar oplossingen, oplossingen, oplossingen. "Praat me niet over problemen, ik wil oplossingen horen." Omdat de adviseur de problemen ook graag opgelost ziet, bestaat het gevaar dat de adviseur hierin met de cliënt meegaat, als de bespreking van oplossingen niet eerst wat wordt afgehouden.

Het verlangen naar oplossingen kan de cliënt ervan weerhouden om iets belangrijks te leren over de aard van het probleem. Het houdt de cliënt ook afhankelijk van adviseurs om deze problemen op te lossen. Als de lijnmanager geen geduld of geen zin heeft om de tijd te nemen voor het onderzoeken van het probleem, zullen de oplossingen niet erg effectief geïmplementeerd worden. Erken dat de drang naar oplossingen een afweermiddel kan zijn en een bijzonder verleidelijke vorm van weerstand voor de adviseur die staat te popelen om problemen op te lossen.

## Waartegen verzetten cliënten zich wanneer ze zich verzetten tegen ons?

Klinkt als de titel van een lied, maar het is belangrijk voor u om te weten.

Het voornaamste wat u moet doen om met succes weerstand tegen te gaan, is het niet persoonlijk op te vatten. Wanneer u stuit op weerstand, bent u aanwezig. Cliënten kijken *u* recht aan terwijl ze zich verdedigen. U bent degene die de vragen moet beantwoorden en de storm moet doorstaan. Het is begrijpelijk dat u het gevoel hebt dat de weerstand tegen u gericht is. Hun weerstand is niet tegen u gericht. De defensieve houding van de cliënt geldt niet u. Het verzet van deze cliënten is gericht tegen het feit dat ze een moeilijke keuze moeten maken, een impopulaire actie moeten ondernemen, een realiteit onder ogen moeten zien die ze emotioneel geprobeerd hebben te vermijden.

Als u erbij bent gehaald om een probleem op te lossen, betekent dat dat de organisatie van de cliënt niet in staat is geweest het zelf op te lossen. Niet dat ze niet slim genoeg zijn om het op te lossen. De reden dat ze niet in staat zijn geweest het op te lossen is dat ze niet in staat zijn geweest het duidelijk te zien. Ze zitten zo dicht op het probleem en moeten emotioneel gezien zoveel investeren in alle mogelijke oplossingen, dat ze iemand van buiten nodig hadden om het probleem en mogelijke oplossingen voor hen te definiëren. In het probleem of de oplossing zit een *lastige realiteit* en de cliënt heeft grote moeite gehad dit te onder ogen te zien en aan te pakken.

De *lastige realiteiten* waar cliënten tegen aan hikken, zullen variëren:

- Iemand moet ontslagen worden of te horen krijgen dat er onvoldoende gepresteerd wordt.
- Mensen in de groep zijn erg ontevreden en de manager wil de ontevredenheid niet naar buiten brengen.
- De manager voelt dat hij in een bepaald onderdeel van het werk tekortschiet en heeft moeite zijn tekortkoming te aanvaarden.
- De politieke situatie is erg riskant en de manager wil geen moeilijkheden veroorzaken.
- De onderhavige opdracht vereist vaardigheden die nu niet voorhanden zijn in de organisatie; dit kan betekenen dat enkele mensen weg moeten, wat altijd moeilijk is.
- De baas van de manager is deel van het probleem en de manager wil geen moeilijkheden met zijn baas.
- De organisatie verkoopt producten of diensten aan een teruglopende markt en dit is te ontmoedigend om iets aan te doen.
- De manager weet dat hij autocratisch optreedt, wil niet veranderen, maar ziet de negatieve effecten ervan.
- Een ontwikkelingsproject waarin een heleboel geld is geïnvesteerd laat wat negatieve resultaten zien. Dit betekent dat er slecht nieuws naar boven moet en dat eerder gedane beloften moeten worden ingetrokken.

Al deze *lastige realiteiten* omvatten pijnlijke problemen die pijnlijke oplossingen in het vooruitzicht lijken te stellen. De meeste heel technische of bedrijfsgebonden problemen worden op een bepaalde manier veroorzaakt of instandgehouden door de wijze waarop met die problemen wordt omgegaan. Wanneer managers zich defensief opstellen, verdedigen ze hun eigen bestuurlijke geschiktheid – een begrijpelijk object om te verdedigen. Het is zelfs de moeite waard om te verdedigen. Een manager die zich verzet, maakt zich eerder zorgen over de waardering en competentie van zijn eigen persoon dan over onze vaardigheden als adviseurs.

Daarom gaat het bij weerstand – een defensieve houding tegenover een *lastige realiteit* en de manier waarop de manager ermee is omgegaan. Wij adviseurs komen binnen en beginnen te wijzen op *lastige realiteiten*, omdat dat een deel van ons werk is. Het is belangrijk dat we de cliënt de moeilijkheden onder ogen helpen zien. We moeten ze niet vermijden alleen omdat de cliënt zich zal verzetten.

Wanneer u op weerstand stuit, ziet u de uiterlijke vorm waarin de onderliggende verontrusting zich manifesteert. Er gebeuren twee dingen:

1. De cliënt voelt zich niet op zijn gemak.
2. De cliënt maakt indirect kenbaar dat hij zich niet op zijn gemak voelt.

De reden dat adviseurs zich het slachtoffer voelen van de weerstand is dat de onrust van de cliënt indirect kenbaar gemaakt wordt. Als de cliënt in staat was oprecht te zijn en zijn zorg direct onder woorden te brengen door te zeggen: "Ik ben bang dat ik de controle over deze groep zal verliezen" of "Ik heb het gevoel dat ik slecht toegerust ben om deze specifieke situatie aan te pakken" of "Mensen verwachten dingen van mij waaraan ik gewoon niet kan voldoen", zouden wij ons als adviseurs niet aangevallen voelen. We zouden ons heel ondersteunend opstellen tegenover de manager.

De *directe* uiting door de manager van onderliggende zorgen is geen weerstand. We hebben pas te maken met weerstand wanneer de zorgen over het onder ogen moeten zien van lastige realiteiten en de keuze om ze uit de weg te gaan *indirect* kenbaar worden gemaakt. Ze worden indirect geuit door gebrek aan gedetailleerde gegevens en tijd, onuitvoerbaarheid, een krap budget, gebrek aan inzicht bij 'die mensen', enzovoort, als argumenten aan te voeren om een project niet voort te zetten of sommige aanbevelingen niet te implementeren.

## Onuitgesproken zorgen

Als ik op weerstand stuit en probeer te begrijpen waar de cliënt zich werkelijk zorgen over maakt, durf ik te wedden dat de cliënt bezorgd is om *invloed* of *kwetsbaarheid.*

Als hetgeen u oppert niet de geringste weerstand opwekt bij de cliënt, komt dat waarschijnlijk doordat uw voorstel geen bedreiging vormt voor de manager als het gaat om zijn invloed of zijn gevoel van veiligheid binnen de organisatie.

### Invloed

Kern van het waardesysteem van de meeste organisaties is het behouden van de machtsverhoudingen. Het vertrouwen in invloed gaat verder dan effectiviteit en goede prestaties binnen de organisatie. Veel managers vertrouwen op het behoud van hun invloed ook al heeft dat *slechtere prestaties* tot gevolg. Telkens weer tonen praktijksituaties aan dat meer participerende managementvormen productiever zijn, toch wordt participerend management nog niet vaak toegepast. Ik heb een divisie van een bedrijf gezien waar de controle over het managementinformatiesysteem een belangrijk obstakel bleek te zijn voor productiviteitsverbetering, maar de manager besloot de controle te houden ten koste van betere prestatie.

Invloed is de hoeksteen van organisaties. Het gehele beloningssysteem is aangepast aan de hoeveelheid invloed, verantwoordelijkheid en gezag die u hebt. Wanneer u goed presteert, krijgt u niet meer geld, maar meer invloed. Op een bepaald moment beseften organisaties dat je mensen voor hun getoonde inzet niet navenant kunt betalen, dus in plaats daarvan bestaat de beloning uit invloed.

Wat hieruit naar voren komt is dat aan invloed enorm veel waarde wordt gehecht. Er is niets mis met het hebben van invloed, en geen invloed hebben is een verontrustende situatie. Wanneer we op weerstand stuiten, kan het heel goed zijn dat de manager het gevoel heeft invloed te gaan verliezen.

## Kwetsbaarheid

De zorg dat de manager schade berokkend zal worden, is het tweede belangrijke probleem dat aanleiding geeft tot de meeste weerstand waarop we stuiten. Organisaties zijn competitieve en politieke systemen. Het is erg belangrijk uw gelijken voor te blijven, in de gunst te blijven bij uw baas, en de loyaliteit en steun van uw ondergeschikten te behouden. Het is moeilijk om alle drie te doen en tegelijkertijd uw werk gedaan te krijgen. Naarmate u hogerop komt binnen een organisatie en te maken krijgt met mensen in steeds hogere posities, beseft u dat het gevoel beoordeeld te worden en uzelf steeds weer te moeten bewijzen bij *elke* positie in de organisatie hoort, tot aan de president-directeur.

Politiek is de uitoefening van invloed. Organisaties functioneren als politieke systemen, alleen wordt er niet gestemd. Het is van groot belang te letten op de invloed die uw adviesproject heeft op de politieke situatie en de invloed van de cliënt. Wanneer u op weerstand stuit, kan het zijn dat u onbedoeld een op dat moment heersend politiek evenwicht verstoort.

### Een voorbeeld

Binnen een afdeling research and development was de groep die exploratief onderzoek deed altijd oppermachtig en onafhankelijk geweest. De teams voor productontwikkeling werden veel strenger gecontroleerd, verantwoordelijk als ze waren voor korte-termijnresultaten. Ons werd gevraagd de gehele R&D-afdeling te helpen herstructureren, omdat de R&D-vice-president sterk het gevoel had dat er sprake was van inefficiëntie en overlapping en dat de afdeling niet als één organisatie functioneerde. Tijdens het project kwam de meeste weerstand van het team voor exploratief onderzoek. Ze kwamen laat op vergaderingen, stelden vragen over onze methoden, hielden vervolgens hun mond en zeiden: “Doet u maar wat u goed dunkt, wij vinden alles best.”

Wat zat er dan achter hun weerstand? Waren onze methoden echt verkeerd? Hadden ze bezwaar tegen de technische grondslag waarop ons project stoelde? Nee. Hun weerstand had alles te maken met het feit dat ze op dit moment een bevoorrechte en invloedrijke positie hadden binnen de organisatie. Ze hadden een hoge status, hoge mate van autonomie en konden naar eigen goeddunken middelen vergaren en projecten beginnen. Achter alle technische en structurele vragen die ze hadden, zat hun bezorgdheid over verlies van status in het politieke systeem.

Hun bezorgdheid was in zeker opzicht gerechtvaardigd. Als een team voor exploratief onderzoek zijn onafhankelijkheid volledig kwijtraakt, ziet het er op de lange termijn niet best uit wat betreft de nieuwe producten. Maar de politieke zorg van de groep – verlies van invloed binnen de organisatie – werd heel indirect kenbaar gemaakt en kon daarom slechts met grote moeite worden weggenomen. Toen ze ten slotte direct uiting gaven aan hun bezorgdheid en hun weerstand verminderde, kon een compromis uitgewerkt worden met de vice-president en het team voor productontwikkeling.

## Soms is het geen weerstand

Zoals Freud eens zei toen hem gevraagd werd of de sigaar die hij rookte ook een fallussymbool was: "Soms is een sigaar gewoon een sigaar", zo zijn bezwaren van een cliënt soms geen weerstand. De cliënt wil het project gewoon niet doen.

We kunnen allemaal paranoïde worden door bezwaren van elke lijnmanager te interpreteren als weerstand waarachter bepaalde angsten schuilgaan. Als een manager direct zegt: "Nee, ik wil niet met dit project beginnen. Ik geloof er niet in", is dat geen weerstand. Niets in die uitspraak beschuldigt de adviseur of schuift de verantwoordelijkheid voor de problemen af op de adviseur. De manager neemt de verantwoordelijkheid voor de eigen organisatie en heeft het recht te kiezen. Als wij vinden dat het de verkeerde keuze is, jammer, zo is het leven.

We worden betaald om te adviseren, niet om te managen. Als een manager tegen me zegt: "Ik bevind me in een te kwetsbare positie om nu met het project te beginnen", voel ik waardering voor de directe uiting. Ik weet wat ik aan die manager heb. Ik hoef er niet over in te zitten of ik iets anders had moeten doen. Ik heb ook het gevoel dat de manager het project begrijpt en de risico's kent, en die risico's bleken gewoon te groot te zijn. Ik ben misschien teleurgesteld dat het project niet doorging, maar het adviesproces was feilloos.

## De angst en de wens

Hoewel adviseurs en cliënten soms elkaars tegenstanders zijn, vullen hun gevoelens en zorgen elkaar vaak aan. Er zijn enkele veel voorkomende angsten van cliënten die overeenkomen met bepaalde angsten van adviseurs. Hetzelfde geldt voor hun wensen. Er zijn drie waar je last van hebt, tegen drie waar je wat aan hebt.

| Angsten van de cliënt | Angsten van de adviseur |
|---|---|
| Machteloosheid. Nutteloosheid. Ik ben niet in de positie om de situatie te veranderen. Ik ben een slachtoffer. | Ik kan geen invloed uitoefenen. Geen beloning voor de inspanning. |
| Vervreemding van de organisatie en de mensen om me heen. Niemand bekommert zich om mij en ik bekommer me ook niet om hen. Ik hoor hier niet. | Afstand tot de cliënt. We zullen vreemden blijven. We zullen nooit dicht bij elkaar komen. Ik zal me strikt aan mijn rol moeten houden. |
| Verwarring. Ik heb teveel informatie. Ik kan er geen wijs uit worden en krijg geen duidelijk beeld. | Ik heb te weinig informatie. Ze willen of kunnen me niet vertellen wat er werkelijk aan de hand is. |

Machteloosheid...vervreemding...verwarring zijn allemaal onderliggende zorgen die maken dat de cliënt zich verzet als ze indirect kenbaar worden gemaakt. De indirecte uiting ervan kan soortgelijke onrust veroorzaken bij de adviseur. Om eruit te komen, moet u de cliënt helpen zijn zorgen direct in woorden uit te drukken.

We kunnen ook de andere kant van angst en weerstand bekijken en het verborgen potentieel van elke cliënt identificeren. Ook elke cliënt kan feilloos zijn. Naarmate de cliënt zich in deze richting begeeft, wordt de taak van de adviseur makkelijker.

| Potentieel van de cliënt | Potentieel van de adviseur |
|---|---|
| Heeft keuzemogelijkheden en de macht om de situatie te beïnvloeden. Is een doener, geen slachtoffer. | Grote invloed. Duidelijke beloning voor gedane moeite. |
| Betrokken bij de situatie. Voelt zich een deel ervan. Wendt zich tot de lastige realiteit en spanning. | Kan oprecht en persoonlijk zijn. Geen 'rol'gedrag. |
| Keuzes zijn duidelijk. Grote hoeveelheid informatie wordt vereenvoudigd. | Krijgt alle informatie te horen. Heeft helder inzicht in situatie. |

Dit potentieel aanroeren is een van de doelstellingen van elk adviesproces. De cliënt en de adviseur dragen de verantwoordelijkheid voor zichzelf en de situatie waarin ze zich bevinden. Het proces van weerstand wegnemen helpt de cliënt zich te verplaatsen van een positie van machteloosheid, vervreemding en verwarring naar een positie van keuze, engagement en duidelijkheid. De adviseur bereikt dit door zijn eigen gevoelens van geringe invloed, afstand en weinig informatie om te zetten in gevoelens van grote invloed, oprechtheid en helderheid.

## Afhankelijk zijn, om hulp vragen

Het klimaat binnen de meeste organisaties draagt er niet toe bij dat managers om hulp vragen. In organisaties heerst nogal wat rivaliteit en om hulp vragen van een stafgroep of andere adviseurs kan beschouwd worden als een teken van zwakte. Ook onze cultuur geeft ons al jong te kennen, vooral mannen, dat we in staat moeten zijn onze eigen problemen op te lossen en van niemand afhankelijk mogen zijn voor wat dan ook. Cliënt zijn druist in tegen deze kerngedachten van organisaties en onze cultuur. Het valt niet mee. Weerstand komt ten dele voort uit het pijnlijke besef dat men afhankelijk is en om hulp moet vragen.

Nauw verwant hieraan is het gevoel dat niets kan helpen – ook dat maakt het moeilijk een cliënt te zijn. Voordat de adviseur wordt toegelaten, heeft de manager het probleem proberen op te lossen met nauwelijks of geen succes. Dit kan leiden tot de onuitgesproken overtuiging dat het probleem onoplosbaar is, dat de groep of manager zo vastgeroest is dat men met het onopgeloste probleem moet leven. De manager heeft het gevoel dat geen hulp meer kan baten. Wanneer u op weerstand stuit, moet deze mogelijkheid onderzocht worden. Wanneer de manager heel pessimistisch is over het vooruitzicht op spoedige hulp, vormt juist deze houding een direct obstakel voor u om het probleem op te lossen. Geen technische oplossing zal voldoende zijn, als de manager geen puf heeft die te proberen. Het gevoel van de manager dat geen hulp meer kan baten is doorgaans niet zo bewust. Het is de taak van de adviseur om het naar het bewustzijnsniveau te halen. Wanneer de manager nagaat waarom hij het gevoel heeft dat het allemaal geen zin heeft, ontstaat er gewoonlijk hoop.

## Bevestiging willen, geen verandering

Wanneer we om hulp vragen, willen we zowel een oplossing voor het probleem als een bevestiging dat alles wat we gedaan hebben perfect was.

Een collega van mij, Neale Clapp, zei eens dat mensen die in therapie gaan bevestiging willen, geen verandering. Op het eerste gezicht lijkt het belachelijk dat een cliënt een adviseur laat komen om te helpen en vervolgens tegen de adviseur zegt dat verandering niet gewenst is en dat de cliënt niet echt iets wil leren. Dat zou niet redelijk zijn. Maar daar gaat het juist om. Weerstand is een emotioneel proces, geen rationeel of intellectueel proces.

In de wereld van emoties kunnen twee tegengestelde gevoelens tegelijkertijd bestaan. En beide kunnen oprecht zijn. Cliënten kunnen oprecht willen leren en problemen willen oplossen. Tegelijkertijd willen ze ook steun en te horen krijgen dat ze beter dan wie ook ter wereld het probleem aanpakken. Nadering – vermijding. De weerstand is de vermijding. Vlak achter de vermijding zult u de nadering vinden. Wanneer we de weerstand helpen uitdrukken, neemt die af en dan zijn we aan het werk met een cliënt die klaar en bereid is om te leren en beïnvloed te worden. Een feilloze aanpak bij weerstand is begrijpen dat de cliënt van nature twee gezichten heeft – en dat prima vinden.

Wanneer een lijnmanager een probleem heeft en de resultaten te lijden hebben, is op zijn minst bekend in hoeverre ze te lijden hebben. De manager weet heel goed hoe slecht de zaken ervoor staan en heeft geleerd met het probleem te leven. De manager vindt het probleem misschien niet prettig, maar heeft geleerd ermee om te gaan. Wij adviseurs komen langs en bieden een alternatieve oplossing voor het probleem. Tegelijkertijd beloven we dat de nieuwe situatie beter zal zijn dan de oude situatie: resultaten zullen minder te lijden hebben en zullen verbeteren. Deze belofte voert de manager naar het onbekende, het vereist een verandering.

Angst voor het onbekende is een belangrijke oorzaak van weerstand. Eenvoudigweg omdat het onbekende onzeker is, onvoorspelbaar. We kennen allemaal echtparen die tien jaar getrouwd zijn en elke minuut dat ze bij elkaar zijn lijken te lijden. We vragen ons af waarom ze bij elkaar blijven. Misschien omdat ze tenminste weten hoe erg dingen kunnen worden. Ze weten hoe de onderkant eruitziet en ze weten dat ze kunnen overleven. Het is prettig te weten wat men kan verwachten. Scheiden zou onvoorspelbaar zijn. De angst om onvoorspelbaarheid het hoofd te moeten bieden kan groter zijn dan de pijn van bij elkaar blijven. Organisaties hechten ook waarde aan voorspelbaarheid. De wens dat systemen voorspelbaar blijven (verras me niet) is een afweermiddel waarmee de adviseur voortdurend te maken heeft.

Het is niet verwonderlijk dat organisaties die in ernstige problemen verkeren vaak de moeilijkste cliënten zijn. Ze moeten het meest veranderen en zijn het minst in staat dat te doen. Voor slecht presterende organisaties is een misser zo beladen, dat ze niet in staat zijn nóg een risico te nemen, dus blijven ze vasthouden aan hun onbevredigende prestatie. In deze extreme gevallen kunnen adviseurs waarschijnlijk niet veel doen om de weerstand tegen verandering aan de oppervlakte te brengen. We zullen het gewoon moeten accepteren.

## Hufters en heiligen

In elke organisatie zijn bepaalde managers die bekend staan om hun minachting jegens stafgroepen en interne adviseurs. Tijdens workshops voor mensen uit dezelfde organisatie – of ze nu werken bij personeelszaken, accountantscontrole of engineering – kunnen de groepen allemaal één of twee managers noemen in tamelijk hoge posities die in de ogen van de stafadviseurs hufters zijn. De hufters worden beschreven als koppig, autocratisch, niet-ontvankelijk voor gevoelens – de captain Achabs of industry. Wanneer het onderwerp weerstand ter sprake komt, worden de hufters genoemd. We lijken allemaal ten minste één onmogelijke cliënt in ons leven nodig te hebben, de cliënt die de bliksemafleider wordt voor onze frustraties als adviseur. Er gaat ook een fatale aantrekkingskracht uit van de hufters – ze belichamen de wens van sommige adviseurs om oppermachtig en succesvol te zijn.

Hufters bestaan niet echt. Meermalen kreeg ik te horen wat een gemene ijzervreter een bepaalde manager was, en ontmoette hem later persoonlijk. Ik zie het gesprek dan met veel onbehagen tegemoet, omdat ik niet het meest recente slachtoffer wil zijn. Wat er gebeurt is dat het gesprek spoedig komt op de hufters in het leven van de hufter. Hufters worden niet echt verteerd door wraakgevoelens jegens adviseurs – ze maken zich druk om de mensen die het *hun* moeilijk maken. Achter de schreeuwerige façade van de hufter zitten dezelfde zorgen die alle managers hebben – over verlies aan invloed en kwetsbaarheid. Hoe agressiever de cliënt, des te intenser is zijn bezorgdheid en des te meer steun heeft hij nodig.

Van heiligen heeft men ook een eenzijdig beeld. Elke groep waarmee ik heb gewerkt kan een manager noemen die bereid is alles te doen wat ze vragen. Een progressieve manager, open, vriendelijk, bereid risico's te nemen, zeker van zijn zaak, intelligent, knap. Er zijn ook geen heiligen. Heiligen vinden het moeilijk om direct nee te zeggen. Er is een deel van de meest behulpzame manager dat zijn bedenkingen heeft, confrontatie met ware problemen vermijdt en de status-quo wil behouden. We moeten die kant kenbaar helpen maken. In het belang van de manager en in dat van onszelf.

## ...en heldendaden

De noodzaak van een heroïsch zelfbeeld is een andere mythe over advieswerk die de wereld uit moet worden geholpen. We denken dat we in staat moeten zijn om alle obstakels weg te nemen. Ongeacht hoe moeilijk de cliënt is, hoe ernstig het probleem of hoe strak het tijdschema – we geloven dat het aan ons is om onze uiterste best te doen. Deze wens om voor alles de heroïsche adviseur te zijn, leidt tot het afsluiten van slechte contracten. Heldendaden houden vaak een verborgen deal in. Als we nu deze onvoordelige klus aannemen, liggen de lucratieve opdrachten later voor het oprapen. De essentie van de verborgen deal is dat die wordt aangenomen en nooit uitgesproken. De beloningen voor advieswerk moeten bij het onderhavige project gegeven worden. Als het project geen beloning kent, moeten er vraagtekens bij worden gezet.

De heroïsche drang van de adviseur is de eigen weerstand van de adviseur tegen de confrontatie met de realiteiten van een moeilijk project. Weersta het afsluiten van onstabiele of onrealistische contracten. Als u geen 'nee' kunt zeggen, zeg dan 'later'. Als u niet 'later' kunt zeggen, zeg dan weinig. Helden hebben een moeilijk leven. De beloning wordt overschat. De meeste helden, tenzij u de beste ter wereld bent, krijgen ongeveer evenveel betaald als wat u nu krijgt.

# 9 Weerstand wegnemen

Mensen gebruiken de frase 'weerstand overwinnen' alsof het bij weerstand of een defensieve houding gaat om een tegenstander die tegen de grond gewerkt en onderworpen moet worden. 'Weerstand overwinnen' zou betekenen dat u met behulp van gegevens en logische argumenten de kwestie wint en de cliënt overtuigt. Op geen enkele manier kunt u cliënten hun weerstand uit het hoofd praten, omdat weerstand een emotioneel proces is. Achter de weerstand gaan bepaalde gevoelens schuil. U kunt mensen niet van hun gevoelens afbrengen.

Er zijn specifieke stappen die een adviseur kan nemen om de cliënt te helpen over zijn weerstand heen te komen en door te gaan met het oplossen van het probleem. De basisstrategie is de weerstand te laten uitrazen, als een storm, en niet frontaal in de aanval te gaan.

Gevoelens verdwijnen en veranderen wanneer ze direct kenbaar worden gemaakt. De adviseur moet de vaardigheid bezitten om van cliënten gedaan te krijgen dat ze hun ervaringen direct onder woorden te brengen. Hij moet de cliënt kunnen vragen oprecht te zijn. De meest effectieve manier om de cliënt te stimuleren oprecht te zijn, is om in uw optreden als adviseur ook oprecht zijn. Dat is alles.

Deze manier om weerstand weg te nemen – door niet frontaal in de aanval te gaan – bevat een Zenkwaliteit. Als u de weerstand bestrijdt en het gevoel hebt dat u hem moet overwinnen, maakt u de weerstand alleen nog maar erger. Als een cliënt bezwaar maakt tegen uw methodologie (en dat gedurende langer dan tien minuten) en u blijft de methode verdedigen door referenties te noemen en over andere ervaringen te vertellen, raakt de cliënt nog gefrustreerder. De cliënt zal er waarschijnlijk nog meer op uit zijn gaten in uw methode te vinden dan aan het begin van het gesprek. Het alternatief voor het verdedigen van uw methode is doorvragen naar de bezorgdheid van cliënten en proberen te achterhalen waarom uw methodologie zo belangrijk is. Cliënten meer over hun bezorgdheid laten praten helpt om de storm voorbij te laten trekken. Door de methodologie te verdedigen blijft de storm voortrazen.

Probeer deze kleine oefening.

Plaats uw beide handpalmen voor uw borst. Doe alsof uw rechterarm de weerstand van de cliënt is. Doe alsof uw linkerarm uw reactie op die weerstand is. Druk uw rechterarm en -handpalm hard tegen uw linkerhandpalm. Druk tegelijkertijd uw linkerarm en -handpalm hard tegen uw rechter. Als u deze positie vasthoudt, zullen de twee handen precies in het midden blijven, zal de spanning in uw beide armen toenemen en zult u snel moe worden. Dat is wat er gebeurt wanneer u de weerstand terugdringt. U komt vast te zitten, de spanning stijgt en de energie raakt op.

Plaats uw beide handpalmen vervolgens opnieuw in dezelfde uitgangspositie. Druk uw rechterarm en -handpalm hard tegen uw linkerhand. Laat uw linkerhand deze keer toegeven, zodat uw rechterhand naar links blijft gaan. Op een zeker moment zal uw rechterhand stoppen. Verder gaat niet. Als u die eindpositie vasthoudt, zult u merken dat uw rechterhand, de weerstand, moe wordt en door haar eigen gewicht naar beneden valt. De linkerhand, uw reactie op de weerstand, laat de rechterhand doorgaan tot ze zelf niet meer verder kan. In contact, maar niet tegenstribbelend kan de linkerhand haar positie zonder spanning en met weinig energieverlies behouden.

Dit is de manier om weerstand weg te nemen – aanmoedigen dat de cliënt al zijn zorgen lucht, zodat ze overgaan. Weerstand bestrijden, proberen hem te overwinnen met argumenten en gegevens werkt niet zo best. Denk eraan dat weerstand de *indirecte* uiting is van bedenkingen van de cliënt. Het doel is de lijnmanager te helpen zijn bedenkingen voortaan direct te uiten en op te houden met zijn uitvluchten. Wanneer de bezorgdheid van de cliënt direct kenbaar wordt gemaakt, weet de adviseur wat de ware problemen zijn en kan deze effectief reageren.

## Drie stappen

Er zijn drie specifieke stappen om weerstand aan te pakken.

Stap 1: Stel voor uzelf vast welke vorm de weerstand aanneemt. Het is de kunst om signalen van de manager op te pikken en vervolgens in gedachten te formuleren wat u ziet gebeuren.

Stap 2: Zeg, op een neutrale, niet-bestraffende wijze, welke vorm de weerstand aanneemt. Dit heet 'de weerstand benoemen'. Het is de kunst neutrale bewoordingen te vinden.

Stap 3: Zwijg. Laat de lijnmanager reageren op uw uitspraak over de weerstand.

### Stap 1. De signalen oppikken

Mensen die technisch geschoold zijn in disciplines als informatica, engineering of accounting vinden het vaak moeilijk de vroege signalen van weerstand te onderkennen. Technische scholing richt uw aandacht zo op feiten, cijfers, gegevens en het rationele niveau, dat u niet gewend bent om het interpersoonlijke, emotionele niveau van gesprekken nauwlettend te volgen. Vaardigheid ontwikkelen in het wegnemen van weerstand vereist kennis van de vorm die de weerstand aanneemt, maar de eerste stap is eenvoudigweg op te merken wat er gebeurt.[5]

Hier volgen enkele manieren om de signalen op te pikken.

### Heb meer vertrouwen in wat u ziet dan in wat u hoort

Schenk aandacht aan de non-verbale boodschappen van de cliënt. Stel dat de cliënt:
- steeds van u weg beweegt;
- in de knoop zit als een krakeling;
- met zijn vinger in uw richting wijst en met de andere hand een vuist maakt;
- telkens wanneer u spreekt het hoofd schudt;
- zich naar u toe buigt als een bediende.

Vat dit alles op als een signaal dat dit project de cliënt niet lekker zit en dat hij hoogstwaarschijnlijk in verzet komt.

### Luister naar uzelf

Een andere manier om erachter te komen dat u op weerstand bent gestuit is uw eigen lichaam gebruiken als thermometer. Wanneer u tijdens een gesprek met een cliënt niet meer op uw gemak bent, kan dat een vroeg signaal zijn dat er weerstand in aantocht is. Zeker wanneer u u begint te vervelen of te ergeren, moet u dat als een aanwijzing zien dat de cliënt zich verzet. Wanneer in een gesprek de koe bij de hoorns wordt gevat, is het niet vervelend of irritant. Wanneer u merkt dat u een geeuw of negatieve gevoelens moet onderdrukken, vat dat dan als een signaal op. Deze reacties van u zijn rode vlaggen, middelen om uw aandacht te trekken. Het zijn boodschappen dat het tijd is de vorm van de weerstand waarop u stuit te benoemen.

### Herhaling en veelbetekenende frasen

Een onbetwistbaar signaal van weerstand is wanneer u hetzelfde idee voor de derde keer aan u hoort uitleggen. Of wanneer u uzelf dezelfde vraag voor de derde keer hoort beantwoorden. Herhaling van ideeën en vragen is weerstand, omdat de eerste keer dat het idee geuit of de vraag beantwoord werd niet het gewenste resultaat opleverde. Er moet een onuitgesproken zorg zijn die indirect bovenkomt via de herhaling.

U hoort ook bepaalde frasen die u zeggen dat de cliënt zich niet begrepen voelt.

> U moet begrijpen dat...
> Laat me u iets uitleggen.
> Ik wil er zeker van zijn dat dit geen academische opgave is.

Op een subtiele manier zijn deze frasen zeer agressief. Ze geven uiting aan zekere frustratie en bejegenen de adviseur alsof er bijna een ernstige fout gemaakt was, maar op de een of andere manier wordt deze uitspraak van de cliënt geacht ons te redden.

Waarschijnlijk hoort u bepaalde frasen die duiden op moeilijkheden vaker. Neem de tijd om er nu een lijst van te maken en werk uw lijst bij naarmate u vaardiger wordt in het oppikken van de signalen van weerstand.

## Stap 2. De weerstand benoemen

Wanneer u u bewust wordt van weerstand, is de volgende stap hem onder woorden te brengen. Benoem hem. Het is het beste om neutrale, alledaagse taal te gebruiken. De kunst is om op zo'n manier de vorm van de weerstand te beschrijven, dat de cliënt gestimuleerd wordt een directere uitspraak te doen over de bedenking die hij of zij heeft. Hier volgen enkele voorbeelden van weerstand en de neutrale bewoordingen die deze vorm van weerstand beschrijven.

| Wanneer de weerstand deze vorm aanneemt | Benoem het door dit te zeggen |
|---|---|
| Cliënt gaat de verantwoordelijkheid voor het probleem of de oplossing uit de weg. | U beschouwt uzelf niet als onderdeel van het probleem. |
| U wordt overspoeld met details. | U geeft me meer details dan ik nodig heb. Hoe zou u het in het kort formuleren? |
| Antwoorden van één woord | U geeft me erg korte antwoorden. |
| Van onderwerp veranderen | We veranderen steeds van onderwerp. |
| Meegaandheid | U lijkt bereid tot alles wat ik maar voorstel. Ik kom er niet achter wat uw ware gevoelens zijn. |
| Stilte | U bent erg stil. Ik weet niet hoe ik uw zwijgen moet interpreteren. |
| Aandringen op oplossingen | Het is te vroeg voor oplossingen. Ik probeer nog steeds te ontdekken... |
| Aanval | U stelt echt erg veel vragen over wat ik doe. Iets lijkt u dwars te zitten. |

De makkelijkste manier is alledaagse taal te zoeken om de weerstand te beschrijven. Tijdens een workshop opperde iemand ooit dat weerstand makkelijker te benoemen is, als u bedenkt wat u zou zeggen tegen een goede vriend of uw partner thuis en dat vervolgens tegen de cliënt zegt. Het nuttige van deze suggestie is dat de uitspraak heel eenvoudig en direct wordt gehouden.

Hier volgen enkele andere vormen van weerstand. Probeer elke weerstand op een neutrale, niet-agressieve manier te benoemen.

- Vragen over methodologie
- Filosoferen en grote theorieën opzetten
- Verwarring en vaagheid
- Weinig energie, onoplettendheid

Is het gelukt? Hier volgen enkele voorbeelden van de wijze waarop u deze vormen van weerstand zou kunnen benoemen.

*Methodologie:* U stelt een heleboel vragen over mijn methoden. Heeft u uw twijfels over de geloofwaardigheid van de resultaten?

*Filosoferen:* Telkens wanneer we tot een besluit lijken te komen over wat er gedaan moet worden, begint u weer theorieën te ontwikkelen om te begrijpen wat er aan de hand is.

*Verwarring:* U lijkt geen idee te hebben wat we eigenlijk aan het bespreken zijn. Is het probleem u niet duidelijk of weet u alleen niet goed wat eraan gedaan moet worden?

*Weinig energie, onoplettendheid:* Het lijkt erop alsof u andere dingen aan uw hoofd hebt en weinig energie hebt voor dit project.

In veel gevallen zullen cliënten reageren met een directere uitspraak over hun gevoelens met betrekking tot een project. Soms heeft het geen zin de weerstand te benoemen. Het kan zijn dat u er niets aan kunt veranderen.

### Hoe u de juiste woorden kunt vinden

Als het niet helpt de weerstand te benoemen, kunt u onder woorden brengen hoe *u* denkt over het gesprek. Wanneer u op weerstand stuit, is dat hinderlijk, frustrerend. Soms maakt het dat u zich belachelijk, irrelevant of onbelangrijk voelt. Probeer dat te zeggen tegen de cliënt met uitspraken als deze:

> Dit gesprek was bijzonder frustrerend voor mij.
> U lijkt mijn opmerkingen irrelevant of onbelangrijk te vinden.

Soms zal de cliënt onmiddellijk inbinden en u vragen waarom u dat zo voelt, en dat wordt misschien de aanzet voor een directe discussie over het probleem. Uw gevoelens kenbaar maken kan in sommige gevallen riskanter zijn dan gewoon de weerstand van de cliënt benoemen. Misschien kan het de cliënt niet schelen hoe u u voelt en zegt deze: "Dus u heeft geen goed gevoel over dit gesprek. Maar wat heeft dat te maken met dit apparaat aan de praat krijgen?" Door uw eigen gevoelens kenbaar te maken bent u echter oprecht en stimuleert u de cliënt op een dergelijke manier te reageren, wat uiteindelijk uw bedoeling is.

### Stap 3. Zwijgen, de cliënt laten reageren

Nadat de adviseur de weerstand heeft benoemd, heeft deze de neiging aan het woord te blijven.

Tegen een ongemotiveerde cliënt:

> U lijkt weinig reden te hebben om met dit project door te gaan. Laat me u vier redenen geven waarom ik denk dat dit project belangrijk is en u u anders zou moeten opstellen...

De eerste zin is goed – een neutrale benoeming van wat eraan scheelt. Door verder te praten knapt de adviseur de zaakjes van de cliënt op en wordt het de cliënt makkelijk gemaakt om *geen* verantwoordelijkheid te dragen voor eigen acties.

We blijven maar praten om de spanning te verminderen die we voelen wanneer we oog in oog staan met de cliënt. Blijf niet maar doorpraten. Leef met de spanning. Doe uw uitspraak over weerstand en houd uw mond.

## Vat het niet persoonlijk op

Het gedrag van een cliënt is geen aanmerking op u.

Velen van ons hebben de gewoonte om te analyseren wat we verkeerd deden. Tijdens een recente workshop vroeg ik een groep technici om een lijst te maken van wat ze goed en wat ze verkeerd deden als adviseurs. Allemaal waren ze in staat snel acht tot tien dingen op te sommen die ze verkeerd hadden gedaan of waar ze problemen mee hadden. De lijsten van positieve kwaliteiten noemden gemiddeld twee punten en het kostte twee keer zo veel tijd om ze te maken! Deze passie voor zelfkritiek is heel gebruikelijk en verhindert dat de weerstand geconcentreerd blijft op de cliënt, waar hij thuishoort.

Als u de reacties van de cliënt per se persoonlijk op wilt vatten, is de regel om dat na zes uur 's avonds te doen – in uw eigen tijd. Besteed de hele avond eraan en haal uw vrienden erbij. Maar vat weerstand niet persoonlijk op wanneer u bij de cliënt bent. Als u werkelijk een slechte beurt gemaakt hebt en de cliënt laat u dat weten, moet u toegeven en de boel rechtzetten. Dit gebeurt niet vaak – en het is niet weerstand van de cliënt, maar een fout van de adviseur.

Denk eraan dat defensieve houdingen van de cliënt niet ontkend mogen worden. Ze moeten juist duidelijk kenbaar worden gemaakt. Als ze onderdrukt worden, duiken ze later gewoon weer op en zijn ze nog gevaarlijker. Het gaat erom hoe u op de defensieve houdingen reageert.

Een samenvatting in enkele punten.

- *Vat het niet persoonlijk op.* Ondanks de woorden die gebruikt worden, is de weerstand niet bedoeld om uw deskundigheid in diskrediet te brengen.

- *Defensieve houdingen en weerstand zijn een teken dat u iets belangrijks en waardevols geraakt hebt.* De realiteit komt nu eenvoudigweg naar buiten in een moeilijke vorm.

- *De meeste vragen zijn bedekte uitspraken.* Probeer de vraag te doorgronden, de uitspraak geformuleerd te krijgen. Dit ontlast u van antwoord moeten geven op een schijnvraag.

Weerstand wegnemen is moeilijker dan echt gegevens verzamelen en veel moeilijker dan op de proppen komen met goede interventies. De essentie van advieswerk is het wegnemen van weerstand.

## Welwillend antwoorden

De meeste vragen die u krijgt over methodologie en het project zijn slechts uitingen van de onrust en defensieve houding van de cliënt. Het is echter belangrijk de kern van de vragen zo goed mogelijk te beantwoorden.

Eén basisregel is om *twee keer welwillend* antwoord te geven op elke vraag die u gesteld wordt. Als u vragen krijgt over methodologie en uw samenvatting, of over de manier waarop u de vragenlijst hebt opgezet, moet u elke vraag twee keer beantwoorden. De derde keer dat dezelfde vraag wordt gesteld, moet u dat als een vorm van weerstand interpreteren en niet ingaan op de inhoud van de vraag. In plaats daarvan moet u beseffen dat cliënten die steeds maar weer dezelfde vraag stellen, feitelijk uiting geven aan hun aarzeling om zich voor het proces in te zetten en hun eigen problemen te onderkennen. Bij de derde keer dat dezelfde vraag wordt gesteld is het enige redelijke antwoord de opmerking dat de cliënt wellicht aarzelt om zich voor het probleem of het proces in te zetten.

Na twee keer welwillend antwoord te hebben gegeven, moet u de problemen van commitment en verantwoordelijkheid aanpakken – pak weerstand niet aan alsof het slechts een procedurekwestie of een kwestie van methode betreft. Ga twee keer op de vraag in en behandel het de volgende keren als weerstand.

## Een lastige klant adviseren

Van tijd tot tijd is het vechten tegen de bierkaai. U adviseert feilloos, maar uw vooruitgang met de cliënt zit plotseling in een dip.

Bij sommige van de workshops die ik leid, beginnen de deelnemers als onderdeel van de leerervaring daadwerkelijk een adviesproject met een echte cliënt. Eén adviesteam kwam terug van zijn contractbespreking met de cliënt. Ze keken diep ongelukkig. Er was duidelijk weerstand bij de cliënt, hij was onwillig en koel, en zei de groep zelfs tijdens de contractbespreking dat hij vond dat ze waardeloos werk leverden.

Ter bestrijding van onze wanhoop en frustratie maakten we een lijst van verschillende manieren om een lastige klant te adviseren.

1. Probeer geen goedkeuring, emotionele ondersteuning of genegenheid te krijgen.
2. Verwacht niet dat de verantwoordelijkheid 'fiftyfifty' gedeeld wordt. Lastige klanten dumpen het allemaal op u.
3. Stel u in op onenigheid en kritiek.
4. Vraag niet naar de gevoelens van de cliënt en spreek niet over uw eigen gevoelens.
5. Vraag de cliënt om begrip. Vraag niet om zijn instemming.
6. Geef de cliënt veel invloed op de procedure die tijdens het project gehanteerd wordt.
7. Weid niet uit over uw gegevens en geef er zo min mogelijk uitleg bij. Rechtvaardiging maakt het alleen maar erger.
8. Steun de cliënt.
9. Vat de reactie die u krijgt niet persoonlijk op.
10. Raak niet verstrikt; vermijd details.
11. Hoop dat de cliënt later van het project leert, na uw vertrek. Een bevredigend slot voor het project zit er nu niet in.
12. Toon vertrouwen.
13. Zoek een vrolijke noot.
14. Vergeet niet dat de lastige klant bang is invloed te verliezen.
15. Blijf doorgaan.
16. Vermijd indien mogelijk lastige klanten.

Er bestaan niet veel echt lastige klanten. Als de buitenkant van de cliënt zo hard is, moet de binnenkant evenredig zacht zijn. Vaak heeft een duidelijke steunbetuiging aan de lastige klant een verzachtend effect. Als een keiharde cliënt keihard blijft, moet u uw investering in het project minimaliseren en niet de held willen uithangen. Als de lastige klant toevallig iemand is met wie u voortdurend te maken hebt of het uw baas is, kunt u beter maken dat u wegkomt of uw energie in activiteiten buiten het werk steken. Ten slotte, doe uw best om niet zelf lastig te worden, wat gebeuren kan als u veel tijd met lastige klanten doorbrengt.

# 10 Van diagnose naar onderzoek

Als het contract duidelijk is en we klaar zijn voor het omgaan met verzet, richt de aandacht zich op de onderzoeksfase. De onderzoeksfase heeft twee hoofddoelen: Het eerste is een onafhankelijke en frisse blik ontwikkelen op wat er speelt. De tweede is het scheppen van een onderzoeksproces dat leidt tot commitment, verantwoordelijkheid en actiebereidheid van de cliënt.

Er zijn twee sterk verschillende manieren om over dit deel van het werk na te denken. De traditionele manier is om het als een diagnose te beschouwen, In navolging van het medische model diagnosticeert u het probleem, komt u met een prognose en stelt u een behandeling voor. Dat is wat de meeste cliënten verwachten. Ze hebben een probleem, willen een oplossing en willen dat u die biedt.

Hoewel deze verwachting wijdverspreid is, kent het de beperking van uitsluitend op het probleem gefocust te zijn en is het de adviseur die het grootste deel van het onderzoek op zich neemt.

De laatste jaren heeft een andere manier van denken dan 'diagnose' zijn opgang gemaakt, die meer gericht is op mogelijkheden dan op problemen. In plaats van te focussen op wat verkeerd gaat, op tekortkomingen, kijken we naar wat werkt, wat de sterke punten en gaven zijn, en proberen we die kwaliteiten te verdiepen en te benutten. Dit wordt wel een *op kwaliteit of sterke punten gerichte aanpak* genoemd.

De omslag van probleem naar mogelijkheid komt voort uit de overtuiging dat echte verandering of hervorming niet ontstaat uit problemen oplossen maar uit een meer toekomstgerichte manier van verder gaan. Een mogelijke formulering van deze vraag is: "Zijn we hier om een probleem op te lossen of om een nieuwe toekomst voor onszelf te creëren?"

Een aanpak die zowel toekomst- als kwaliteitsgericht is, is *Positive Deviance.* Deze door Jerry en Monique Sternin ontwikkelde onderzoeksstrategie kijkt naar voorbeelden in het systeem waar iets goed werkt. Ze hebben in bedrijven, arme dorpen en ziekenhuizen gewerkt waar de problemen onoplosbaar leken. In plaats van zich voor te doen als experts, of zelfs onderzoekers, luisterden ze gewoon naar voorbeelden van waar iets werkte. Als ze in dorpen ontdekten dat sommige kinderen gezonder waren dan andere, vroegen ze wat dat gezin voor bijzonders deed. Alleen al het stellen van die vraag aan veel mensen in het dorp zorgde voor een verbetering in de gezondheid van kinderen. In ziekenhuizen realiseerden ze hetzelfde resultaat: ziektes en ongelukken namen af; in bedrijven gingen de omzet en winst omhoog. Dit wordt uitgebreider beschreven in hoofdstuk 12.

Een tweede voorbeeld vinden we in het domein van organisatieverandering, waar er veel steun is voor *Appreciative Inquiry*. Deze door David Cooperrider bedachte methode richt zich op wat goed werkt voor een organisatie, welke tradities en rituelen het behouden waard zijn en welke droom of toekomstvisie mensen op dat moment hebben.

Hoewel mijn eigen praktijk zich verplaatst heeft naar de kwaliteits- en toekomstgerichte aanpak, is de wereld nog voldoende probleemgericht om in ons advieswerk aandacht te hebben voor beide paden. Bovendien gebeurt het nog vaak genoeg dat er een specifiek probleem is waarvoor een directe analytische en technische oplossing voorhanden is.

## Het is nog steeds de relatie die telt

Ongeacht of je nu een probleemgericht onderzoeksproces kiest of een die op de toekomst en de sterke punten is gericht, de focus op relaties die benadrukt werd in de contractering blijft belangrijk in de onderzoeksfase. Als we verantwoordelijkheid voor wat we hebben bedacht willen creëren, dan zal het relationele aspect van de onderzoeksfase de doorslag moeten geven, ongeacht de bijzondere expertise of het wereldbeeld van de adviseur.

De inhoud van het onderzoek, welke data u gaat verzamelen, wordt bepaald door het gebied waar uw advieservaring ligt. Systeemexperts zullen naar de informatiebehoeften kijken, ingenieurs en wetenschappers kijken naar de technische kwesties, accountants kijken naar financiën en economische aspecten, organisatieadviseurs kiezen voor kwaliteitsgerichte of probleemgerichte veranderingsopties.

Een permanente bron van spanning, los van expertise of methodologie, is dat wat de cliënt wellicht wil en verwacht op gespannen voet staat met wat naar alle waarschijnlijkheid het meest zal helpen. We weten dat duurzame verbetering optreedt als een cliënt zich het nieuwe eigen maakt, de veranderingsrichting volledig steunt en zijn eigen mogelijkheden versterkt. Dat is niet waar de meeste cliënten op zitten te wachten. Ze willen een antwoord. In theorie kunnen cliënten zich wellicht goed vinden in hoog engagement en het versterken van mogelijkheden, in de praktijk willen ze iets anders. In de praktijk willen ze een pasklare oplossing.

Hetzelfde gebeurt wanneer we ons niet lekker voelen. We willen naar de dokter, een receptje halen, een pil slikken, en weer aan het werk gaan. De wetenschap geneest alle kwalen. Als de arts zegt dat we beter moeten eten, stress verminderen, meer sporten en van levensstijl veranderen, is dat niet wat we wilden horen.

Als een lijnmanager besluit dat zijn organisatie niet goed functioneert, wil hij dat er iemand langs komt met een frisse kijk die dan een snelle, goedkope en pijnloze oplossing voorstelt. De eerste vragen van de cliënt zijn dan ook: "Hoelang gaat het duren?" "Hoeveel gaat het kosten?", en "Kunt u een oplossing bedenken die zo min mogelijk onrust met zich meebrengt?"

Als we de cliënten echter precies geven waar ze om vragen, lopen we het risico dat we ze geen goed advies geven.

Als we de cliënt daarentegen vertellen dat de oplossing veel tijd zal kosten, duurder zal zijn dan hij gedacht had, en meer tijd en inzet vraagt dan hij bereid is te besteden, lopen we het risico hem af te schrikken. Een deel van de spanning zal al zijn weggenomen tijdens de contracteringsfase, maar deze spanning blijft in elke fase terugkomen. Het is voor de cliënt moeilijk om zich ervan bewust te worden dat er voor een lange-termijnoplossing van zijn kant enige heroverweging en verandering van de huidige werkwijze nodig is.

Juist die nieuwe manier van denken kost tijd en moeite. Het onderzoek en het technische gedeelte van het probleem kunnen misschien worden uitbesteed, of door een buitenstaander worden opgelost, maar de invulling en het onderhoud van de oplossing moet iemand zelf doen.

De cliënt is het best geholpen bij het doorbreken van het geijkte medische model. Wij zijn geen bedrijfsartsen die hun klachten noteren, ze onderzoeken, een oplossing voorschrijven en ze weer op pad sturen. Onze taak is meer een proces van onderzoek en dialoog dan van diagnoses en voorschriften, ongeacht of we naar problemen of kwaliteiten en kansen kijken.

De term *diagnose* veronderstelt dat een derde partij, de adviseur, de situatie kan analyseren, een correct beeld van de problemen kan schetsen, en aanbevelingen voor verbetering kan doen, en dat dat alles nog helpt ook. Dat kader van diagnose en verbetering is een geruststellend model van probleemoplossing, maar het is gebaseerd op het idee dat de verbetering van een organisatie kan worden beraamd. In veel gevallen, zeker als het om een omslag in een complex menselijk systeem gaat, is dat niet realistisch.

Diagnose lijkt misschien redelijk voor zuiver technische problemen, zoals apparatuur die niet werkt of software die is gecrasht. Het komt echter maar zelden voor dat problemen die in eerste instantie van technische aard lijken ook kunnen worden opgelost met een strikt technische aanpak. We moeten niet vergeten dat we te maken hebben met menselijke systemen, en menselijke systemen zijn niet ontvankelijk voor technische oplossingen. Menselijke systemen zijn gecompliceerd en vragen om meer dan een mechanische, rechttoe rechtaan oplossing. Apparatuur en software gaan vaak kapot omdat ze door *mensen* bestuurd worden, door *mensen* onderhouden worden, en *mensen* ze taken laten uitvoeren waarvoor ze niet ontworpen zijn. Het antwoord op het probleem vereist vaak een verandering van werk- en denkwijze bij de cliënt, en daar ligt nu de uitdaging.

Als we de term *diagnose* hanteren als beschrijving van deze fase, dan bevestigt dat het idee dat een beschrijvende, engineering strategie een levend systeem kan verbeteren. Een dergelijke rationele houding onderschat de emotionele en affectieve vereisten voor een echte verbetering.

De juiste houding is om onszelf te zien als gids in een proces van onderzoek, engagement en dialoog, waarin de cliënt zelf een antwoord zal vinden op zijn vraag en een implementatie in gang zal zetten die duurzaam en vruchtbaar is. Hier is de achterliggende gedachte van de vooruitstrevende en dialooggerichte methodologieën. Het lijkt misschien gegoochel met woorden, maar het maakt daadwerkelijk een verschil in wat we doen en (achter)laten.

In dit hoofdstuk worden de begrippen onderzoek, engagement en dialoog behandeld op een manier die het mogelijk maakt het potentieel van de cliënt te vergroten en problemen op te lossen zodat ze ook opgelost blijven.

## De oproep tot actie

De adviseur moet de cliënt helpen het onderzoek te accepteren. Dat is belangrijker dan dat wij gelijk hebben in onze analyse. Dit betekent meer aandacht voor het wegnemen van weerstand. Bovendien vereist het dat bij elke stap in het proces gewerkt wordt aan het opbouwen van persoonlijk commitment. Met de vraag of de cliënt de aanbevelingen zal accepteren, kan niet gewacht worden tot de feedbackbijeenkomst. Ook de vraag hoe moet worden omgegaan met de politieke en persoonlijke aspecten die aan het verzamelen van gegevens kleven, houdt de adviseur bezig. Zelfs het meest technische probleem wordt beheerst door mensen die werken in organisaties met een politiek klimaat. Het is van belang dat de adviseur zich een weg weet te banen door de managementstijlen van onze cliënten en de politieke situaties binnen organisaties, en de cliënt ertoe kan brengen objectief naar onze gegevens te kijken. De adviseur moet de vaardigheid hebben om het organisatie-element van elk probleem even rationeel aan te pakken als het technische gedeelte van elk probleem.

Het begint met de overtuiging dat exclusief technische problemen niet bestaan. Als adviseurs hebben we altijd een zienswijze op hoe de zaken en de technologie worden ingezet of gemanaged. Zelfs wanneer een aannemer wordt ingehuurd om een noodaggregaat te installeren om een huis van elektriciteit te voorzien tijdens een stroomstoring, is er de kwestie van de grootte van het aggregaat, waar het geplaatst moet worden, welke technologie het beste past bij de leefstijl en het budget, en wie het aggregaat zal gebruiken en onderhouden. Een goede aannemer stelt vragen over de verwachtingen van de cliënt: welk gezinslid zal het aggregaat bedienen, hoeveel bescherming heeft het gezin nodig, hoe belangrijk is een directe stroomvoorziening voor hen, en de moeilijkste vraag, zijn alle gezinsleden het over deze vragen eens?

Dit zijn allemaal vragen over hoe er met het 'probleem' wordt omgegaan, wat het voor de cliënt betekent, wat de houding is ten opzichte van de schijnbaar eenvoudige stap om enige technologie aan te schaffen. Een goede aannemer zal deze vragen net zo belangrijk vinden als zijn kennis over het aanschaffen en installeren van een alternatieve bron van elektriciteit. Architecten en aannemers vertellen vaak dat het omgaan met twijfels van cliënten en de verhoudingen binnen het gezin het moeilijkste deel van hun werk is. Ze kunnen heel goed een huis ontwerpen en bouwen, maar het schipperen in de gezinspolitiek vormt de ware uitdaging.

Als dit al geldt voor een gezin, wordt het nog uitvergroot wanneer we te maken hebben met een organisatie. De politiek van de organisatie is de werkelijkheid, altijd krachtig en aanwezig, en daarin ligt de uitdaging van onderzoek en handeling.

*Het doel van een onderzoek is dat er actie wordt ondernomen om een probleem aan te pakken.* Actie die het functioneren van de organisatie zal verbeteren. Het doel is niet onderzoek. Onderzoek is erop gericht iets simpelweg te begrijpen en neemt genoegen met het verkregen inzicht.

Deze nadruk op actie en toepassing heeft belangrijke implicaties voor de wijze waarop u het onderzoek benadert.

| **Onderzoeksbenadering** | **Actiebenadering** |
|---|---|
| Interesse in alle factoren die van invloed zijn op het onderhavige probleem. | Interesse in factoren waarop de cliënt invloed kan uitoefenen en het probleem treffen. |
| Het onderzoek moet beslist uitvoerig en volledig zijn. | Een volledig en uitvoerig onderzoek is niet noodzakelijk. Dat kan teveel van het goede zijn op het moment dat besloten wordt wat gedaan moet worden. |
| U kunt op eigen houtje onderzoek doen. De organisatie hoeft geen deel uit te maken van het onderzoeksteam. | De betrokkenheid van de cliënt bij het onderzoek is in elk stadium belangrijk. |
| U probeert als onderzoeker vooroordelen en intuïtie uit te bannen. Sterke nadruk op objectiviteit en harde gegevens. | Adviseurs worden betaald voor hun vooroordelen en intuïtie – dat heet een oordeel. U gebruikt alle gevoelens en percepties die u hebt naast harde gegevens. |
| Absoluut neutraal tegenover de vraag of de organisatie de resultaten van het onderzoek goedkeurt. | U hecht veel belang aan de reactie van de cliënt op het resultaat van het onderzoek. |

Deze verschillen in benadering zijn misschien te sterk gepolariseerd, maar u moet weten dat actie uw doel is, niet inzicht. Wanneer actie uw doel is, zijn er afgezien van technische overwegingen nog vier dingen waarop u u moet concentreren.

1. Blijf uw onderzoek vereenvoudigen, versmallen en beperken, zodat het zich steeds meer richt op de volgende stappen die de cliënt kan nemen.

2. Gebruik alledaagse taal. De woorden die u gebruikt, moeten de informatie-overdracht vergemakkelijken, niet hinderen.

3. Besteed veel aandacht aan uw relatie met de cliënt. Laat de cliënt steeds meebeslissen over de voortgang. Neem weerstand weg zodra die opkomt, ook al worden uw resultaten er niet door beïnvloed.

4. Beschouw gegevens over het functioneren van de organisatie van de cliënt als waardevolle en relevante informatie. Stel ook vast wat men doet en deed aan het probleem dat u bestudeert.

Deze vier competenties beïnvloeden de wijze waarop uw vakkennis wordt toegepast. Uw technische vaardigheid en uw vermogen om problemen te analyseren en op te lossen worden als vaststaande gegevens aangenomen. Deze actiegerichtheid gaat ervan uit dat *de bereidheid van de cliënt om uw input te accepteren* even belangrijk voor het onderzoek is als de technische analyse van het op te lossen probleem of de mogelijkheden en talenten die een rol spelen.

Figuur 9 toont de belangrijkste verschillen in de onderzoeksfase tussen het technische probleem en hoe ermee wordt omgegaan. Bij mogelijkheden en eigenschappen kunt u hetzelfde onderscheid maken door te bedenken wat in de linkerkolom de mogelijkheden zouden kunnen zijn.

## Goochelen met het aanvankelijke probleem

Vaak bestaat de belangrijkste bijdrage van de adviseur voor de cliënt uit een herdefinitie van het probleem. Voor de lijnmanager begint het allemaal met wat slechte ervaringen. Mensen zijn onrustig. Apparatuur werkt niet. Output is verminderd. Het factureringsproces schiet tekort. Nieuwe productvarianten worden te laat geïntroduceerd.

Adviesprojecten gaan van start omdat managers een probleem hebben. Het zou prettig zijn als de wens naar meer succes of preventieve maatregelen de reden was om een project te beginnen, maar meestal speelt er een probleem mee. Wanneer de organisatie voelt dat er iets niet goed zit, beginnen managers voor zichzelf te beschrijven wat er niet goed zit. Wanneer hun verklaring voor de moeilijkheden juist is, zijn hun pogingen het probleem op te lossen doorgaans succesvol. Wanneer er adviseurs bij worden gehaald, is dat omdat de pogingen van de lijnmanager het probleem op te lossen niet zo succesvol waren. Of misschien heeft de manager totaal geen idee hoe het probleem moet worden opgelost. Wanneer de pogingen van een manager het probleem op te lossen niet gelukt zijn, komt dat waarschijnlijk doordat de manager ernaast zat toen hij de oorzaak van het probleem probeerde te beschrijven.

*Figuur 9. Het onderzoeksmodel*

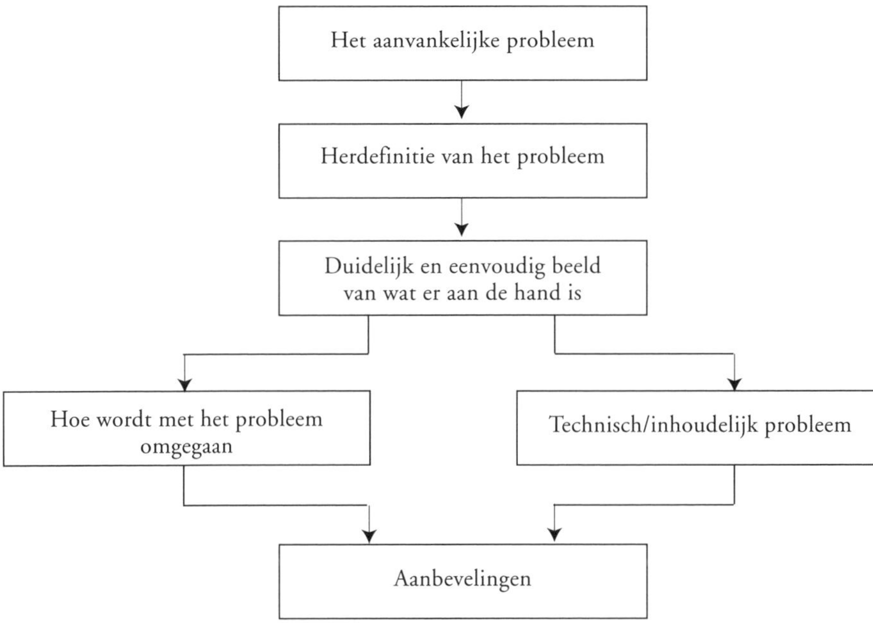


| | |
|---|---|
| De cliënt meldt u een.... | schijnbaar probleem. |
| U begint... | het probleem of de oorzaak van het probleem opnieuw te formuleren. |
| Uw doel is... | een duidelijk en eenvoudig beeld te krijgen van wat het probleem veroorzaakt en in stand houdt. |
| Dit duidelijke en eenvoudige beeld bevat een beschrijving van... | het technische of inhoudelijke probleem waarvoor de cliënt om hulp heeft gevraagd. |
| En ook een beschrijving van... | hoe met dat probleem wordt omgegaan – de houdingen van mensen, de stijl van de manager en de politieke aspecten van de situatie die het technische of inhoudelijke probleem beïnvloeden. |
| Deze beide beschrijvingen leiden tot... | aanbevelingen voor de technische/inhoudelijke oplossing van het probleem en een beleidsadvies. |

De eerste poging van de cliënt om de oorzaak van de moeilijkheden te beschrijven heet het *aanvankelijke probleem*. Als adviseur accepteer ik het aanvankelijke probleem nooit als het ware probleem zonder dat ik eerst zelf gegevens heb verzameld en geanalyseerd. Het aanvankelijke probleem en het ware (of onderliggende) probleem zijn gewoonlijk twee dingen. Omdat de lijnmanager begon met een onvolledige definitie van het probleem, zijn zijn pogingen het op te lossen niet helemaal gelukt. Een belangrijke bijdrage van de adviseur is dat hij die eerste formulering van het probleem voor de cliënt opnieuw verwoordt.

Hier volgt een voorbeeld van de wijze waarop aanvankelijke problemen opnieuw verwoord worden.

Een grote technische organisatie had moeite nieuwe werknemers langer dan twee of drie jaar vast te houden. De mensen begonnen met hun baan, kregen een opleiding, werkten een tijdje en vertrokken weer, toen ze net waardevolle werknemers begonnen te worden. De managers vroegen de eerste-lijn supervisors waarom de jongere mensen vertrokken. Volgens de supervisors waren er drie redenen.

1. Salarissen waren niet hoog genoeg om de kosten van levensonderhoud in deze streek te kunnen betalen.
2. Woonruimte was erg moeilijk te vinden. Appartementen waren schaars en de huizen die te koop stonden waren zo duur, dat een werknemer tien jaar moest sparen om genoeg te hebben voor de aanbetaling.
3. Jonge mensen willen tegenwoordig te veel te snel. Geen enkel bedrijf kan nog aan hun ambities en gevoel voor wat hun toekomt tegemoetkomen.

Het topmanagement accepteerde deze drie redenen als steekhoudend. Ze maakten een overzicht van de salarissen en brachten wat aanpassingen aan in de onkostenregelingen voor werknemers die nog maar kort in dienst waren. Ze creëerden ook een afdeling Huisvesting binnen Personeelszaken om mensen een appartement te helpen vinden en om samen met makelaars in onroerend goed op zoek te gaan naar redelijk geprijsde woonruimte in de omgeving. Ze organiseerden workshops over wat je van een carrière in het bedrijfsleven kunt verwachten. Deze oplossingen waren een goed antwoord op het aanvankelijke probleem van gebrek aan woonruimte, onrechtvaardige beloning en wat mensen voelen dat hun toekomt. Helaas was het personeelsverloop in de organisatie anderhalf jaar later niet gedaald, en binnen enkele afdelingen was het hoger.

Het topmanagement haalde de staf van de afdeling Scholing in het bedrijf erbij als interne adviseurs en vroeg hun om hulp bij het probleem. Allereerst ondervroegen de mensen van Scholing eerste-lijn supervisors en werknemers die nog maar kort in dienst waren. Uit deze vraaggesprekken kwam een andere verklaring naar voren voor het vertrek van mensen.

De werknemers vertelden:
1. Toen ze kwamen, werden ze op oriëntatiecursus gestuurd waarin ze blootgesteld werden aan de visie, missie en cultuur van het bedrijf.
2. Ze kregen pas een echte taak toen ze er bijna een jaar gewerkt hadden.
3. Ze kregen nooit concrete feedback van hun supervisors over hun functioneren. Hierdoor konden ze moeilijk weten komen waar ze aan moesten werken voor hun eigen ontwikkeling. Het liet hen ook in het ongewisse over hun vooruitzichten bij dit bedrijf.
4. De eerste-lijn supervisors stonden zo onder druk om het werk perfect in orde te krijgen, dat ze gewoon geen tijd hadden voor nieuwe werknemers.

De gesprekken brachten een heel andere oorzaak aan het licht voor het enorme personeelsverloop waarmee het bedrijf te kampen had. Het eigenlijke, aanvankelijke probleem was dat er mensen weggingen, en de redenen dat ze weggingen waren lage salarissen, gebrek aan woonruimte en onrealistische verwachtingen. Deze eerste formulering van het probleem leidde tot oplossingen in de vorm van onkostenregelingen en hulp bij huisvesting. De adviseurs kwamen tot een andere verklaring voor het probleem en herdefinieerden in wezen de oorzaak van het probleem – nieuwe werknemers kregen niet voldoende ondersteuning, aandacht, zinvolle taken en feedback.

Interessant genoeg verschoof de definitie van het probleem van een oorzaak waar niemand verantwoordelijkheid voor had naar een oorzaak waarbij de cliënt een speler was. Dit is de essentie van onderzoek: van de taal van onschuld (salaris, huisvesting en onrealistische verwachtingen – niet mijn fout) naar verantwoordelijkheid (hoe we ze binnenhalen en hun ervaringen structuren ligt in onze handen).

Toen het management eenmaal deze nieuwe definitie van het probleem had, konden ze er iets aan doen, wat ze dan ook deden. Ze begonnen aan een reeks programma's om te zorgen dat supervisors en nieuwe werknemers met elkaar overeenkwamen hoeveel tijd ze samen zouden doorbrengen, welke taken nieuwe werknemers zouden krijgen en wanneer ze feedback van hun supervisor zouden krijgen. Het management bood de supervisors ook de gelegenheid meer tijd te besteden aan nieuwe werknemers. Gedurende het jaar daarop stabiliseerde het personeelsverloop zich en in het tweede jaar begon het te dalen. De bijdrage van de adviseurs bestond uit het herdefiniëren van het aanvankelijke probleem en uit het presenteren van een duidelijk beeld aan de cliënt van de oorzaak van het probleem.

## Hoe met het probleem wordt omgegaan

Dit is een essentieel punt van aandacht bij actiegerichte gegevensverzameling – *hoe met het technische of inhoudelijke probleem wordt omgegaan.*

Adviseurs zijn zich doorgaans wel bewust van de managementstijl van de cliënt en de politiek van de situatie, maar ze zijn niet genegen er iets aan te doen als onderdeel van het advieswerk. We menen dat ons gevraagd is een inhoudelijke probleem op te lossen, niet commentaar te geven op de bestuurlijke organisatie. Het resultaat is dat we problemen hieromtrent meestal niet bij ons onderzoeksgebied betrekken. We negeren de 'menselijke' problemen echter niet helemaal, want dit zijn de dingen waarover we het meest praten met onze collega's en vrienden. De manier waarop met het probleem wordt omgegaan, wordt doorgaans besproken op het toilet, tussen vergaderingen in, na het werk bij het eten of een borrel, of tijdens pauzes overdag.

Soms zijn de managementproblemen nog interessanter dan de technische problemen. Maar er is een deel van ons (met steun van de cliënt) dat niet verzeild wil raken in de 'persoonlijke aspecten', 'politiek' of 'relaties'. Het is een vergissing om deze gebieden te mijden. De manier waarop met het probleem wordt omgegaan, heeft een sterke invloed op de manier waarop onze vakkennis gebruikt zal worden. We kunnen het niet echt helemaal vermijden, al is de cliënt eveneens de mening toegedaan dat we slechts technische adviseurs zijn. Technische/inhoudelijke problemen gaan bijna altijd gepaard met managementproblemen die van invloed zijn op de wijze waarop het technische/inhoudelijke probleem wordt opgelost.

Figuur 10 toont voorbeelden van typische 'managementproblemen' die zouden kunnen voorkomen in combinatie met technische/inhoudelijke problemen in de afzonderlijke disciplines en functies.

*Figuur 10. Het verschil tussen het technische/inhoudelijke probleem en de manier waarop met het probleem wordt omgegaan*

| | **Technische/inhoudelijke problemen** | **Hoe met het probleem wordt omgegaan** |
|---|---|---|
| *Financiën* | • Ontoereikende controleprocedures en -praktijk<br>• Te veel rapporten<br>• Te weinig rapporten | • Defensieve, wis-je-sporen-uit-omgeving<br>• Informatie en cijfers achterhouden<br>• Weinig mondelinge communicatie tussen groepen |
| *Personeelsbeleid* | • Verbetering van beleid en praktijk op het terrein van beloning, vergoedingen, werving, training<br>• Verbetering van algemene organisatie- en managementontwikkeling | • Elke manager is een deskundige wat personeel betreft.<br>• Personeelszaken is een groep met lage status en wordt dienovereenkomstig behandeld.<br>• Personeelsdeskundigen worden gebruikt als handlangers.<br>• Managers vrezen dat personeel een rol zal spelen in hun prestatiebeoordeling, dus zijn ze onwillig om personeel te vertrouwen en erbij te betrekken. |
| *Marketingonderzoek, productmanagement* | • Beleid inzake prijsstelling, promotie en verpakking<br>• Informatie over cliëntvoorkeuren en marktkenmerken | • Wantrouwen en afstand tussen Marketing en Verkoop.<br>• Strijd om macht.<br>• Marktonderzoek werkt als een black box. Rest van organisatie werkt op basis van hun eigen opvattingen, gelooft niet in de black box. |
| *Managementadvies en organisatie-ontwikkeling* | • Hoe moeten de houding van de mensen in een organisatie en algehele productiviteit van een organisatie verbeterd worden? | • Bepaalde individuen en groepen hebben heel veel invloed onder het huidige systeem. Verandering van de structuur zal het machtsevenwicht tussen groepen veranderen. |
| | • Nieuwe organisatiestructuur | • Een nieuwe structuur maakt duidelijk wie opklimt en wiens ster verdwijnt. |
| | • Nieuwe functies en verantwoordelijkheden | • Een erg autoritaire manager kan het niets schelen hoe mensen zich voelen. |

Dit is waar het op neerkomt: elke discipline of functie wordt geconfronteerd met technische en organisatieproblemen. Het aanvankelijke probleem betreft bijna altijd het technische/inhoudelijke probleem. Organisatieproblemen, of wat wij sociale systeemproblemen noemen, gaan over de wijze waarop met het technische/inhoudelijke probleem *wordt omgegaan.* U heeft de keuze is om de wijze waarop met het probleem wordt omgegaan direct of indirect aan te pakken.

Voor de interne adviseur is het riskanter om de organisatiekant aan te pakken. Cliënten kunnen u te verstaan geven dat ze u niet hebben uitgenodigd om commentaar te leveren op hun persoonlijke stijl of de politiek van de situatie. Wanneer u de organisatiekant niet aanpakt, worden uw technische aanbevelingen verkeerd overgebracht of slechts gedeeltelijk geïmplementeerd vanwege de problemen in de organisatie met communiceren, vertrouwen en besturen.

## Feilloos ontdekken

Om feilloos te adviseren moet u de organisatiekant van het probleem als een standaardonderdeel van uw advieswerk gaan aanpakken. Elke diagnose die u stelt moet ten minste één deel wijden aan de wijze waarop met het probleem wordt omgegaan. Dit deel van de diagnose hoeft niet meer dan een duidelijk en eenvoudig beeld te geven, het hoeft geen specifieke aanbevelingen te bevatten.

De angst om de cliënt te confronteren met de wijze waarop hij of zij met het probleem omgaat, is een angst die binnen in de adviseur zetelt. Lijnmanagers willen doorgaans feedback over hun functioneren en het kost hun moeite die te krijgen. Hun eigen ondergeschikten zijn onwillig om hun feedback te geven. U, de adviseur, bevindt zich in een positie die gemaakt is om feedback te geven. Het enige waar u op moet letten is dat u het op een ondersteunende en niet-bestraffende manier doet. (Hoofdstuk 14 geeft een leidraad voor geschikte feedbacktaal.)

Kortom, denk aan de volgende dingen tijdens de onderzoeksfase:

- Stel vragen over de persoonlijke rol van de cliënt in het veroorzaken of in stand houden van het aanvankelijke of eigenlijke probleem.
- Stel vragen over de rol van anderen in de organisatie in het veroorzaken of in stand houden van het schijnbare of eigenlijke probleem.
- Betrek uw cliënt bij het interpreteren van de verzamelde gegevens.
- Onderken de overeenkomst tussen de manier waarop de cliënt met *u* omging en de manier waarop de cliënt leiding geeft aan de eigen organisatie.
- Comprimeer de gegevens tot een beperkt aantal zaken.
- Gebruik taal die begrijpelijk is voor mensen buiten uw vakgebied.
- Maak onderscheid tussen het aanvankelijke probleem en het onderliggende probleem.
- Onthul en beschrijf zowel het technische probleem als de manier waarop ermee wordt omgegaan.

# 11 Organisatiebreed onderzoek

Het grootste gedeelte van dit hoofdstuk over onderzoek is geschreven vanuit het perspectief van een derde partij, waarbij de derde partij de adviseur, ingenieur, IT-specialist of ondersteunende medewerker is die gegevens verzamelt, analyseert en feedback geeft. Hoewel dit de verwachting is die de meeste cliënten van ons hebben, en het ook de manier is waarop wij van oudsher over de adviesrol dachten, is er een alternatief.

Het alternatief is om de hele organisatie van de cliënt veel rechtstreekser te betrekken bij het herdefiniëren van het probleem, het aangeven van wensen voor de toekomst, het schetsen van alternatieve plannen, en de besluitvorming over de aanpak. Dit is een organisatiebrede aanpak, of betrokkenenaanpak, en de methodologie heeft zich in de afgelopen twintig jaar ver ontwikkeld. Veel adviseurs hebben deze organisatiebrede aanpak overgenomen en brengen in die nieuwe rol mensen bij elkaar om gezamenlijk een nieuwe veranderingsstrategie te ontwikkelen. Het waardevolle van deze aanpak is dat diegenen die het onderzoek en de aanbevelingen doen, dezelfde mensen zijn die de veranderingen uiteindelijk zullen implementeren. Met andere woorden, mensen uit de hele organisatie zijn al vroeg bij het proces betrokken en zijn in elk stadium actief.

De naam 'organisatiebreed' is echter licht misleidend, omdat niet letterlijk de hele organisatie betrokken is. Vertegenwoordigers van alle onderdelen van de organisatie kunnen wel bij elkaar komen in een kamer, maar niet echt iedereen. Dat betekent dat in ieder geval een dwarsdoorsnede van de mensen die met de aanbevelingen gaan werken een belangrijke rol speelt bij het opstellen van deze aanbevelingen. Het veranderingsproces is daardoor meer zelfsturend dan bij een derde-partij-aanpak.

Een ander belangrijk aspect van de organisatiebrede aanpak is dat het de hele organisatie in ogenschouw neemt, niet alleen de verschillende onderdelen. Er is een dwarsdoorsnede van mensen bij betrokken die de hele organisatie veel eerder en rechtstreekser benadert dan een derde-partij-aanpak. Een organisatiebrede of betrokkenenbenadering betrekt hele afdelingen bij een bespreking van de actuele situatie en bekijkt samen hoe die verbeterd kan worden.

Iedere strategie – derde partij of organisatiebreed – heeft haar eigen voordelen en nadelen, en die wil ik hier kort schetsen. Onthoud terwijl u leest dat het doel van elk advies is om activiteit te katalyseren, niet alleen om een juiste inschatting te maken.

## Advies van een derde partij

De meest traditionele aanpak van een derde partij omvat slechts één adviseur die de situatie bestudeert en aanbevelingen ter verbetering doet. Die adviseur kan van binnen de organisatie komen of een buitenstaander zijn. Soms is de derde partij een team met mensen van binnen de organisatie, dat is belast met de taak om suggesties te doen. Deze groepen worden vaak *ontwerpteams* genoemd en tellen tussen de tien en vijftig mensen die bijvoorbeeld een half jaar hebben om aan het project te werken; daarna moeten ze komen met suggesties die het bestuur kan onderschrijven en implementeren. Zelfs al omvat het ontwerpteam meer mensen dan de traditionele aanpak met maar één adviseur en komen de leden uit de organisatie zelf, dan vertegenwoordigt het nog steeds een derde-partij-strategie. In alle gevallen waarin een individu of een groep een oplossing bedenkt voor een ander, gaat het om de benadering van een derde partij.

De gedachte achter het inschakelen van een derde partij is dat adviseurs en ontwerpteams over speciale vakkennis beschikken en buiten de organisatie in kwestie staan, zelfs al is dat maar tijdelijk. Dat zou moeten leiden tot een zekere objectiviteit en de bereidheid om moeilijke kwesties aan te pakken die mensen binnen de organisatie misschien niet onder ogen kunnen of willen zien. Daarnaast kan het zo zijn dat een derde partij mogelijkheden ziet die mensen die dichter bij het probleem staan over het hoofd hadden gezien. Het combineren van een ontwerpteam met een externe adviseur heeft als bijkomend voordeel dat er specifieke en gedegen kennis van het probleem kan worden toegepast. De onderliggende gedachte is dat een adviseur, met voldoende tijd voor analyse en beschouwing, in samenwerking met het ontwerpteam dat is samengesteld uit leden van de organisatie die goed bekend zijn met het werk, meer praktische en slagvaardige aanbevelingen kan doen dan wanneer hij alleen zou werken.

De kracht van elke derde-partij-strategie ligt in de objectiviteit. Een derde partij biedt een onafhankelijk perspectief, een invalshoek die geen vast deel uitmaakt van de bedrijfscultuur, waardoor hij de dingen op een nieuwe manier kan bekijken. Als het zo makkelijk is om in anderen dingen te zien die we bij onszelf over het hoofd zien, waarom zouden we dan niet een derde partij inschakelen om ons te helpen onszelf te zien? Het gebruik van de derde partij heeft de ondersteuning van het management als voordeel, en de unieke energie en prikkel tot verbetering die daaruit voort kan komen. Als het management de verandering bekrachtigt, haar misschien ook zelf vormgeeft, dan zijn we op de goede weg om de verandering te laten plaatsvinden.

De beperking van de hulp van een derde partij is gelegen in de scheiding tussen het onderzoeken en het uitvoeren. Aanbevelingen van derden moeten worden verkocht aan het management, en het management moet de ideeën dan weer opleggen of verkopen aan de werknemers. Maar het verkoopproces zelf is gebaseerd op verkeerde vooronderstellingen: er wordt aangenomen dat er een juiste oplossing bestaat voor het probleem, dat de adviseur of het ontwerpteam weet wat het juiste antwoord is, en dat de lijnorganisatie op aloude technische wijze overtuigd kan (en moet) worden om die oplossing te accepteren en ernaar te handelen.

In sommige gevallen, vooral wanneer het probleem van zuiver technische aard is, kan er een juiste oplossing bestaan, die op haar eigen kracht kan worden aangenomen en geïmplementeerd. In de meeste gevallen is dit echter een naïeve manier van denken. Wanneer er sprake is van kwesties als management- of werknemercommitment, van het ontwikkelen van nieuwe vaardigheden of nieuwe verhoudingen binnen de organisatie, dan resulteert het technische of medische model in het beste geval slechts in een bescheiden verandering. In het slechtste geval wordt er niet naar het advies gehandeld, zelfs al is de oplossing van de derde partij de juiste en geniet deze de volledige steun van het management.

## Organisatiebrede benadering

Soms kunnen de mensen die met de verandering te maken zullen krijgen al meewerken in het proces van onderzoek, aanbeveling, besluitvorming en implementatie. Dat is de organisatiebrede benadering, waarbij alle partijen die deelhebben aan de verandering het proces uit eigen naam doorlopen.

De kern van een onderzoek door de hele organisatie is om iedereen tegelijk in dezelfde kamer bij elkaar te brengen. Dat versterkt het gemeenschapsgevoel van een organisatie en zorgt ervoor dat mensen met dezelfde informatie aan de slag gaan – een soort gemeenschappelijke database. Iedereen hoort wat er wordt gezegd en daardoor worden de problemen vermeden die spelen wanneer een paar mensen bepalen wat het beste is voor een grote groep.

Het grootste voordeel is dat het niet nodig is om de voorgestelde maatregelen aan iemand te verkopen, vooral niet aan de laagste niveaus van de organisatie. Wanneer het doel is commitment bij een pakket veranderingen tot stand te brengen, is verkopen de slechtste manier om dat te bereiken. Mensen zullen zich verzetten tegen opgelegde veranderingen, hoe ernstig de situatie ook is.

De kracht van de organisatiebrede aanpak ligt niet zozeer in de steun van het management, maar in de grote inspraak en engagement van de hele organisatie. De organisatiebrede benadering kan niet plaatshebben zonder de ondersteuning van het management, want zij zijn ook in de kamer, maar het is niet zo sterk afhankelijk van die ondersteuning. Deze benadering steunt op gezamenlijke kennis, een gezamenlijk doel, en de commitment die ontstaat wanneer men voor zichzelf kan beslissen.

'Organisatiebreed' betekent dat er vertegenwoordigers van alle delen van de organisatie bijeenkomen, maar niet letterlijk iedereen die deel uitmaakt van de organisatie van de klant. Op die manier speelt een ruime doorsnede van hen die met de aanbevelingen aan het werk zullen gaan in ieder geval een belangrijke rol in het opstellen van die aanbevelingen. Het veranderingsproces wordt daarmee meer zelfsturend dan bij een derde-partij-aanpak.

Als de hele organisatie daarentegen wel letterlijk in één kamer past, en het werk van de organisatie het toelaat, breng dan iedereen bij elkaar in die kamer. U hoeft dan geen brug meer te bouwen tussen de doorsnede van mensen in de kamer en diegenen die er niet bij waren.

## De keuze is aan u

De meerwaarde van een organisatiebrede werkwijze is dat die hele afdelingen betrekt bij het evalueren van hun huidige stand van zaken en de plannen om die te verbeteren. Bij het bepalen van de adviesstrategie zult u dus een keuze moeten maken. Geeft u de voorkeur aan de speciale vakkennis en onpartijdigheid van een adviseur, dan zal dat leiden tot een derde-partij-aanpak. Geeft u de voorkeur aan commitment bij de implementatie, dan komt u misschien eerder terecht bij een organisatiebrede aanpak.

Dit zijn enkele punten van overweging:

### Derde partij

- Onpartijdige waarnemer. Geen belang bij de oplossing.
- Bredere visie. Heeft vele organisaties en manieren om het probleem te benaderen gezien.
- Heeft specialistische vakkennis die binnen de organisatie niet beschikbaar is.
- Een eenvoudige besluitvorming. Het management heeft meer invloed op het besluit.
- Is geloofwaardiger omdat hij een buitenstaander is.

### Organisatiebreed

- Het besluitvormingsproces zorgt voor grotere commitment bij de implementatie.
- Degenen die de besluiten nemen, zijn ook degenen die ze moeten uitvoeren.
- Meer specifieke kennis. Mensen zijn goed bekend met de situatie.
- Meer realisme. Mensen weten wat mogelijk is, wat er kan.
- Het leren blijft binnen de organisatie.

## Beginnen met organisatiebreed onderzoek

Er zijn veel verschillende namen voor de methode om een grote groep mensen bij elkaar te brengen om de situatie te bekijken, een toekomst uit te stippelen en te praten over maatregelen. Omdat het kan zijn dat met honderden mensen in een zaal wordt gewerkt, wordt het vaak de 'grote-groepenmethode' genoemd. Andere benamingen zijn afgeleid van de betrokkenheid die eruit voortvloeit, bijvoorbeeld de benadering van 'grote interactie'. Omdat het een werkwijze betreft die probeert alle spelers in één keer te omvatten kan het ook de 'grootschalige' methode genoemd worden. De naam is eigenlijk niet van belang, zolang die maar een idee geeft van de bedoeling van organisatiebrede methoden.

### Organisatiebreed

Het aantal mensen wordt voornamelijk bepaald door de grootte van de zaal. De vergaderingen duren meestal twee of drie achtereenvolgende dagen. De bijeenkomst van de grote groep wordt over het algemeen gepland door het ontwerpteam, daarbij geholpen door een adviseur. Het ontwerpteam houdt zich voornamelijk bezig met het proces, en doet geen uitspraken over het probleem of mogelijke oplossingen. Zij concentreren zich op vragen over wie er moet worden uitgenodigd, wat geschikte aandachtspunten zijn voor de bijeenkomst(en), hoe de logistiek moet worden afgehandeld en de activiteiten moeten worden opgezet. Er zijn goede boeken die gedetailleerd beschrijven hoe dit in zijn werk gaat, boeken van Kathie Dannemiller, Marvin Weisbord, Sandra Janoff, Billie Alban, Barbara Bunker, Dick en Emily Axelrod, Harrison Owen en Juanita Brown.

Het bijzondere aan de organisatiebrede werkwijze is dat die vertrouwen stelt in het vermogen van mensen om hun eigen problemen te benoemen en manieren te vinden om die aan te pakken. Een organisatiebrede aanpak stelt dat er geen buitenstaander of speciaal team van ingewijden hoeft te komen om te vertellen wat er moet gebeuren. Als er genoeg vertrouwen gecreëerd wordt, en als iedereen eerlijk met elkaar omgaat, heeft elke afdeling het vermogen om de noodzakelijke veranderingen door te voeren.

## Vertrouw op het proces

Om deze benadering goed te laten werken, moeten adviseur en cliënt een deel van hun invloed loslaten en een onvoorspelbare weg inslaan, een weg die heel anders is dan de manier waarop de organisatie normaal gesproken te werk gaat en die waarschijnlijk niet is ontworpen op comfort. Dit zijn de voorwaarden waaraan voldaan moet worden:

*Er moet volledige doorzichtigheid zijn.* Het management moet bereid zijn om de groep op de hoogte te brengen van alles wat bekend is over de huidige situatie.

Daarbij horen financiële informatie, de voortgang van belangrijke doelstellingen, fouten die mogelijk zijn opgetreden, en in hoeverre de organisatie tegemoet komt aan de toezeggingen aan haar belangrijkste klanten. Als het management veranderingen in structuur of functies overweegt, moeten de feiten op tafel worden gelegd, ook al kan dit ongerustheid veroorzaken.

*Het management doet mee als volledige deelnemer.* De sessie wordt geleid door het ontwerpteam en de adviseur. Elke manager is er één onder vele. De ideeën van het management tellen niet zwaarder dan die van iemand anders. Hoewel het management kan besluiten om een gedeeltelijk vetorecht te behouden, zal het moeilijk zijn dat te gebruiken zonder gevoelens van manipulatie op te wekken. Dit model werkt alleen wanneer het management bereid is zich over te geven aan datgene wat ze aan anderen voorschrijft.

*De groepen moeten een dwarsdoorsnede vormen van de hele organisatie.* Dat betekent dat ondersteunend personeel en elk niveau van bestuurder tot medewerker op de werkvloer aanwezig moeten zijn, zelfs werknemers van andere afdelingen die een sterke band met de organisatie onderhouden.

*Verschillen in status, macht, titel en functie verdwijnen tijdens de procedure.* Er is een egaal speelveld en iedereen werkt mee als gelijken. Elk team vertegenwoordigt in de sessie verschillende niveaus en functies. De deelnemers moeten bereid zijn sociale en organisatorische barrières te nemen.

*Werknemers moeten klaar staan om hun mening te laten horen.* Ze zullen hun voorzichtigheid en cynisme een paar dagen moeten opschorten. Ze hoeven het niet voor altijd af te zweren, maar de vergadering is niet bedoeld als een forum voor klacht en antwoord; het is een samenwerkingsverband waar iedereen antwoorden en vragen heeft.

*Als werknemers besluiten niet mee te doen, verspelen zij daarmee hun recht om te klagen of gehoord te worden.* Ze kunnen niet achteraf klagen dat ze geen deel hadden aan de besluitvorming. Burgerrechten worden vergaard met de keus om mee te doen.

*De nadruk moet liggen op de toekomst en wat de groep met elkaar wil verwezenlijken.* Er kan een discussie plaatsvinden over obstakels en de huidige situatie, maar de strategie is om het meer te hebben over wat we morgen willen verwezenlijken, dan over hoe we de situatie vandaag kunnen verbeteren.

*De sessie eindigt met een overeenkomst over de volgende stappen en wie daaraan gaat werken.* Het management en de werknemers moeten bereid zijn om stappen te laten volgen op deze sessie. Iedereen levert een beetje invloed in.

*Adviseurs geven hun rol als expert op.* We analyseren niet langer de gegevens, doen geen aanbevelingen en geven geen nazorg. Onze rol is om mensen te begeleiden in een verzameling stappen die zeer veel medezeggenschap met zich meebrengen. We zijn minder het middelpunt, minder zichtbaar en minder in staat om een bepaalde oplossing aan te bevelen.

Elk van deze voorwaarden stuurt de organisatie in een egalitaire, zelfsturende richting. Dat is de kracht van deze methode, maar ook zijn beperking. Managers kunnen zich wanneer dit proces van gedeelde macht in beweging is gezet, niet meer terugtrekken wanneer zij twijfelen of nerveus worden.

## Het resultaat

Ik heb u kennis laten maken met de organisatiebrede benadering, omdat ik u wilde uitleggen waarom deze methode belangrijk is, en hoe het de rol van de adviseur verandert. Maar ik moet toegeven dat ik ook een zekere voorkeur heb voor het gebruik van de organisatiebrede methode waar dat maar mogelijk is.

Als de omstandigheden goed zijn, heeft zij grote voordelen boven de derde-partij-aanpak, omdat zij de organisatie de mogelijkheden geeft om zichzelf in de toekomst te besturen. Het geeft de adviseur ook een onderwijzende rol, we moeten werken aan onze bekwaamheid om leerervaringen voor anderen te ontwerpen. Verder vraagt het van ons dat we onze vaardigheden uitbreiden op het gebied van vergaderen en het bijeenbrengen van mensen, het aanmoedigen van die mensen om hun huidige realiteit te onderzoeken en zich hun toekomst voor te stellen, en hen hun vrijheid en verantwoordelijkheid door interactieve bezigheden onder ogen te laten zien, in plaats van door een meer traditionele, confronterende methode.

# 12 Talenten, capaciteiten en mogelijkheden ontdekken

In de tweede herziening van dit boek tien jaar geleden zijn de organisatiebrede benaderingen, die in hoofdstuk 11 beschreven stonden, toegevoegd aan de gegevensverzamelingsfase. De toenemende aandacht voor het bekijken van de talenten, capaciteiten en mogelijkheden van een systeem is sindsdien de meest interessante nieuwe ontwikkeling geweest. Deze aanpak wordt gebruikt naast – en soms in plaats van – het kijken naar problemen en hun oorzaken en oplossingen.

Zoals al eerder gezegd, worden hier verschillende benamingen voor gebruikt: Asset Based Community Development, Positive Deviance, Positive Psychology, Appreciative Inquiry, Future Search, enzovoort. Elk van deze is gestoeld op de aanname dat kijken naar wat we van ons verleden willen behouden, wat op dat moment in ons systeem werkt of wat een systeem van de toekomst verlangt, een krachtige manier is om commitment en duurzaamheid in een advies- of veranderingsproces te verwerken.

Het aanvaarden van dit perspectief of wereldbeeld is een manier om een aantal tekortkomingen van de probleemgerichte focus te compenseren. Zodra u iets een probleem noemt, is er sprake van iets dat niet goed is en gerepareerd moet worden. Hoe zorgvuldig u ook opereert, het is dan moeilijk te vermijden dat anderen denken dat *zij* misschien niet goed zijn en gerepareerd moeten worden.

De analytische probleembenadering heeft ook de neiging zich te richten op wat we tot dusver hebben gedaan. Het vraag om een overzicht van problemen, van hoe we in deze situatie zijn beland, van wat de oorzaken zijn en van wat eraan gedaan kan worden. Het impliceert dat als we het verleden begrijpen en de weg die we tot dusver hebben afgelegd, er voldoende aanwijzingen zijn voor een alternatieve toekomst. In veel gevallen loopt het niet zo soepel.

Als we ons op problemen richten, gebeurt het ook te gemakkelijk dat we menen anderen te moeten overtuigen van de noodzaak van een nieuwe toekomst. Je toevlucht nemen tot dramatisering om de noodzaak van een verandering te onderstrepen, wordt vaak 'een doembeeld schetsen' genoemd. Het overtuigen kan op zichzelf al tot verzet leiden. Overtuigen roept vaak net zo veel verzet op als commitment.

Ten slotte is de probleemfocus vaak rationeler en formalistischer, wat de grote kracht is. Aan de andere kant maakt de nadruk op logica – die ons met de voeten op de grond houdt – het lastiger om de harten van mensen voor je te winnen.

Geen van deze vormt een bezwaar tegen de focus op problemen oplossen; ze vormen slechts een voorbode voor het idee dat er bepaalde situaties zijn waarin het logischer zou zijn om ons te richten op mogelijkheden en capaciteiten. Dat is waar we even bij willen stilstaan.

## Als alle mogelijkheden uitgeput zijn

De meest voor de hand liggende omstandigheid voor een op mogelijkheden en sterke punten gerichte aanpak is als het traditionele model voor het oplossen van problemen keer op keer zonder succes is ingezet. Dat is vaak het geval bij hardnekkige problemen. Problemen als langdurig laag moreel, slechte bedrijfsresultaten en kwaliteitskwesties, die niet overgaan. In een breder perspectief zijn armoede, misdaad, ziekte en infecties voorbeelden van zorgen waar meer oplossingen, meer vormen van aanpak en meer middelen weinig echte verandering hebben gebracht.

Als de omstandigheden hardnekkig zijn, is er voor een alternatieve toekomst vaak een omslag in het sociale systeem nodig. Technologische oplossingen doen het vaak slecht als de verbetering afhankelijk is van een verandering in cultuur, traditionele opvattingen of menselijke gewoonten. Neem de onderwijshervorming, waar we later nog uitgebreid op terugkomen. Jarenlang hebben we in het openbaar onderwijs geprobeerd om *best practices* te implementeren, de afstudeereisen voor docenten te verhogen, klassen kleiner te maken, betere leiderschap te stimuleren en collegiale toetsing in te voeren. Al deze maatregelen zijn redelijk: ze zijn logisch en met succes op sommige plekken toegepast. Toch blijft het probleem van scholen waar kinderen niet leren bestaan en wordt de roep om hervorming alleen maar luider. Deze veranderingsstrategieën voor scholen zijn vooral gericht op tekortkomingen en behoeften. Ze kijken naar wat niet goed is en stellen oplossingen voor om het beter te maken.

Dat is wellicht een indicatie dat er voor echte doorbraken meer nodig is dan slechts een technische oplossing of betere probleemdefinities en oplossingen. Voor verbeteringen op een school en in het leren van kinderen is een omslag nodig in het sociale systeem rond kinderen. Daar is een andere denkrichting voor nodig, en een zoektocht naar een fundamentelere omslag in de manier van zaken doen. Dat wordt uitgebreider behandeld in hoofdstuk 18.

Er zijn andere gebieden te bedenken waar het oplossen van problemen aan zijn grenzen zit. Neem de gezondheidszorg, dat later in dit hoofdstuk aan bod komt. De discussie over de gezondheidszorg gaat eigenlijk over ziekenzorg, toegankelijkheid en kosten.

Of neem onze zorgen over 'risicojongeren'. Zo noemen we kinderen die voortijdig de middelbare school verlaten. Traditioneel zien we hen als 'probleemkinderen'. In organisaties hebben we het over slecht presterenden of probleemmedewerkers en met welke programma's we hen weer 'aan boord' kunnen krijgen.

Deze taal en focus op tekortkomingen van mensen en systemen zijn wellicht onderdeel van waarom oplossingen zo lastig te vinden zijn.

Het alternatief is om ons te richten op de talenten en capaciteiten van een sociaal systeem en de mensen in dat systeem. Hoe maken we bijvoorbeeld in het geval van het onderwijs de omslag in onze aandacht voor de prestaties van de leraar naar de leercapaciteit van de student? Hoe maken we in het geval van de gezondheidszorg een omslag van de dokter die voorschrijft en behandelt naar de volledige participatie van de patiënt, de familieleden, de sociaal werker, laboranten, verpleegkundigen en anderen die bij de patiënt betrokken zijn in de discussie over genezing?

Hoe maken we in het geval van onze jeugd in de discussie de omslag van wat ze niet mogen naar wat ze willen doen? Welke talenten hebben ze die niet aangesproken worden? Wat doen ze goed? Stel je voor dat we als maatschappij het doel hadden om elke achttienjarige te laten ontdekken waar hij of zij goed in is?

## De kracht van Positive Deviance

Om dit wat concreter te maken, wil ik het hebben over de krachtigste talentgerichte benadering, waar steeds meer belangstelling voor is. Enigszins ongemakkelijk wordt het *Positive Deviance* genoemd.

Positive Deviance is een proces dat door Monique en Jerry Sternin in Vietnamese dorpen werd ontwikkeld om ondervoeding bij kinderen aan te pakken. Er zijn problemen mee opgelost die als onoplosbaar werden beschouwd met traditionele middelen, zoals vrouwenbesnijdenis in Egypte en MRSA-besmetting in ziekenhuizen.[6]

De Sternins ontdekten, samen met hun compagnon Richard Pascale, dat focussen op de ingegraven, langdurige problemen zelf slechts marginale verbeteringen opleverde. Alle educatieprojecten, workshops, subsidies, benchmarks en interventies in de wereld hadden niets gedaan aan de ingesleten dagelijkse praktijken die teleurstellende feiten als ondervoede kinderen in Vietnamese dorpen en infecties in ziekenhuizen in stand hielden.

Dit is waar hun aanpak op neerkomt:

1. Ze zijn geïnteresseerd in het opsporen van uitzonderingen op de gangbare manier van denken en doen. Ze noemen dit "zichtbare uitzonderingen vinden". In hun woorden: "Focus op de succesvolle uitzonderingen, niet op de falende normen." Ze vroegen: "Zijn er ook gezonde kinderen in dit dorp?" Elke andere

groep had de ondervoede kinderen onderzocht en geprobeerd om de *best practices* van elders te implementeren.

2. Ze geloven dat we uit moeten gaan van de aanname dat ten minste één persoon in een gemeenschap het probleem waar anderen zich het hoofd over breken al heeft opgelost, met dezelfde middelen waar iedereen over beschikt.

3. Ze werken uitsluitend met uitnodigingen. Ze nodigen zoveel mogelijk mensen die zich bij het probleem betrokken voelen uit voor een bijeenkomst. Ze laten het proces zien dat ze elders hebben toegepast, beantwoorden vragen en nodigen vervolgens iedereen die in het proces geïnteresseerd is uit voor een bijeenkomst de volgende dag. Ze werken alleen met de mensen die de twee keer komen. Machtigingen zijn niet toegestaan.

4. Vervolgens dragen ze deze vrijwilligers op om in de gemeenschap naar 'positieve uitzonderingen' te gaan zoeken. Dat zijn mensen die iets ontdekt hebben en tegen de heersende opvattingen in zijn gegaan. Vaak zijn zij zich niet eens bewust van wat zij weten. Daarom moeten ze geobserveerd worden, en niet geïnterviewd.

5. Toen ze voorbeelden van positieve uitzonderingen hadden gevonden, werden de Sternins pas echt radicaal. Ze beseften dat dit het punt was waar de meeste veranderingen mislukten: "Precies op het moment waarop we ons nu bevonden, traden alle mislukkingen op – het moment waarop de oplossing (d.w.z. de 'waarheid') gevonden werd. De volgende, bijna wederkerende stap was om naar buiten te treden en de boodschap te verspreiden: mensen onderwijzen, toespreken, opleiden ... We beseften dat mislukkingen zich voordeden omdat we ons gedroegen alsof mensen ook iets 'doen' als ze iets 'weten'." Ze hebben het over de beperking van waar we aan gewend zijn, de "op problemen en oplossingen gerichte" aanpak.

6. Hun strategie was om te vertrouwen op de onderwijs- en leercapaciteiten van de gemiddelde gemeenschapsleden. De gemeenschapsleden besloten dus welke aanpak zou werken. Samen ontwierpen ze structuren waarin gemeenschapsleden deelden, demonstreerden en anderen hielpen toepassen van wat zij, de gemeenschap, wisten. In het geval van de dorpskinderen "brachten moeders en verzorgers hun ondervoede kinderen enkele uren per dag naar het huis van de buren. Samen met een medische vrijwilliger bereidden ze een voedzame aanvullende maaltijd voor hun kinderen". Deze strategie ging uit van het inzicht en de gulheid van dorpelingen. Het betekende ook dat doen wat werkt krachtiger was dan horen of zien wat werkt.

7. Ten slotte moesten ze iets vinden op de behoefte om de resultaten te evalueren. De meeste sociaal-wetenschappelijke evaluaties gaan ervan uit dat om "objecti-

viteit" te kunnen garanderen een derde partij noodzakelijk is. De Sternins wierven gemeenschapsleden zelf om de vooruitgang van het project te meten. "Elke medische vrijwilliger had haar eigen logboek met uitvouwbladzijden, waarmee ze het gewicht en de gezondheidsstatus van elk kind in haar gehucht kon bijhouden en volgen op de langere termijn". Na een aantal maanden "had iedereen een kind, familielid of buurkind dat meedraaide in het programma".

## De lessen voor adviseren

Er zijn veel lessen te trekken uit de aanpak van Positive Deviance die raken aan onze interesse in het gegevensverzamelingsproces in advieswerk. Om te beginnen zijn er manieren om de afhankelijkheid van adviseurs of ondersteunende personen voor het antwoord te verminderen. We kunnen bij het begin vastleggen dat we mensen in het systeem zullen betrekken in de zoektocht naar oplossingen. We kunnen het engagement net zo veel aandacht schenken als de oplossing. We kunnen ook afspreken dat we een aanpak willen die door de huidige mensen in het systeem gemeten en geïmplementeerd kan worden.

Ten tweede kunnen we ervoor kiezen om ons te richten op de al in de gemeenschap aanwezige oplossingen, ook al zijn die zeldzaam en niet algemeen geaccepteerd. Dit doet recht aan de talenten en kwaliteiten van organisatieleden, die de Sternins als "zichtbaar onzichtbaar" betitelen. Als adviseurs en ondersteunende professionals kunnen we beslissen te contracteren op het ontdekken van wat werkt, en wie in het cliëntsysteem iets heeft ontdekt. Het is onze keuze om deze weg in te slaan, zelfs als de cliënt of de gemeenschap probleemgericht is – wat meestal het geval is.

De op talenten gebaseerde strategieën werken vrijwel altijd op basis van uitnodiging. Zelfs met de steun van het hoger management en hun vermogen om een proces verplicht te stellen, is het beter om met een kleinere groep te werken die geïnteresseerd is, dan met strategisch geplaatste en 'opgeblazen' mensen die meer uit verplichting dan uit interesse handelen.

Wat ten slotte zo aanspreekt in het denken van Positive Deviance is dat de Sternins zich diepgaand hebben gecommitteerd aan echte samenwerking met degenen die zij tot dienst willen zijn. Eindeloos en zorgvuldig luisteren is hun devies. Ze bieden geen oplossingen anders dan een aantal methodologische principes. Ze zijn net zozeer student als leraar, op elk moment en bij elk project.

## Een voorbeeld van wat werkt

Tot dusver heeft dit boek een methodologie en een manier van denken behandeld voor hoe je verschil kunt maken als je geen directe sturing hebt. Ik wil nu de beschrijving van die methodologie onderbreken met een voorbeeld van hoe die ideeën in de praktijk uitpakken. De kernboodschap van de methodologie is dat invloed niet voortkomt uit een paternalistische wereldbenadering, maar uit samenwerking.

Van samenwerking zou je kunnen zeggen dat het kernelementen heeft:
- het vermogen goed te contracteren en helder te kunnen zijn over je eigen behoeften en die van anderen;
- de bereidheid om te onderzoeken en te ontdekken door echt te luisteren;
- het geloof dat antwoorden en de beslissing tot actie over te gaan uiteindelijk liggen bij hen die met vragen bij ons komen, ongeacht hoeveel expertise wij hebben of zij zoeken.

Dr. Paul Uhlig, een vriend en collega, gebruikt in zijn werk al jarenlang een op samenwerking gerichte adviesaanpak om deze advieselementen heel concreet en specifiek te maken. Ik vind zijn werk geschikt als voorbeeld, omdat het uit een gebied komt dat ons allemaal aangaat: de gezondheidszorg. Dit kan worden gezien als een weinig geschikte plek voor samenwerking en een adviserende houding.

## Gezondheidszorghervorming in de praktijk

De gezondheidszorg, geen enkel ander vakgebied heeft een autoritairder, alwetende rol voortgebracht, namelijk die van de arts. We mogen dan elk aspect van ons leven in eigen hand hebben; het vervliegt als we de kamer van de arts binnenlopen. Het hele idee van diagnose, behandeling en weten wat voor anderen het beste is, komt hier vandaan. Het is een heilige plaats geworden, waar ons leven op het spel kan komen te staan en we het vaak uit handen geven.

Ondanks haar verheven maatschappelijke status brandt de gezondheidszorg van verlangen om te hervormen. We vinden de zorg te duur en de toegang ertoe onrechtvaardig. Sommigen vinden dat er te veel gemanaged wordt en bedrijven er de dienst uitmaken. Anderen zijn bezorgd over de kwaliteit, de patiëntveiligheid en het gebrek aan bewijs voor bepaalde procedures en behandelingen.

Wat opvalt in het debat over de hervorming van de gezondheidszorg, de kosten, de toegang, het management, de veiligheid en de kwaliteit is dat de discussie vooral over ziekte, behoeften en tekortkomingen gaat – en niet over hoe gezondheid tot stand komt. We denken dat betere gezondheid gekocht kan worden door betere kostenbeheersing, geavanceerde biochemie en verbeterde technologie en procedures. Dat komt neer op meer van hetzelfde, maar dan met meer inzet.

Wat niet aan bod komt in de hervormingsdiscussie is de erkenning dat hervorming voortkomt uit het herdefiniëren van relaties, in het bijzonder de relatie tussen dokter en patiënt en alle andere mensen om hen heen. We nemen de autoritaire positie van de arts en de afhankelijke rol van de patiënt voor kennisgeving aan. Het gevolg is dat de discussie over gezondheidszorghervorming hoofdzakelijk is georiënteerd op de rol van de expert.

Het zou makkelijk zijn om dit te accepteren als onvermijdelijk en hoe de gezondheidszorg nu eenmaal werkt. Niettemin zijn er plekken waar zich een omslag in oriëntatie voordoet en waar echte hervorming plaatsvindt. Dat geeft ons een voorbeeld van hoe de in dit boek beschreven herdefiniëring van de contracterings-, ontdekkings- en feedbackprocessen een groot verschil kan maken.

### Het sociale contract herzien

Iemand die zo'n omslag in het contract tussen arts en patiënt heeft bedacht en geïnitieerd is Paul Uhlig, een hartchirurg die werkt in Wichita, Texas. Zo begint Paul zijn verhaal in een brief aan mij:

> *Dit is de paradox: een hartchirurg die werkt op basis van invloed in plaats van autoriteit. Er zijn weinig vakgebieden die we zo sterk met autoriteit associëren als hartchirurgie. Voor wat wij proberen te bereiken, is het niettemin essentieel geweest om autoriteit achter ons te laten en de uitdaging aan te gaan van werken op basis van relaties, precedenten en invloed.*

Paul is geïnteresseerd in gezondheidszorghervorming, maar voor hem heeft hervorming weinig te maken met voorschriften, kostenbeheersing en regulering. Hij is geïnteresseerd in het heruitvinden van de gezondheidszorg door zich het ware doel te herinneren.

> *Het werk dat wij doen kreeg tien jaar geleden vorm door een vraag die mij en mijn teamleden vaak gesteld werd door patiënten en familieleden. De vraag was: "Praten jullie nooit met elkaar?"*
>
> *Natuurlijk praatten we met elkaar. We werkten elke dag samen in de operatiekamer, op de IC en andere plekken. We schreven elkaar notities, piepten elkaar op en hielden spontaan overleg op de gang, in wachtkamers en in de kantine. Ondanks al die gesprekken hadden patiënten, familieleden en de chirurgen zelf het frustrerende gevoel dat we vaak niet op dezelfde golflengte zaten.*

Praten jullie nooit met elkaar? Deze vraag bood belangrijke inzichten in een vraagstuk waar Paul zich al jaren mee bezighield: de toestand van gezondheidszorg zelf. Hoe was het mogelijk dat zoveel hoogopgeleide mensen zo hard werkten om goede zorg te leveren en dat het uiteindelijke resultaat – oplopende kosten, kwaliteitsverschillen en ontoegankelijkheid – ons zo vervreemd en ontmoedigd achterliet in plaats van gewaardeerd en tevreden? Paul en zijn collega's begonnen in te zien dat de simpele vraag "Praten jullie nooit met elkaar?" een perspectief op deze uitdagingen bood.

Paul en zijn team besloten dat ze de manier waarop ze samenwerkten zouden veranderen, met als doel die vraag overbodig te maken. Wat ze feitelijk besloten was om hun onderlinge sociale contract te herzien. Ze geloofden dat verzorgers, patiënten en familieleden door nieuwe samenwerkingsvormen beter geïnformeerd en verbonden zouden kunnen worden en op dezelfde golflengte komen. Als dat gebeurde, zou ook wel eens kunnen blijken dat de kosten, kwaliteit, toegankelijkheid en patiënt- en verzorgertevredenheid verbeterd waren. Dat is de kracht van het contract.

Een van de dingen die ze invoerden was een wekelijkse bespreking voor iedereen die geïnteresseerd was in de zorg voor hartpatiënten. Het lijkt misschien vreemd dat zo'n bespreking er niet al was. Maar in de gezondheidszorg opereren de verschillende disciplines onafhankelijk van elkaar en communiceren ze slechts via aantekeningen in de status. Het was niet gebruikelijk om eens per week samen te komen om over teamwork te praten en hoe het beter zou kunnen. Wat Paul introduceerde was een zelf geleid adviesproces voor het hele systeem rond de patiënt.

### Verander de discussie, verander de cultuur

Een van de veranderingen die naar voren kwam, ging over de manier waarop het team omging met patiënten en familieleden. Een aantal gerespecteerde medewerkers – een sociaal werker en een verpleegkundige – bepleitte een nieuwe aanpak die patiënten en familieleden actief betrok als volwaardige deelnemers van het zorgteam. Een van hen stelde voor dat het team dagelijks een gezamenlijk ronde langs de bedden zou maken. Patiënten en familieleden zouden daarbij actief moeten worden betrokken. Ze wilden het contract tussen verzorgers en patiënten/familieleden herzien en er een samenwerking van maken.

In het begin bespotten zorgteamleden dit idee omdat het zo onpraktisch leek. Er was geen goed moment waarop iedereen beschikbaar was, en patiënten en familieleden zouden niet begrijpen wat er besproken werd. Langzaamaan raakte het idee geaccepteerd en werd 8:45 uur gekozen als het "minst onmogelijke tijdstip". Dagelijkse gezamenlijke rondes langs de bedden met patiënten en familieleden gingen van start.

Opnieuw in Pauls woorden:

> *Dat wij daar met patiënten en familieleden bijeen waren, veranderde alles. Ons werk werd veel makkelijker, hoewel niemand in het begin begreep waarom. In het begin was het verwarrend en veeleisend. We waren niet gewend om tegenover elkaar open te zijn over wat we dachten en deden, om dat bespreekbaar te maken en om advies te vragen, en zeker niet waar de patiënt en zijn familie bij was. Het was voor ons heel belangrijk dat we in hun ogen onfeilbaar waren.*
>
> *De realiteit was dat het omgekeerde waar was. Hoe meer we patiënten lieten delen in onze onzekerheden en zorgen, des te meer zij ons vertrouwden en een bijdrage leverden. Op het eerste gezicht lijkt het paradoxaal, maar terugkijkend zie ik nu dat het volstrekt logisch is. We dachten dat we wisten wat patiëntgerichte zorg was. Ik dacht dat ik een van de meest patiëntgerichte dokters ooit was. Maar wij hadden het mis en ik had het mis.*

*Het was als het pellen van een ui. We bereikten een doorbraak – een van de grootste was bijvoorbeeld de gezamenlijke afspraak om tijdens onze rondes spreektaal te gebruiken in plaats van medisch jargon en ons direct tot de patiënt te richten in plaats van tot elkaar – en dan zagen we vanuit dat nieuwe perspectief dat ons idee van patiëntgericht zijn niet klopte. Die inzichten bleven maar komen.*

*We hadden de macht niet uit handen willen geven. We hielden vast aan onze verwachtingen en opvattingen als het uitgangspunt voor de interactie met onze patiënten. We hadden niet echt oog voor de wensen van de patiënt vanuit zijn eigen unieke perspectief. Deze bewustwording hulde ons in verbazing en deemoed. Als je dit begrijpt, verandert het je voor altijd. Dat is een ding dat zeker is.*

*Het doel werd om elk individu een naar zijn maatstaven gezond en betekenisvol leven te helpen bereiken. Dat is een heel ander doel dan waartoe ik ben opgeleid. Stel je voor hoe het gezondheidszorgstelsel er met dat doel uit zou zien – levensgezondheid naar de maatstaven van de patiënt in plaats van ziekte bestrijden naar mijn maatstaven. Het zou onherkenbaar zijn. Uit die visie put ik veel hoop.*

*Onze patiënten leerden ons die visie. We waren slechts wijs genoeg om te luisteren en van hen te leren.*

Terwijl Paul en zijn zorgteam anders begonnen samen te werken, met patiënten en familieleden, verbeterden hun prestaties en resultaten. Postoperatief herstel verliep sneller, (dodelijke) complicaties namen met de helft af en mensen vonden nieuwe betekenis in hun rol als patiënt of verzorger. Een patiënt zei: "Voor iets waarvan je verwacht dat het heel moeilijk zal zijn, was dit een geweldige ervaring." Een andere zei: "Jullie behandelden als echte mensen, en dat maakte een enorm verschil."

Wat ze deden was het sociale contract met de patiënt en hun familie veranderen; van expert werden ze partner en adviseur. Het begon met het herzien van het onderlinge contract; ze spraken af regelmatig in een ruimte samen te komen. Ze begonnen een zelf geleid gegevensverzamelingsproces. Ze raakten in elkaar geïnteresseerd en begonnen elkaars problemen te begrijpen. De eerste resultaten waren dat mensen bij wekelijkse teambijeenkomsten met elkaar in gesprek raakten. Individuen die soms al jaren in dezelfde omgeving samenwerkten, leerden nieuwe aspecten van elkaar kennen. Rollen kregen nu een gezicht, en bij die gezichten hoorde al snel een naam en een verhaal.

Mensen ontdekten dat hun kinderen naar dezelfde school gingen en dat ze gezamenlijke interesses deelden. Er was een omslag in de interactie tussen de leden van het zorgteam; er ontstonden nieuwe dimensies, die een weerspiegeling waren van de rijkere verbindingen die opbloeiden. Wederzijds begrip, verdraagzaamheid en geduld namen toe. Mensen leerden elkaar op nieuwe manieren te waarderen en begonnen meer op elkaars sterke punten en capaciteiten te vertrouwen. Werk werd makkelijker en bevredigender.

De tweede doorbraak was het contact tussen verzorgers, waaronder de artsen, en patiënten en familieleden. Paul en zijn team creëerden een structuur waarin de behoeften, twijfels en definitie van het probleem van alle betrokkenen er gelijkelijk toe deden. Ze maakten er een adviesproces van, een samenwerking tussen expert en cliënt.

## Succes draagt zijn eigen uitdagingen in zich

Het vervolg dat Paul aan het oorspronkelijke experiment gaf, is ook leerzaam. Na enige tijd begon het team de ervaring te evalueren. Paul en zijn team werden voor hun werk onderscheiden met de hoogste waardering voor patiëntveiligheid, de Eisenberg Patiënt Safety Award van The Joint Commission en het National Quality Forum. Je zou denken: we kunnen terecht concluderen dat dit een succesverhaal is. Maar het gaat verder. Opnieuw in Pauls woorden:

> *Nadat we met de Eisenberg Award waren onderscheiden, werd ik vaak uitgenodigd op plekken waar men mij graag hun multidisciplinaire rondes wilde laten zien. Ik liep met hen mee en zag dan meestal iets dat eruitzag als een doel. In het midden stond een handvol dokters die het meest aan het woord waren. Om hen heen stonden mensen van andere disciplines, die antwoordden als hen iets gevraagd werd. In de buitenste cirkel stonden anderen, die onderling gesprekken voerden. De patiënt lag meestal dichtbij het midden van het doel en was onderwerp van gesprek, zonder eraan deel te nemen. De familie van de patiënt was meestal niet aanwezig. Veel mensen leken verveeld en ongeduldig. Het zag er voor iedereen ongemakkelijk uit. Dat was niet het soort gezamenlijke rondes dat wij hadden bedacht. Die van hun was multidisciplinair, maar zonder het relationele aspect en daarom werkte het niet.*
>
> *Toen we met de Eisenberg Award werden onderscheiden, werd ons gevraagd een artikel te schrijven over wat we hadden gedaan. Als ik nu herlees wat we toen schreven, valt het me op dat we eigenlijk niet goed begrepen wat we hadden bereikt. In het artikel beschreven we in detail welke technieken we toepasten, maar we gingen volledig voorbij aan wat er echt veranderd was. De verandering lag in de aard van onze werkrelaties; daardoor werd vervolgens ook de relatie met onze patiënten beter. We hadden processen in gang gezet die de manier waarop we samenwerkten, veranderde.*
>
> *De meeste mensen, waaronder wijzelf indertijd, zagen het als een technische prestatie. Als gevolg daarvan werd het vaak geen succes als mensen ons werk probeerden te kopiëren. In de paar succesvolle programma's was het relationele aspect er per ongeluk ingekomen. Het kostte veel tijd en onderzoek eer we dat begrepen.*

Het verhaal zou hier moeten eindigen, maar dat doet het natuurlijk niet. Dat is het tegenstrijdige van het pad van advies en verandering. Na het eerste succes, compleet met echt meetbare resultaten en landelijke erkenning, werd Paul ontslagen. Dat had niets te maken met zijn werk als chirurg; het was omdat wat zijn team had bedacht de geldende status-quo ter discussie had gesteld. Het toenmalige systeem weigerde het idee te accepteren dat samenwerking zo'n groot verschil kon maken. Het verzet bestond eruit dat sturing en status belangrijker werden geacht dan resultaten. Dat is niet verrassend, maar we weten dat hiermee omgaan net zozeer deel uitmaakt van het werk als contractering, gegevensverzameling en feedback.

Om het verhaal af te ronden: Paul vertelt dat hij een week niet sliep en toen besefte dat deze gegevens iets zeiden over hoe moeilijk het kan zijn om een cultuur te veranderen. Zoals de meeste ware vernieuwers bleef Paul leren en vond hij geduldig nieuwe manieren om verder te komen. Hij is nu een internationaal erkende autoriteit op het gebied van patiëntveiligheid en teamwork in de gezondheidszorg. Het stimuleren van samenwerking in de zorg, de kern van zijn werk, vindt steeds meer weerklank in de discussie over de gezondheidszorg. Ondanks de reactie van de cultuur waarin het bedacht is.

### De ware aard van gezondheidszorg en advies

Toen Paul zijn manier van werken met mij deelde voor opname in deze editie, maakte hij een aantal opmerkingen over het verband tussen de ideeën in dit boek en zijn ervaring. Hij benadrukte in de eerste plaats de omslag die plaatsvindt van problemen diagnosticeren naar mensen helpen, en mogelijkheden visualiseren en verwezenlijken. De nieuwe wereld van de gezondheidszorg die Paul voor zich ziet, gaat over het verwezenlijken van mogelijkheden. Hij is niet langer geïnteresseerd in het diagnosticeren en behandelen van problemen.

Uit de inleiding van dit boek koos Paul de onderstaande uitdrukkingen, die zijn werk in de gezondheidszorg volgens hem het best typeren:
- verwantschap gebaseerd op luisteren, authenticiteit en niet-weten;
- echte hervormingen zijn mogelijk als onze relaties veranderen;
- de behoefte aan authenticiteit en bespreekbaarheid van moeilijke kwesties;
- met dialoog, interactie, twijfel en betrokkenheid dingen in gang zetten.

"Het klinkt allemaal zo eenvoudig, maar het is zo zeldzaam", zegt hij.

Paul zegt dat hij ook kan instemmen met de samenvatting van wat na al die jaren nog steeds geldt:
- Teams en persoonlijke relaties zijn cruciaal.
- Ons doel is structuur te geven aan de emotionele en persoonlijke dimensies van onze werkplekken.
- De noodzaak onszelf te kennen en oprecht te blijven is essentieel.
- We moeten onszelf instellen op de gevoelsdimensie van onze verbinding met anderen.

Om af te sluiten zegt Paul:

*Terwijl we werken met teams in de gezondheidszorg, verdiept ons begrip van gezondheid zich. Hoe meer ik en mijn collega's over gezondheid en genezing leren, des te meer begrijpen we de kracht en het belang van gemeenschap in het veranderen van de omgeving en de cultuur van de gezondheidszorg. Als je een beter en veiliger gezondheidszorgsysteem wilt creëren, breng de mensen dan samen en vraag hen wat werkt en waarom. Maak tijd vrij voor mensen om bijeen te komen en na te denken. Hun gezamenlijke toewijding tot uitmuntendheid zal dingen van daaruit in gang zetten. Gelegenheid bieden voor beschouwende gesprekken – plekken creëren waar mensen samen hun opvattingen en verwachtingen kunnen bijstellen – is hoe echte hervorming begint.*

*Ik begin te begrijpen dat gezondheid eerder een werkwoord dan een zelfstandig naamwoord is. Mensen bewegen samen naar gezondheid en genezing door engagement en co-creatie, met als doel te zorgen. Gezondheid en genezing komen tot stand door relaties, waarbij wetenschap ten dienst staat van de relaties. De methodes om dit te verwezenlijken zijn niet moeilijk. Ze zijn alleen anders en meer de moeite waard dan de huidige.*

# 13 Gegevens verzamelen

Nu we de keuzes wat betreft onderzoek en methodes doorlopen hebben, zijn we toe aan het verzamelen van gegevens over wat er bij de cliënt gaande is dat voor problemen zorgt, en aan het beschrijven van mogelijkheden voor de toekomst. Vergeet niet dat we u de keuze geven om probleemgericht te zijn of gericht op mogelijkheden en kwaliteiten. Het is aan u en aan de plek waar u aan de slag gaat. We laten ook de keuze aan u om het onderzoeksproces vanuit een derde partij (u) te structureren of er een organisatiebreed zelfonderzoek van te maken. Ook hier zijn uw voorkeuren en die van de cliënt bepalend. In het opstellen van de stappen hebben we de keuze tussen gericht op mogelijkheden en organisatiebreed aangeduid met 'NB'.

1. informatie verzamelen op drie verschillende analyseniveaus: begrijpen wat het aanvankelijke probleem is, wat anderen eraan bijdragen en wat de cliënt eraan bijdraagt. (NB: Als deze fase eerder gaat over mogelijkheden creëren dan problemen oplossen, formuleer dan de organisatievraag om de discussie over mogelijkheden aan te zwengelen.);
2. beoordeling van het klimaat binnen de organisatie en het management waarin uw aanbevelingen zullen worden ontvangen;
3. het wegnemen van weerstand van de cliënt om u informatie te verstrekken;
4. het juiste onderzoeksproces kiezen zodat de structuur van deze fase een aanvang maakt met het creëren van verantwoordelijkheid voor het omgaan met het probleem of de mogelijkheid. Het onderzoeksproces zelf verandert een organisatie;
5. de gegevens terugbrengen tot een hanteerbaar aantal kwesties;
6. taal, ordening, en betekenis toekennen aan hetgeen zich ontvouwt op een manier die tot verandering leidt.

## De stappen bij het verzamelen van gegevens

De stappen bij het verzamelen van gegevens kunnen heel algemeen worden beschreven, ongeacht het soort informatie u zoekt – informatiestromen, ontwerp van apparatuur, houdingen van mensen, lastige langetermijnproblemen, de sociale cultuur zelf – of welke aspecten u analyseert. Telkens wanneer u gegevens verzamelt, of het nu gaat om een project van zes maanden of een van zes minuten, maakt u deze keuzes.

1. *Opnieuw besluiten verder te gaan.* De adviseur en de cliënt beslissen samen om de gegevens te verzamelen. Vaak zijn hier verscheidene mensen bij betrokken die

voor de manager werken en kunnen bevestigen dat er goede redenen zijn om een onderzoek te houden. De gemotiveerdheid om verder te gaan moet gebaseerd zijn op de wens de organisatie te verbeteren, niet slechts op de wens onderzoek te doen.

2. *De strategie voor gegevensverzameling kiezen.* Dit is het moment waarop u beslist of u naar problemen of mogelijkheden zult kijken. Kijken naar wat werkt of wat niet werkt. U moet ook beslissen of u of een derde partij het onderzoek uitzoekt, of dat u de voorkeur geeft aan een zelf geleid onderzoeksproces. In hoofdstuk 11 beschreven we in meer detail hoe een zelf geleid onderzoek vormgegeven wordt.

3. *Het aanvankelijke probleem vaststellen.* Elk onderzoek begint met een gesprek over iets in de organisatie waar lijnmanagers zich druk over maken. De eerste formulering door de manager van het probleem heet het *aanvankelijke probleem.* Dat gaat meestal over wat anderen aan het probleem bijdragen. Het aanvankelijke probleem is doorgaans slechts een symptoom van het ware probleem, en het doel van gegevens verzamelen is om de eerste formulering van de manager uit te werken en in een breder perspectief te plaatsen. Het vaststellen van het aanvankelijke probleem is de eerste stap in het verzamelen van gegevens. (NB: Als u een positieve of een op mogelijkheden gerichte houding kiest, dan moet u focussen op de nieuwe mogelijkheid waar de interne of externe omgeving om vraagt.)

4. *Besluiten wie er betrokken zullen worden.* Besluit welke niveaus van de organisatie bij het onderzoek betrokken zullen worden. Hoe groter de diversiteit, des te rijker het resultaat. Hoeveel personen van elk niveau? Wie van welke afdeling? Denk eraan dat als u mensen vragen stelt, u de verwachting schept dat ze feedback zullen krijgen over de resultaten.

5. *De analysedimensies selecteren.* Onderzoek draait om de vragen die gesteld worden. Er dient een beperkt aantal vragen te worden geselecteerd. Deze vragen liggen in het kennisgebied van de adviseur of binnen de context die aanleiding was voor het project. Een financieel persoon zal vragen over financiën en de boekhouding selecteren; hrm zal vragen stellen over beloning, opvattingen en cultuur. (NB: In de op mogelijkheden gerichte aanpak zullen de vragen zich richten op het vormgeven van een visie of op details over wat goed werkt, dan wel wie, tegen de verwachtingen in, goede resultaten boekt.)

6. *De methode selecteren.* De methode is afhankelijk van het bereik en doel van uw onderzoek. Selecteer een methode die overeenkomt met de voor het onderzoek beschikbare tijd, de motivatie van het management en de ernst van de problemen.

Er zijn maar een paar manieren om gegevens te verzamelen.

- *Vraaggesprek.* Doe het individueel of met een groep. Voer een gestructureerd of een ongestructureerd vraaggesprek.
- *Vragenlijst om in te vullen.* Voorbereiding kost meer tijd. Goed voor grote aantallen mensen, maar numerieke resultaten kunnen moeilijk te interpreteren zijn.
- *Documentanalyse.* Kijk naar de cijfers, resultaten, schriftelijke communicatie. Goed bruikbaar omdat het slechts uw eigen tijd in beslag neemt. Geeft ook een sfeer van objectiviteit.
- *Directe observatie.* Wees aanwezig bij essentiële vergaderingen en kijk wat er gebeurt. Bekijk de apparatuur. Het zijn misschien de enige gegevens uit de eerste hand die u hebt. Het kan de beste bron van gegevens zijn als u uw eigen percepties kunt vertrouwen.
- *Uw eigen ervaring.* Weet dat u door de organisatie van de cliënt op dezelfde wijze bejegend wordt als ieder ander wordt bejegend. Let op de manier waarop ze u behandelen. Hoeveel informatie, invloed, toegang, druk hebt u bij dit project? Dit zijn waardevolle gegevens over de managementstijl van de cliënt, en het zijn geldige gegevens.
- *Onderzoek door betrokkenen.* Breng degenen die betrokken zijn bij het probleem en de mogelijkheid, inclusief degenen die het probleem zullen moeten tegengaan, bijeen om de aspecten van de situatie te bespreken. Hier bent u meer een ondersteuner dan een interviewer. Hoofdstuk 11 gaat dieper op deze keuze in.

7. *Gegevens verzamelen.* Doe het. Deel vragenlijsten uit, voer vraaggesprekken, wees aanwezig bij vergaderingen, bestudeer rapporten, breng mensen samen. Verzamel informatie totdat die zich begint te herhalen. U zult dit herkennen wanneer u zich begint te vervelen. Maar vergeet niet dat het onderzoeksproces de mensen die u spreekt een stem geeft. Mensen vragen wat zij zien is een vorm van engagement, dus wen uzelf aan om zo nu en dan herhaling te waarderen.

8. *Gegevens comprimeren.* Op de een of andere manier dient alles wat mensen hebben gezegd en wat u hebt waargenomen en onderzocht, teruggebracht te worden tot hanteerbare proporties. Het doel van uw analyse is concentratie van energie, niet het beschrijven van het universum.

9. *Gegevens samenvatten.* U dient een opzet te vinden die de gegevens samenvat voor diegenen die er niet bekend mee zijn. Concentreer u op de visuele invloed van uw opzet en op hoe begrijpelijk het is.

10. *Betekenis toekennen.* Wat betekent de informatie? Wat is belangrijk? En waarom? Welke oplossing of alternatieve toekomst wijst het onderzoek aan?

11. *De feedbackbijeenkomst bijeenroepen.* De gegevensanalyse aan de organisatie rapporteren. Wie dient er bij de eigenlijke feedbackbijeenkomst aanwezig te zijn? Hoe worden degenen die betrokken waren bij het onderzoek over de resultaten geïnformeerd? Denk eraan dat u tijdens de feedbackbijeenkomst genoeg tijd moet hebben om de weerstand die u zult ondervinden werkelijk weg te nemen. Structureer de bijeenkomst zo, dat de meeste tijd besteed wordt aan discussie, niet aan presentatie. In hoofdstuk 15 hierover meer. (NB: Ook met een zelf geleide organisatiebrede dialoog moeten de gegevens verzameld en geïnterpreteerd worden. Het enige verschil is wie het doet.)

12. *Aanbevelingen doen.* Soms komen die vóór de feedbackbijeenkomst. Ze moeten binnen de invloedssfeer vallen van de groep die om het onderzoek gevraagd heeft. Bij de zelf geleide strategie komen de aanbevelingen van de gemeenschap.

13. *Besluiten nemen.* Het proces is pas voltooid wanneer er een besluit is genomen om iets te doen.

14. *Implementatie.* De beslissende fase. Probeer in de buurt te blijven tijdens deze fase, ook al is dat in uw eigen tijd. Aangezien u het onderzoek hebt gedaan, hebt u uw eigen gevoel voor de problemen ontwikkeld. Uw informatie kan nuttig zijn voor het interpreteren van de 'ups en downs' van implementatie. U kunt ook manieren aanreiken om mensen bij de implementatie te betrekken die de kans vergroten dat de implementatie zal resulteren in effectieve verandering.

De meeste van de stappen hierboven vormen de reeks die ieder van ons doorloopt tijdens het adviseren, ongeacht onze technische disciplines of specifieke vakkennis. U weet welke technische gegevens u wilt, manieren om ze te krijgen en wat u ermee moet doen wanneer u ze hebt... dus concentreert de rest van dit hoofdstuk zich op aspecten van het gegevens verzamelen waaraan u niet gewend bent. Speciale aandacht wordt besteed aan uw rechtstreekse confrontaties met de cliënt tijdens het verzamelen van uw gegevens.

## Iets over vooroordelen

Invloed hebben als adviseur is meer dan uw methodologie of vakkennis toepassen. Het werk beïnvloedt vrijwel altijd het sociale systeem en zal kernzaken rond de bedrijfsleiding raken, ongeacht uw opdracht of de aangewezen reikwijdte, Een willekeurig aantal adviseurs zal op de proppen komen met verschillende aspecten van, verschillende analyses van en verschillende suggesties omtrent hetzelfde probleem. Maar *elk willekeurig* aspect dat grondig wordt nagegaan, zal leiden tot belangrijke vragen over het management van de organisatie. Het is dus belangrijk aspecten te kiezen waarmee u uit de voeten kunt en die bij uw onderzoek te betrekken, in plaats van u druk te maken over de vraag of u het goede of verkeerde aspect geselecteerd hebt.

Tijdens de selectie van de aspecten voor uw onderzoek definieert u het probleem alvast enigszins, maar u hoeft niet bang te zijn dat u de gegevens vertekent. Als u besluit te gaan kijken naar hoe met conflicten wordt omgegaan, in hoeverre mensen eerlijk voor iets uitkomen tegenover elkaar of hoe ze plannen, hebt u misschien al enig idee van wat er mis is met de organisatie, vooral als u een interne adviseur bent. Beschouw dat niet als vooroordeel, maar als inzicht – uw definitie vooraf van het probleem is waardevol en geeft u goede aanwijzingen hoe u uw tijd moet besteden bij het verzamelen van de gegevens. Vertrouw hierop. Wel moet u tijdens het verzamelen van gegevens gespitst blijven op eventuele andere problemen waar u nog niets van weet. Als die er zijn, moet u u ermee bezighouden. Waar het om gaat is dat u het inzicht dat voortkomt uit uw eigen gevoel over hoe het is om deel uit te maken van de organisatie, niet beschouwt als vooroordeel, maar als nuttige richtlijnen.

## Beoordeling van de wijze waarop met het probleem wordt omgegaan

Als u uw vaardigheden wilt ontwikkelen in het verzamelen van directe informatie over de wijze waarop met het probleem wordt omgegaan, zijn er talrijke aspecten van het organisatieleven die u kunt onderzoeken. Uw doel is iets te begrijpen van de manier waarop deze organisatie functioneert, zodat u zult begrijpen hoe ze de implementatie van uw aanbevelingen ter hand zullen nemen. Als u aandacht besteedt aan deze aspecten, krijgt u een goed beeld van de organisatie. Dit zijn ook terreinen waarover mensen graag praten in vraaggesprekken, en het is dan ook leuk werk.

Stel vragen over de volgende terreinen.

1. *Doelstellingen.* Wat zijn de doelstellingen van de groep en de persoon met wie u praat? U wilt bekijken hoeveel duidelijkheid en overeenstemming er bestaat over het doel.

2. *Subgroepen.* Wat is de relatie tussen groepen die bij de aanpak van dit probleem moeten samenwerken? Welke groepen steunen elkaar, welke groepen botsen? Zijn er groepen of individuen die misschien buiten de actie gesloten zullen worden? Waarom?

3. *Steun.* Hoe wordt steun betuigd in deze groep? In veel groepen wordt steun betuigd door stilzwijgen. "Als wat u doet mij bevalt, zal ik u met rust laten." Wie krijgt steun en van wie?

4. *Evaluatie.* Weten mensen waar ze aan toe zijn? Hoe komen ze daarachter? Wat zijn de normen om te vragen waar je aan toe bent... en antwoord te krijgen?

5. *Positieve geschiedenis.* Wat zijn de verhalen over wat dit bedrijf geweldig maakt? Wat zijn de sterke punten en kwaliteiten? Waar zijn mensen trots op? Wat willen ze behouden?

6. *Statusverschillen.* Welke groepen hebben een hoge en welke een lage status? Hoe komen de verschillen tot uiting en welke invloed heeft dat op het probleem en de houdingen van mensen tegenover een specifieke oplossing of mogelijkheid?

7. *Gezag en invloed.* Wie heeft veel en wie weinig invloed in deze situatie? Hoe gaan mensen die het probleem aanpakken om met de machtsverschillen? Openlijk, voorzichtig? Wat zijn de opvattingen van mensen over gezag – verzetten ze zich er openlijk tegen, zwichten ze er overdreven voor, dulden ze het of kan het ze gewoon niets schelen?

8. *Besluitvorming.* Hoe neemt de groep besluiten? Welke rol speelt de baas? Hoe zorgen mensen dat in een besluit rekening wordt gehouden met hun visies?

9. *Normen voor individueel gedrag.* Hoe worden initiatief nemen, eisen stellen, uitkomen voor een afwijkende mening, agressiviteit, hulp vragen, vragen gebruiken om opmerkingen te maken, verveling tegengaan, risico's nemen door twijfel of onzekerheid te uiten, verschillen openlijk tegenover elkaar zetten beoordeeld?

10. *Managementinformatie.* Hoe worden de middelen vastgesteld, hoe wordt de vooruitgang gecontroleerd, hoe wordt de gang van zaken beoordeeld, hoe worden problemen vastgesteld?

11. *Stijl van leiderschap.* Wat zijn de stijlen van de formele en informele leiders? Wat is hun invloed op dit probleem?

12. *Conflict.* Hoe wordt het beheerst, onder ogen gezien, gladgestreken, door een compromis bijgelegd, geforceerd, genegeerd, onderdrukt?

13. *Overheersing.* Spelen een of meer personen een dominante rol in de situatie? Wat is hun invloed? Maken ze deel uit van de groep die het probleem probeert aan te pakken of zitten ze zo hoog in de organisatie dat ze onbereikbaar zijn?

14. *Opvattingen over dit project en uw betrokkenheid.* Om inzicht te krijgen in *opvattingen* van mensen over het probleem en wat ze ervan vinden dat u betrokken bent bij pogingen het probleem op te lossen, kunt u enkele van de volgende vragen proberen.
    - Wat vindt u ervan dat ik erbij ben gehaald om met het probleem te helpen?
    - Waarom heeft de organisatie volgens u de hulp van iemand als ik nodig? Denkt u dat er behoefte is aan mijn hulp?
    - Welk soort vragen zou ik volgens u aan mensen moeten stellen om vat te krijgen op wat hier aan de hand is?
    - Welke ideeën hebben mensen voorgestaan, die niet voldoende steun hebben gekregen?

15. *Diversiteit.* Hoe wordt omgegaan met verschillen? Welke mix van mensen van verschillende achtergronden, culturen en rassen is er? Hoe wordt dat gewaardeerd? Welke posities nemen ze in? Is er ruimte om nee te zeggen? Worden verrassingen getolereerd? Hoe worden nieuwelingen verwelkomd?

16. *Wat zouden mensen aanbevelen als ze in uw schoenen stonden?* In hoeverre vertrouwen mensen erop dat er echte vooruitgang geboekt zal worden met dit probleem of deze mogelijkheid? Welke hindernissen zien zij voor uw vragen om geaccepteerd te worden?

Natuurlijk zult u niet al deze vragen gebruiken. Voor elke afzonderlijke situatie kunt u de aspecten scannen en dan zult u zien welke relevant voor u zijn. Door twee of drie van deze vragen te stellen krijgt u gegevens over een groot deel van de rest. U kunt er ook van uitgaan dat de manier waarop de organisatie met de huidige situatie omgaat, identiek zal zijn aan de manier waarop u en uw suggesties bejegend zullen worden. Als u dit soort vragen gebruikt, zult u weten waar u aan toe bent, en sommige van de antwoorden zullen een stukje zijn van het duidelijke beeld waarvan u tijdens de feedbackbijeenkomst verslag zult doen.

Wederom: gebruik dit soort gegevens als onderdeel van uw analyse – zelfs als de cliënt er niet om heeft gevraagd. Het is een van de bijzondere bijdragen die u kunt leveren. Als u van bijzondere waarde wilt zijn voor uw cliënt, moet u het risico nemen bijzondere informatie te bieden. Nauwkeurige informatie over het functioneren van de organisatie is voor de meeste managers niet beschikbaar. De mensen met wie ze werken hebben zulke gevestigde belangen in de organisatie, dat van niemand wordt geloofd dat hij objectief is. U hebt minder gevestigde belangen en bevindt zich in de beste positie om gevoelige kwesties aan te pakken.

## Gegevens verzamelen door vraaggesprekken

Het vraaggesprek is een methode van gegevensverzameling die gebruikelijk is binnen alle disciplines en niet te onderschatten is. Hoewel er veel geschreven is over interviewmethoden, krijgt het vraaggesprek hier speciale aandacht vanwege het interpersoonlijke karakter ervan en het effect dat het heeft op de organisatie van de cliënt. Hier wordt de relatie opgebouwd.

### Het vraaggesprek als interventie

Als u de tijd hebt om met een dwarsdoorsnede van mensen te praten, betekent het dat tegen de tijd dat u begint uw gegevens te interpreteren, u al een grote invloed hebt gehad op de lijnorganisatie. Alleen al het stellen van vragen afgezien van de inhoud van de vragen kan mensen stimuleren te heroverwegen wat ze aan het doen zijn. Uw vragen maken hun ondubbelzinnig duidelijk waar men zich volgens u op dient te richten bij het oplossen van het onderhavige probleem. Cliënten kunnen een heleboel leren van wat u uitkiest om te onderzoeken.

### Slechte interviews

Als u op weerstand stuit tijdens een vraaggesprek, moet u de weerstand op dezelfde manier aanpakken als u in elk ander stadium van het proces doet. Pik het signaal op, benoem de weerstand en wacht op de reactie van de persoon. Als een vraaggesprek u niets oplevert, moet u er zo oprecht mogelijk iets aan doen. Zeg de persoon dat u niet krijgt wat u nodig hebt. Als dat niet helpt, moet u het gesprek op een bepaald moment beëindigen. U zult de bewuste persoon meer vertrouwen inboezemen als u het vraaggesprek stopt dan als u ongeïnspireerd uw vragen afwerkt terwijl u beiden weet dat het gesprek niet productief is.

## Analyseniveaus

*Elk probleem waarvoor personen of organisaties zich gesteld zien heeft lagen, net als een ui.* Elke formulering van een probleem of situatie is een benadering. Naarmate u naar diepere lagen gaat, komt u dichter bij oorzaken en hanteerbare formuleringen van het probleem.

De eerste formulering van een probleem, het aanvankelijke probleem, wekt bijna altijd de indruk dat het onoverkomelijk is, zowel voor de cliënt als voor de adviseur. Als dat niet onoverkomelijk was, zou het allang opgelost zijn en zou u het er niet over hebben. Wanneer u het aanvankelijke probleem zonder meer accepteert, loopt u vast. (Hetzelfde geldt meestal voor het eerste beeld dat de cliënt van kwaliteiten en mogelijkheden schetst. Er zit meer achter. Bij het bespreken van analyseniveaus beperken we ons, om het simpel te houden, tot de taal van problemen oplossen.)

Het is uw taak om samen met de lijnmanager – of groep of organisatie – klaarheid te brengen in de lagen onder het aanvankelijke probleem. Door uw positie bent u in staat om de complexiteit van de onderliggende lagen te zien.

Wanneer u met individuen werkt, laten de lagen over het algemeen het volgende patroon zien.

**Toplaag** Het aanvankelijke probleem manifesteert zich meestal in de vorm van een zorg die wordt uitgedrukt in termen van organisatie of bedrijf. "We krijgen ons product niet." "Het gaat niet goed met mijn groep." "Het systeem werkt niet." "Deze voedselcategorie verkoopt niet."

**Tweede laag** Het volgende niveau betreft de percepties van de persoon over de manier waarop anderen aan het probleem bijdragen. "Mensen hebben meer belangstelling voor hun eigen carrière dan wat goed is voor het bedrijf." "Twee leden van de groep voeren steeds het woord." "De mensen begrijpen het systeem niet." "De buitenwereld vraagt om iets nieuws."

**Derde laag** Dit is een uitspraak over hoe een persoon zijn eigen bijdrage aan het probleem ziet. De persoon kan aan het probleem bijdragen door bepaalde bewuste acties of eenvoudigweg door er geen aandacht aan te schenken.
Deze uitspraak is essentieel, omdat daardoor de verantwoordelijkheid dichter bij de lijnmanager, of wie u dan ook spreekt, wordt gebracht. In plaats van de situatie uit te drukken in termen van krachten buiten de persoon die de problemen veroorzaken, richt men zich iets meer naar binnen.

De vragen die u stelt om informatie te krijgen over elke laag zijn heel direct.

**Toplaag** Met welk technisch of inhoudelijk probleem hebt u te kampen?

**Tweede laag** Welke rol spelen andere individuen of groepen in de organisatie bij het veroorzaken van dit probleem of bij het in stand houden ervan in zijn huidige omvang? Wat doen zij dat de mogelijkheid beperkt?

**Derde laag** Welke rol speelt u in dit in stand houden? Welk aspect van uw benadering of aanpak van de situatie zou aan het probleem kunnen bijdragen of zou de oplossing ervan kunnen belemmeren? Wat doet u dat een alternatieve toekomst in de weg zou kunnen staan?

(NB: De persoon met wie u praat, antwoordt misschien: "Ik zou niet weten wat ik verkeerd doe. Het is uw taak om dat uit te vinden." Wees een beetje sceptisch als u dit antwoord krijgt. Doorgaans hebben mensen wel enig idee hoe ze aan een probleem bijdragen, alleen hebben ze geen zin om dat te zeggen.)

Wanneer mensen u vertellen dat ze niet weten wat hun rol in het probleem is, kunt u een andere vraag stellen: "Stel dat u *wel* wist wat uw rol was, welke zou dat dan zijn?" Soms geeft hun dat net dat ene duwtje waardoor ze uw vraag over de derde laag beantwoorden.

Als mensen zichzelf echt niet als deel van het probleem zien, is dat op zich belangrijk. Waarom zien zij zichzelf niet als spelers? Hun houding als toeschouwer, of scherper gezegd als slachtoffer, kan deel uitmaken van een patroon dat laat zien hoe de groep wordt bestuurd. Neem dit op in uw begrip over hoe er met het probleem wordt omgegaan. Dit gevoel van hulpeloosheid, het gevoel een buitenstaander te zijn, is van belang voor de energie die beschikbaar is voor het uitvoeren van uw aanbevelingen.

Deze lagen kunnen de basis vormen voor de vragen in het proces van gegevens verzamelen. De doelstelling van het onderzoek (vooral in het geval van een individu) is een formulering van het probleem te ontdekken die informatief is en 'hanteerbaar' – iets waaraan iemand iets kan doen. Over het algemeen is de doelstelling niet om inzicht te bevorderen in of kennis te ontwikkelen over organisaties – dat noemen we wetenschap. De energie van de adviseur richt zich eerder op het voortdurend blootleggen van zaken waarvoor mensen verantwoordelijkheid kunnen nemen.

Het kernpunt is bijna altijd de verantwoordelijkheid die iemand voelt voor het probleem – in welke mate stellen mensen zich op als slachtoffer dan wel als iemand met enige invloed om te handelen. Het blootleggen van diepere lagen van een probleem is in wezen het zoeken naar ongebruikte middelen om het probleem op te lossen of iets nieuws te creëren.

## Uw ervaring is ook een gegeven

*Een laatste opmerking over gegevens verzamelen.* De cliënt bejegent u, de adviseur, op dezelfde manier als de cliënt andere mensen en middelen bejegent. Als u de managementstijl van de cliënt wilt begrijpen, hoeft u alleen maar te observeren hoe u wordt behandeld. Hebt u het gevoel dat er dwang op u wordt uitgeoefend, dat er naar u geluisterd wordt, dat u gesteund wordt, behandeld met respect of minachting? Worden besluiten samen met de cliënt genomen of eenzijdig? Staat de cliënt open voor opties of volgt hij altijd één spoor? Uw observaties van en ervaring met de cliënt zijn harde gegevens. Door in een vroeg stadium van het project diepgaande aandacht te besteden aan de manier waarop u door de cliënt bejegend wordt, hebt u een betere leidraad voor wat u moet onderzoeken om vast te kunnen stellen hoe met het technische/inhoudelijke probleem wordt omgegaan.

## Checklist 5. Een bijeenkomst plannen voor het verzamelen van gegevens

Ter voorbereiding van een bijeenkomst voor het verzamelen van gegevens volgen hier enkele richtlijnen. Ze zijn bedoeld voor het verzamelen als zodanig maar ook om u te helpen voorbereid te zijn op alle mogelijke vormen van weerstand.

1. Het stellen van vragen biedt een actieve gelegenheid tot leren. Gebruik de bijeenkomst als een gelegenheid om weerstand weg te nemen en belangstelling en commitment op te wekken.

2. Het antwoord dat u krijgt verschaft waardevolle gegevens over de uiteindelijke implementatie van uw vakkennis. Let erop hoe de cliënt het gesprek met u voert:
   - Hoeveel belangstelling en energie is er voor dit project?
   - Op welke punten is de cliënt ongerust of afwerend?
   - Op welke punten staat de cliënt open voor leren en veranderen?
   - Wanneer is de cliënt onrealistisch in zijn beoordeling of een plan makkelijk of moeilijk uitvoerbaar is?

3. Hoe ziet u het aanvankelijke probleem of de mogelijkheid? Wat denkt u, uitgaande van uw ervaring, dat uw analyseniveaus zullen opleveren?
   - Laag 1 – Welke technische/inhoudelijke problemen heeft de cliënt waarschijnlijk?
   - Laag 2 – Welke bijdrage leveren anderen in de organisatie van de cliënt waarschijnlijk aan het probleem? Wie kunnen verder nog een rol spelen in het probleem? Welke anderen in de organisatie van de cliënt dragen waarschijnlijk bij aan het verzamelen van kwaliteiten en mogelijkheden? Wie zouden nog meer een bijdrage kunnen leveren?
   - Laag 3 – In hoeverre helpt de cliënt het probleem creëren of voorkomt hij (onbewust) dat het wordt opgelost? Wat doet de cliënt dat de mogelijkheden worden ingeperkt?

4. Met welke folklore, geschiedenis en cultuur van de organisatie is dit project omgeven? Wie zijn de hufters en heiligen in de entourage van de cliënt? Het accepteren van folklore als waarheid staat mede een oplossing in de weg. Identificeer potentiële zwakke plekken.

5. Tijdens de bijeenkomst kunt u steun verlenen en de confrontatie aangaan.
   - Welke steun kunt u de cliënt op dit moment verlenen? (Bijvoorbeeld: voorzichtige aanbevelingen, persoonlijke stimulering en verzekering, blijk geven van de moeilijkheden en soortgelijke situaties die u gekend hebt, waardering voor betoonde oprechtheid tegenover u.)
   - Waarmee kunt u tijdens deze bijeenkomst de cliënt confronteren? (Bijvoorbeeld: u krijgt niet de juiste gegevens, cliënt beantwoordt vragen te uitvoerig en beheerst het gesprek te veel, cliënt ontwijkt discussie over kernpunten, geeft nietszeggende antwoorden, er zijn voortdurend onderbrekingen tijdens bijeenkomsten, cliënt springt te veel van de hak op de tak, cliënt gelooft niet in project, bagatelliseert de ernst of implicaties van het probleem, staat in het algemeen negatief tegenover adviseurs.)

6. Naar welke non-verbale gegevens kunt u zoeken? Welk signaal geeft het kader waarin de bijeenkomst plaatsvindt over commitment aan en betrokkenheid bij uw project?

7. Welke gegevens wilt u verzamelen over het functioneren van de organisatie?

## Checklist 6. Terugblik op de bijeenkomst voor het verzamelen van gegevens

Uw aantekeningen bevatten de inhoud van de bijeenkomst voor het verzamelen van gegevens. Hier volgen enkele vragen over het verloop van de bijeenkomst die na afloop beantwoord moeten worden. Het is ook een herhaling van de concepten voor het verzamelen van de gegevens.

1. Hoe voerde de cliënt het gesprek?

| | |
|---|---|
| Controle van de cliënt 100% | Controle van de adviseur 100% |

| | |
|---|---|
| Cliënt heeft geen energie voor het project | Energie van de cliënt is erg hoog |

2. Wat is het technische probleem of de mogelijkheid?

3. Welke anderen dragen bij aan het probleem?

4. In hoeverre creëert de cliënt het probleem of verhindert de oplossing ervan? Of: wat doet de cliënt dat het benutten van de mogelijkheid in de weg staat?

5. Welke folklore, geschiedenis, hufters en heiligen kunt u bij dit project identificeren? Zijn er zwakke plekken die de cliënt niet ziet?

6. Welke uitspraken ter ondersteuning deed u?

7. Welke uitspraken ter confrontatie deed u?

8. Welke non-verbale gegevens merkte u op?

# 14 Voorbereiding op feedback

Elke lijnmanager wil weten wat er aan een probleem gedaan moet worden en wil dus aanbevelingen. Laat u niet meeslepen door de worsteling om perfecte aanbevelingen te ontwikkelen. Als u een duidelijk en eenvoudig beeld hebt gepresenteerd van de oorzaak van het probleem, zal de cliënt evenveel ideeën voor aanbevelingen hebben als u. De reden dat de manager geen geloofwaardige aanbevelingen meer had, is dat het beeld van het probleem waarmee de manager nu werkt ontoereikend is.

## Een duidelijk beeld is misschien al genoeg

De voornaamste taak van de adviseur is voor het beeld te zorgen – dit is zeventig procent van de bijdrage die u moet leveren. Vertrouw erop.

Wat u met uw onderzoek doet, is de aandacht richten op gebieden waarvan uw vakkennis u zegt dat dat de waarschijnlijke oorzaken van het probleem of vindplaatsen van kansen zijn. U bepaalt waar de aandacht naartoe moet, ongeacht de opdracht. Vertrouwen in uzelf om u te richten op datgene wat volgens u belangrijk is, is misschien wel het meest waardevolle wat u de cliënt te bieden hebt. Beschouw de keuze wat onderzocht moet worden als een heel belangrijke keuze die u kunt beïnvloeden.

## De gegevens comprimeren

U verzamelt altijd meer gegevens dan u ooit zou kunnen gebruiken. Een moeilijk punt in elk willekeurig adviesproject of bestaande relatie is wat te delen als u klaar bent met uw vragen, alle informatie hebt die u kunt krijgen en er nu wijs uit moet worden.

U hebt misschien een rationele, logische methode uitgedacht om de gegevens te sorteren en te categoriseren, maar in wezen is de selectie van wat belangrijk is gebaseerd op uw eigen oordeel. Hiervoor betalen ze u. Vertrouw op uw intuïtie, beschouw haar niet als een vooroordeel. Als u een interne adviseur bent, bent u vaak bekend met de hele organisatie, de mensen en hoe ze functioneren. Gebruik deze informatie.

Wanneer ik aan het worstelen ben om te bepalen wat belangrijk is in een stapel aantekeningen, lees ik soms alle aantekeningen één keer door en leg ze daarna weg. Op een blanco vel papier schrijf ik vervolgens op wat volgens mij belangrijke gegevens zijn – doorgaans ongeveer vier of vijf punten. Dat is mijn leidraad voor wat ik moet rapporteren en hoe ik het rapport moet indelen. Ik vertrouw erop dat datgene wat ik kan onthouden werkelijk belangrijk is. Aangezien iemand slechts een beperkte hoeveelheid gegevens in zich kan opnemen, is datgene wat mij opvalt datgene waarvan ik wil dat het de cliënt opvalt. Neem de informatie die op de achtergrond blijft op in een appendix, maar maak de feedbackbijeenkomst niet onoverzichtelijk met een complete lijst van alles wat u gevonden hebt.

Als richtlijnen voor de selectie van wat ik voor de cliënt moet benadrukken, geef ik de voorkeur aan punten waaraan gewerkt moet worden en

1. die binnen de invloedssfeer van de cliënt liggen;
2. die duidelijk belangrijk zijn voor de organisatie;
3. die ergens in de organisatie van de cliënt commitment genieten;
4. die duidelijk een sterk punt zijn of een uitwerking van iets dat op dat moment werkt of bediscussieerd wordt.

## Wat wel en niet mag

Naarmate u dichter bij de planning van de feedbackbijeenkomst komt, gaat u beslissen over wat u moet opnemen en hoe u het moet zeggen. Hier volgen een aantal suggesties.

### U mag niet ...

... u laten meeslepen

Steun de cliënt niet in een houding die het vermogen van de organisatie verzwakt om het probleem op te lossen of de kans te benutten. Als er bepaalde gevoelige onderwerpen zijn die de cliënt vermijdt en waarover deze zich ongemakkelijk voelt, doe dan niet mee met de cliënt door die onderwerpen ook te vermijden.

Er zijn twee kenmerkende dingen die adviseurs doen als ze zich door cliënten laten meeslepen in het ondermijnen van zichzelf. Het eerste is verklaringen ontwikkelen voor problemen die de oplossing buiten de controle van de cliënt laten. We geven de schuld aan het hogere management, de algemene economische situatie, andere groepen in de organisatie. Elk van deze verklaringen heeft het voordeel dat de cliënt zich niet meer zo verantwoordelijk hoeft te voelen, maar daar staat tegenover dat men zich machteloos voelt om de situatie te verbeteren. Doe niet mee met de cliënt in het vermijden van zijn verantwoordelijkheid. U kunt de rol die anderen in het probleem spelen onderkennen en tegelijkertijd de feedback gericht houden op de rol van de cliënt.

Het tweede punt waarop we vaak meedoen met cliënten is de invloed bagatelliseren van moeilijke relaties op het probleem. De cliënt heeft bijvoorbeeld problemen met een ondergeschikte of een baas, maar noemt dat maar heel vluchtig als deel van het probleem. Als u lucht krijgt van zo'n probleem, noem het dan in uw rapport. Als het schriftelijke rapport bestemd is voor brede circulatie, wilt u het misschien alleen mondeling zeggen. Loop er niet voor weg. De manager helpen onder ogen te zien dat moeilijke relaties verbonden zijn met het probleem, is misschien wel de belangrijkste bijdrage die u kunt leveren.

### ... projecteren

Projecteren is het verplaatsen van uw eigen gevoel naar een andere persoon. Als u ongerust bent over een deel van de gegevens, gaat u ervan uit dat de cliënt ook ongerust zal zijn. Als u het niet prettig zou vinden wanneer iemand u zegt dat u volgens uw ondergeschikten te autocratisch bent, gaat u ervan uit dat de cliënt het ook niet prettig zal vinden die feedback te krijgen. De cliënt heeft recht op alle informatie die u hebt verzameld. Zorg dat de cliënt die krijgt. Blijf u bewust van uw eigen gevoelens, maar tast steeds de grenzen af van wat de lijnmanager kan accepteren. Als u gegevens terugkoppelt die een kleine opschudding teweegbrengen, loop er dan niet voor weg. U en de cliënt zullen het beiden overleven. Projecteer uw gevoelens niet op de cliënt. Doe uitspraken tegenover de cliënt en vraag vervolgens wat de cliënt van deze uitspraken vindt. De formulering die u gebruikt maakt natuurlijk uit, maar daar komen we later op terug.

## U moet ...

### ... bevestigen

Cliënten (en adviseurs) hebben steun nodig. Als u gegevens hebt die de cliënt in iets bevestigen – die de redelijkheid onderstrepen van wat de cliënt aan het doen is – neem die dan op in uw rapport. Als de cliënt een perceptie van het probleem of de kans heeft en u ziet het ook zo, zeg dat dan. De cliënt heeft er recht op te weten wat werkt van de dingen die hij doet.

Onlangs had ik een cliënt die het gevoel had dat iedereen in de organisatie de verantwoordelijkheid vermeed voor het feit dat een bepaalde testmethode niet werkte. De fout binnen de testmethode had tot gevolg dat er een slechte grondstof aan de afnemer werd geleverd. De afnemer gebruikte de grondstof nietsvermoedend in zijn eindproduct. Ze kregen ernstige klachten van hun cliënten en moesten uiteindelijk het product terugnemen. Dit liep uit op een enorme crisis, die mijn cliënt weer op zijn bord kreeg. Hij had het probleem met de test proberen aan te pakken, maar het mocht niet baten. Toen we anderen in de organisatie naar het probleem vroegen, was het duidelijk dat *niemand zich verantwoordelijk voelde om het op te lossen*, ofschoon iedereen vond dat het aangepakt moest worden door een specifieke onderzoeksgroep. Toen we dit aan de cliënt rapporteerden, was hij erg opgelucht en gerustgesteld dat we zijn perceptie van het probleem deelden. Hij begon te denken dat hij misschien gek was en dat alle anderen wisten wat ze deden.

Dit was een bevestigende en waardevolle ervaring voor de cliënt. Als u bevestigende gegevens hebt, rapporteer die aan de cliënt. Ook al zeggen veel cliënten dat ze alleen nieuws over het probleem willen horen, geloof er niets van. En geloof er niets van als cliënten zeggen dat ze niet willen horen over de dingen waarvan ze u al hebben aangegeven dat die werken. Geef steun, zelfs al wordt er niet om gevraagd.

### ... confronteren

Uw gegevens zullen ook gebieden aangeven waar verbetering nodig is. U kunt identificeren welke acties van de cliënt zijn doel voorbij streven, op welk vlak de cliënt kwetsbaar is. Breng verslag uit van uw bevindingen, ook al zijn ze pijnlijk. Het is misschien wel het allermoeilijkst om gegevens te rapporteren over de persoonlijke stijl van de cliënt: deel dit gewoon zo oprecht mogelijk met de cliënt en geef daarbij blijk van uw steun. Als de adviseur informatie vermijdt die spanning veroorzaakt, waar heeft de cliënt de adviseur dan voor nodig? De cliënt weet al hoe spanning vermeden moet worden. Het is uw rol om de cliënt te begeleiden naar de spanning toe en de lastige realiteit onder ogen te laten zien die tot dan toe is ontweken. Daarom is het zo belangrijk in een vroeg stadium een hechte relatie op te bouwen. Dit zal de moeilijke gesprekken later in het proces vruchtbaar maken.

## De taal waarin feedback wordt gegeven

De nuttigste richtlijn voor effectief feedback geven – schriftelijk of mondeling – is zich assertief te gedragen. Er bestaan veel theorieën waarmee naar persoonlijk gedrag en persoonlijke effectiviteit kan worden gekeken. Ik ben van mening dat dit het duidelijkst en meest praktische is.

### Assertief

Iedereen heeft rechten. Ook cliënten en adviseurs. Assertief gedrag is direct kenbaar maken wat u wilt en hoe u tegen dingen aankijkt, zonder inbreuk te doen op de rechten van anderen. Assertieve feedback is kenbaar maken aan de cliënt hoe u tegen het probleem aankijkt, zonder te impliceren dat de cliënt een slechte manager is of het onmiskenbare over het hoofd ziet.

### Agressief

Agressief gedrag is uitdrukking geven aan uw eigen behoeften en visies, maar op zo'n manier dat het de ander kleineert of afwijst. Agressieve feedback is het probleem zodanig formuleren, dat geïmpliceerd wordt dat de manager incompetent, hardvochtig, achteloos of dom is. De operationele test voor agressieve uitspraken is of u aan het einde van de zin het woord 'uilskuiken' kunt toevoegen. Als 'uilskuiken' goed past aan het eind van de zin, was het een agressieve uitspraak.

### Niet-assertief

Niet-assertief gedrag vindt plaats wanneer u uw gevoelens en visies verzwijgt en ze helemaal niet kenbaar maakt. Niet-assertieve feedback vindt plaats om de manager of uzelf te beschermen, wanneer u de cliënt geen informatie geeft over de manier waarop met het probleem wordt omgegaan, of over de manier waarop de managementstijl van de manager het probleem beïnvloedt. Het vindt ook plaats wanneer u de politiek van de situatie negeert of gevoelige kwesties vermijdt.

## Het doel: assertief en oprecht

Oprecht gedrag en assertief gedrag staan heel dicht bij elkaar. Het is goed om assertief te zijn tegenover een cliënt. Agressief gedrag wekt onnodig weerstand op. Niet-assertief gedrag bewijst zowel uzelf als de cliënt een slechte dienst.

Wanneer u uw feedback onder woorden brengt, is het doel te *beschrijven* wat u hebt gevonden en er geen oordeel over uit te spreken. Uw taak is een helder en eenvoudig beeld van het probleem presenteren. Hoe meer de feedback een oordeel geeft, des te groter is de weerstand. Het gaat er dus om de feedback zo beschrijvend mogelijk te maken.

Het is bijvoorbeeld één ding om te zeggen dat wanneer de groep bijeenkomt, de baas ongeveer tachtig procent van de tijd het woord voert – dat is een beschrijvende uitspraak. Een andere manier van formuleren zou zijn dat de baas deze groep totaal domineert en onder de voet loopt en geen vergaderingen kan leiden. De tweede manier geeft blijk van een oordeel.

Hoe meer de uitspraak een oordeel bevat, des te meer stellen mensen zich defensief op. Woorden als *zwak, sterk, incompetent, besluiteloos, dictatoriaal, sturend* houden duidelijk een oordeel in en moeten niet gebruikt te worden. Vermijd 'oordelende' woorden.

Vermijd ook vage stereotypen. Hoe specifieker u bent over wat er aan de hand is in de organisatie, hoe beter het is. Een algemene uitspraak als "We hebben een probleem met besluitvorming" is zo vaag, dat mensen niet echt kunnen vaststellen wat het probleem is dat gepresenteerd wordt.

Ook uitgebreide verklaringen en rechtvaardigingen moeten vermeden worden tijdens het presenteren van uw feedback. De meeste vragen over de aanpak en aanbevelingen kunnen beantwoord worden in een paragraaf of minder. Als men vragen blijft stellen, geef dan uw twee 'in goed vertrouwen'-antwoorden en erken vervolgens dat u op weerstand gestuit bent. Pak de weerstand aan door hem te benoemen en op een reactie te wachten. Weersta de verleiding het onverklaarbare te verklaren.

De feedback doet een uitspraak over wat is, niet wat zou moeten zijn. Wanneer u spreekt over wat zou moeten zijn, moraliseert u en klinkt u als een rechter of ziener. Alleen wanneer u volgens uw contract met de cliënt zou voorspellen of voorschrijven wat er in de toekomst gaat gebeuren, spreekt u over wat zou moeten zijn. Doe in alle andere gevallen neutrale, beschrijvende uitspraken over wat momenteel het probleem veroorzaakt of de kans onthult.

| Gebruik taal met het kenmerk | Vermijd taal met het kenmerk |
|---|---|
| Beschrijvend | Oordelend |
| Concreet | Algemeen |
| Specifiek | Stereotiep |
| Kort | Uitgebreid |
| Eenvoudig | Ingewikkeld |

## Een voorbeschouwing van de feedbackbijeenkomst... als een rechtbankdrama

Als u een adviesproject kunt beschouwen als een zoektocht naar het beste besluit, kunt u de adviseur en cliënt beschouwen als mensen die verschillende rollen op zich nemen, die gewoonlijk te vinden zijn in een rechtszaal. De meeste van deze rollen zijn negatieve voorbeelden van wat men *niet* moet doen. Mijn excuses daarvoor. Maar je ziet zo vaak dat deze rollen worden uitgespeeld in kantoren, conferentiezalen en op de werkvloer, dat het de moeite waard is ze te noemen. Alleen de laatste rol komt de adviseur goed van pas, hoewel ik moet toegeven dat sommige andere wel een bepaalde aantrekkingskracht hebben.

### Adviseur als rechter

U zit daar om de wet te interpreteren. De bedrijfspolitiek te interpreteren. De cliënt te zeggen wanneer deze over de schreef gaat. Wanneer de cliënt een fout maakt, beslist de Adviseur-Rechter wat de straf moet zijn door de volgende prestatiebeoordeling van die manager te beïnvloeden. Omdat rechters hoger zitten dan de rest van ons, zijn mensen bang voor ze en komen ze niet vrijwillig naar ze toe. De enigen die zich echt op hun gemak voelen bij rechters zijn andere rechters (soms het topmanagement genoemd).

### Adviseur als jury

Jury's stellen schuld en onschuld vast. Adviseursjury's voelen zich verantwoordelijk om uiteindelijk tot een onafhankelijk oordeel te komen of de cliënt fout of goed was. Het is een erg afstandelijke en erg paternalistische houding.

### Adviseur als aanklager

De aanklager is er om bewijsmateriaal aan de jury te presenteren. Sommige adviseurs leiden een feedbackbijeenkomst alsof ze werkelijk op een veroordeling uit zijn. Ze ontwikkelen gegevens en statistieken die onweerlegbaar zijn. De hele presentatie is waterdicht verpakt en er is geen speld tussen te krijgen. Dit creëert afstand tot de cliënt en geeft het signaal dat het project feitelijk een zaak is van de adviseur, eerder dan een gezamenlijke inspanning.

### Adviseur als verdediger

Soms beginnen we aan een feedbackbijeenkomst met het gevoel dat wij degenen zijn die terechtstaan. We hebben allemaal onze voor-het-geval-dat-dossiers bij ons. We hebben drie keer onze presentatie gerepeteerd en we hebben zelfs een extra PowerPointkopie voor het geval er iets mis gaat. Wanneer de cliënt ons vragen stelt, geven we overdreven verklaringen en beloven we meer gegevens te verzamelen, zelfs al weten we van binnen dat het zonde van de tijd is. De adviseur is geen verdediger. Als de cliënt u bejegent alsof u een verdediger bent, is er gewoon sprake van weerstand en de eigen angst van de cliënt voor het project.

### Adviseur als getuige

Dit is de enige rol die werkelijk overeenkomt met de rol van adviseur. De getuige is er om met correcte informatie te komen. De getuige heeft geen direct gevestigd belang in het resultaat van de beraadslagingen. Getuigen geven een helder, specifiek beeld van wat ze hebben geobserveerd. En daar is het gedeelte van de feedbackbijeenkomst voor de presentatie van gegevens nou net voor ontworpen. Beschouw uzelf dus als een oprechte getuige.

**Een kanttekening:** Het is een grote luxe om slechts een oprechte getuige te kunnen zijn voor een cliënt en niet ook de verantwoordelijkheid te dragen voor het beschermen van het bedrijfsbelang. Veel interne adviseurs moeten parttime politieagenten en parttime rechters zijn. Wanneer dat gebeurt, vormen deze rollen een enorme belemmering voor het ontstaan van het soort vertrouwelijkheid met cliënten dat we allemaal zouden wensen. Er is geen echte uitweg uit dit dilemma. Het beste wat u kunt doen is de cliënt duidelijk maken wanneer u in uniform bent en wanneer u gewoon een vriendelijke adviseur kunt zijn. Als u als interne adviseur echter kunt kiezen of u enkele controlerende verantwoordelijkheden op u zult nemen, bedenk u dan twee keer. Het aantrekkelijke is dat het u directe toegang geeft tot en direct gezag over enkele mensen in de organisatie. De prijs voor die macht is hoog, en naar mijn mening is het doorgaans niet het wantrouwen waard dat u creëert bij uw potentiële cliënten door op de stoel van de rechter gaan zitten. De meeste interne adviseurs zijn het op dit punt niet met me eens, dus het is verder aan u.

## Steun en confrontatie

Wanneer u een of andere vorm van feedback geeft, doet u twee dingen. Aan de ene kant geeft u steun aan de organisatie, aan de andere kant confronteert u haar met uw bevindingen. Door het feedbackproces uitsluitend als confrontatie te beschouwen verhoogt u de spanning en verkleint u de kans dat er actie wordt ondernomen. Het is belangrijk zowel uitdrukking te geven aan de steun die u die organisatie wilt geven, als aandacht te vragen voor het probleem. Mensen hebben steun nodig die hen de kracht geeft de verantwoordelijkheid te nemen voor problemen.

*Steun en confrontatie sluiten elkaar niet uit.* De feedbackbijeenkomst is een moeilijk moment voor cliënten, ook al hebben ze er zelf om gevraagd. Ze vragen om confrontatie wanneer ze de opdracht geven voor een onderzoek, maar ze hebben ook steun nodig. Vaak is het zo dat hoe meer de groep zich verzet, des te meer steun ze nodig hebben (en des te moeilijker het is om hen die te geven). Een voorbeeld is de situatie waarbij we te maken hebben met managers die hun afdeling strak controleren en een autoritaire stijl hebben. Uiterlijk lijken ze misschien erg controlerend en doen ze het voorkomen alsof ze zich niets gelegen laten liggen aan u als persoon of aan mensen in de organisatie. Met hun manier van optreden lijken ze wel te willen zeggen dat ze geen enkel probleem hebben of dat hun problemen mechanisch opgelost kunnen worden.

Een erg autoritaire stijl aan de buitenkant kan in werkelijkheid een uiting zijn van de eigen angst van de manager voor verlies aan controle, en wel in twee opzichten. Aan de ene kant is er de angst van de managers dat zij de controle over zichzelf zullen verliezen of in een situatie terecht komen, waarin ze dingen zeggen waarvan ze later spijt zullen hebben. De tweede angst betreft verlies van controle over de organisatie als ze problemen echt onderkennen, onder ogen zien en aanpakken. Managers zijn bang dat ze uiteindelijk een democratischer of anarchistischer organisatie zullen steunen dan ze willen. Voorzover achter de weerstand inderdaad angst schuilgaat over controleverlies, is de juiste reactie de manager *steun* te geven.

Als mensen bang zijn, hebben ze steun nodig, geen confrontatie. Zelfs al zijn ze uiterlijk controlerend en onverschillig, u moet hun steun geven en laten weten dat ze invloed zullen hebben op het proces, dat ze niet in een positie zullen verkeren waarin ze iets moeten doen wat ze niet willen. Ze zullen de controle over de organisatie niet verliezen noch de invloed die zij nodig denken te hebben om haar te leiden.

Steunbetuiging en confrontatie kunnen bijna in één zin vervat zijn. De steunbetuiging is vaak een eenvoudige verklaring dat u hoort wat de cliënt zegt. Door de cliënt steun te geven verplicht u u niet om akkoord te gaan. Het betekent dat u geluisterd hebt. De confronterende uitspraak stelt vervolgens het verschil vast tussen de manier waarop u tegen een situatie aankijkt en de manier waarop de cliënt tegen de situatie aankijkt. Beide soorten uitspraken dienen deel uit te maken van uw feedback.

# 15 Het leiden van de feedbackbijeenkomst

Elke keer dat u een helder en eenvoudig beeld van de huidige situatie en uw aanbevelingen presenteert, hoopt u dat het iets in gang zal zetten. Dat kan een beslissing zijn. Het kan leiden tot verder onderzoek of leren. Voor de cliënt en de adviseur is het een spannend moment – het moment van de waarheid. Het is ook opwindend en leuk. Na dat moment in het begin van het project wanneer de cliënt ja zegt, is de feedback het onderdeel van advieswerk waar ik het meeste plezier aan beleef.

Het opwindende van de feedbackbijeenkomst is het feit dat het de belofte inhoudt dat er iets gebeurt. Er is hoop dat de energie die de cliënt en ik in dit proces geïnvesteerd hebben resultaat zal opleveren. Dit is het belangrijkste punt op de agenda van een feedbackbijeenkomst – de verplichting tot het ondernemen van actie. Ook al wordt het grootste gedeelte van de bijeenkomst besteed aan het begrijpen van het probleem of de kans, de kern van de bijeenkomst is de discussie over wat er aan gedaan moet worden. Zo moet de bijeenkomst benaderd te worden – als een gelegenheid om actie voor te bereiden, niet slechts een gelegenheid om gegevens te presenteren. In dit opzicht is de feedbackbijeenkomst een begin, niet een einde. Het is het begin van de realisatie – de interventie die een probleem zal oplossen of de status-quo zal veranderen. Dit hoofdstuk gaat over de manier waarop een feedbackbijeenkomst gestructureerd en geleid moet worden om van de bijeenkomst het begin van actie te maken.

Om een feedbackbijeenkomst feilloos te leiden, moet u zorgen dat u doet wat gedaan moet worden in dit stadium.

1. *Focus het beeld.* Houdt het simpel en ongekunsteld. Hanteer accuraat, specifiek en niet-bestraffend alledaags taalgebruik.

2. *Presenteer gegevens over personen en over de organisatie.* Neem in uw samenvatting van gegevens informatie op over hoe met het probleem wordt omgegaan.

3. *Leid de feedbackbijeenkomst.* Houd vast aan de agenda en structureer het. Concentreer u op wat er aan het probleem of de kans gedaan zal worden.

4. *Concentreer u op het hier en nu van de bijeenkomst.* Om maximale overtuigingskracht te hebben en te zorgen dat uw vakkennis wordt toegepast, moet u het verloop van de bijeenkomst in de gaten houden en direct de weerstand aanpakken zodra die plaatsvindt. Als u de weerstand niet aanpakt tijdens de feedbackbijeenkomst, krijgt u wellicht nooit meer een kans. Als u het niet benoemt als er iets in beweging komt, zal het verdampen.

5. *Vat het niet persoonlijk op.* Een speciaal geheugensteuntje hier, omdat dit de fase van het adviesproces is waarin u waarschijnlijk op de meeste weerstand stuit. Denk aan de regel – na zes uur 's avonds kunt u alles persoonlijk opvatten, maar overdag is het uw taak, ongeacht het aantal geweren dat op u gericht staat, om geconcentreerd te blijven op de interne worsteling van de cliënt om de realiteit onder ogen te zien waartegen verzet bestaat.

Voor de rest is een feilloze feedback een kwestie van u oprecht gedragen. De cliënt laten weten hoe u het verloop van de feedbackbijeenkomst ervaart.

## De wijze van gegevenspresentatie

De gegevens moeten de aandacht vestigen op een paar centrale aspecten van het probleem of de kans. De fout van de meeste presentaties is dat ze te lang en te ingewikkeld zijn. Na al die tijd besteed te hebben aan het analyseren van gegevens, worden we er verliefd op. We ontdekken interessante discrepanties die elke verklaring tarten, we zien historische trends en vergelijkingen. We ontdekken curven en grafieken met vormen, hoogten en structuren die elk goed zijn voor een discussie van een uur. Ga uw gang en word verliefd op uw gegevens – maar val niet iedereen daarmee lastig. Houd het kort en eenvoudig. Hoe langer en ingewikkelder u het maakt, des te meer geeft u aanleiding tot eindeloze vragen over methodologie en interpretatie.

Er zijn slechts vier algemene gegevenscategorieën nodig om de presentatie te structureren:
1. analyse van het technische/inhoudelijke probleem;
2. gegevens over wat werkt en waar de kansen liggen;
3. analyse van de manier waarop met het probleem wordt omgegaan;
4. aanbevelingen.

Denk aan het volgende, wanneer u besluit hoe u de gegevens zult presenteren:

- Het doel van het onderzoek is de aandacht te *concentreren* op een hanteerbaar aantal aspecten. De meeste feedback overlaadt de organisatie. Beperk de feedback tot minder dan tien punten.

- Wat we willen is actie; we bedrijven geen wetenschap. Zelfs als het wetenschap heet.

- De feedback hoeft niet alle antwoorden te hebben, hoeft niet volledig te zijn. Het is vaak nuttig om een opzet te ontwerpen die het mogelijk maakt dat de manager of groep participeert in de analyse.

- Het eindresultaat moet ook bij een groep, net als bij een individu, zijn dat ze de verantwoordelijkheid neemt voor haar eigen situatie.

## Structurering van de bijeenkomst

Het doel van de bijeenkomst is meer dan de presentatie van uw gegevens. U wilt een reactie van de cliënt op de gegevens en aanbevelingen, en u wilt zorgen dat de cliënt iets doet naar aanleiding van uw onderzoek. Zo haalt u uit de bijeenkomst wat u wilt.

1. Het is aan de adviseur om het verloop van de bijeenkomst te sturen. U bevindt zich in de beste positie om dit te doen – de cliënt zal het druk hebben met zijn weerstand en bevindt zich wat de bijeenkomst betreft in een nogal afhankelijke positie. Als u de bijeenkomst leidt, dient dat als een model voor de cliënt om te leren hoe dergelijke bijeenkomsten geleid moeten worden.
2. De agenda moet de volgorde aanhouden die in figuur 11 is weergegeven. Houd u aan die volgorde en sla geen stap over.

## De feedbackbijeenkomst – stap voor stap

Hier volgt een gedetailleerde specificatie van de stappen. De rechterkolommen geven aan hoe u tijd kunt reserveren voor elke reeks stappen. Aangeduid worden de begin- en eindtijden van elke reeks in een bijeenkomst van een uur. Ook is het percentage van de totale tijd vermeld dat gewijd moet worden aan elke stap of groep stappen. Als u een vier uur durende feedbackbijeenkomst hebt gepland, weet u nu dat u na twee uur de cliënt moet vragen wat deze van de bijeenkomst vindt (stap 7).

### Stappen

| | % van de totale tijd | Tijd voor een bijeenkomst van een uur |
|---|---|---|
| 1. Herformuleer het oorspronkelijke contract. | 5% | Begin: Het begin |
| 2. Stel de structuur van de bijeenkomst vast. | | Einde: 3de minuut |

*Figuur 11. Stappen bij het leiden van de feedbackbijeenkomst*

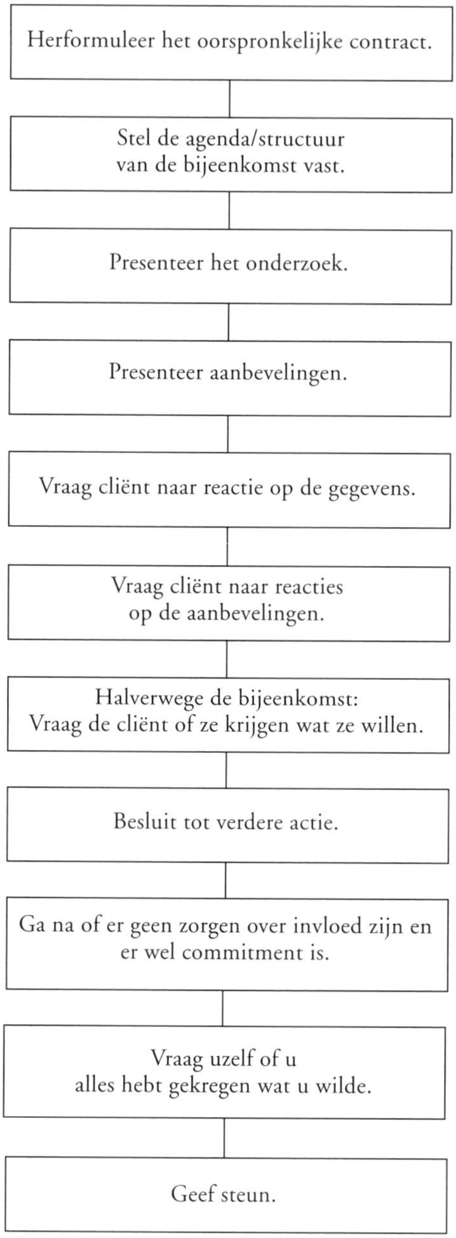

### Formuleer de structuur van de bijeenkomst

Formuleer wat de cliënt van u wilde en wat u beloofde te leveren. Bijvoorbeeld: "U vroeg ons te onderzoeken waarom de Broganreactor het begaf. We kwamen overeen dat te doen en terug te komen met aanbevelingen. We hebben niet gekeken in de hulpapparatuur die de reactor ondersteunt." Hiermee formuleert u het aanvankelijke probleem opnieuw en herinnert u de cliënt eraan wat de essentie was van het contract. Soms houden adviseurs ervan om een korte geschiedenis van het project te geven. Dat doe ik liever niet. Ik besteed slechts vijf procent van de totale tijd aan de stappen 1 en 2.

Zeg nadat u het contract geherformuleerd hebt hoe u de bijeenkomst wilt structureren. Denk eraan, u wilt het verloop van de bijeenkomst bepalen. U hoeft niet aan te kondigen dat u de leiding hebt, u moet gewoon zo optreden. Eén manier om zo op te treden is meteen aan het begin aan te kondigen: "Zo zou ik deze bijeenkomst willen structureren. Ik zou graag eerst ons onderzoek willen presenteren, waarbij ik de meeste tijd wil besteden aan welke actie daaruit zouden kunnen vloeien. Vervolgens zou ik willen dat u [de cliënt] zowel reageert op ons beeld van hoe de zaken ervoor staan als op onze aanbevelingen. Ongeveer halverwege de bijeenkomst zou ik willen stoppen om te kijken of u van de bijeenkomst krijgt wat u wilde. De laatste veertig procent van de bijeenkomst zou ik willen wijden aan een discussie over welke actie u zou kunnen ondernemen om het probleem aan te pakken. Het is de bedoeling dat de bijeenkomst om ... geschorst wordt."

## Stappen

| | % van de totale tijd | Tijd voor een bijeenkomst van een uur |
|---|---|---|
| 3. Presenteer de bevindingen. | 15% | Begin: 4de minuut |
| 4. Presenteer aanbevelingen. | | Einde: 12de minuut |

### Presenteer de bevindingen en aanbevelingen

Deze twee stappen worden door elkaar gebruikt. Sommige mensen houden ervan om met de hoofdpunten te beginnen en na elk punt van het onderzoek aanbevelingen op te sommen. Anderen presenteren het gehele onderzoek en gaan dan over op aanbevelingen. Het is handig om dit gedeelte van de presentatie zodanig te structureren dat u de reactie van de cliënt op de gegevens en zijn reactie op de aanbevelingen apart krijgt. U wilt de aanbevelingen tegen elke vorm van weerstand beschermen. Als de manager grote moeite heeft met uw feedback en u vraag na vraag stelt, kunt u het spervuur van weerstand beter over uw analyse laten komen dan uw aanbevelingen opofferen. Als de cliënt popelt om de aanbevelingen te horen en de gegevens over wil slaan, moet u het proces vertragen: zeg dat u zo dadelijk bij de aanbevelingen komt, maar dat u allereerst reacties wilt op uw beoordeling van de situatie. Elke organisatie heeft andere normen voor de opzet van dit gedeelte van de bijeenkomst. Sommige zijn erg formeel, andere informeel.

Ik prefereer het om te veel formaliteit te vermijden. Een formele presentatie, vooral met PowerPoint, creëert te veel afstand tussen de cliënt en de informatie. Wanneer u naar een slide kijkt, is het scherm ver weg en lijkt de inhoud in beton gegoten. Dit instrument druist in tegen het oorspronkelijke doel. Ik weet dat het een tegenvaller is voor gebruikers van PowerPoint, maar het gaat er tenslotte om niet aan de macht vast te klampen. Het is een vergissing om bij de feedbackbijeenkomst met een perfect pakket informatie te komen.

Denk eraan dat u klaar moet zijn met de gegevens en aanbevelingen als nog maar twintig procent van de bijeenkomst is verstreken. Duurt de bijeenkomst een uur, dan is dat de twaalfde minuut. Ervan uitgaande dat het u drie minuten kostte om de bijeenkomst in te leiden, hebt u nog negen minuten over. Deze tijdsbeperking dwingt u echt tot de kern van de zaak te komen en snel over te gaan op aanbevelingen.

De grootste fout die mensen tijdens de feedbackbijeenkomst maken is de hele bijeenkomst te gebruiken voor de rapportage van gegevens. Wanneer u het resultaat van het onderzoek presenteert, bespreekt u een onderwerp waardoor u en de cliënt enorm gefascineerd zijn. Als u uzelf laat meeslepen door deze fascinatie, zal de bijeenkomst ongemerkt voorbijgaan en zal de adviseur noch de cliënt weten wat er na hun vertrek moet gebeuren. Dit laat u – en de cliënt – in onzekerheid.

U hebt ook voldoende tijd nodig om de weerstand van de cliënt aan te pakken. *Hoe de cliënt reageert op de gegevens is belangrijker voor de implementatie dan de gegevens zelf.* Als de analyse briljant is maar de cliënt er onverschillig tegenover staat, zal er niets gebeuren. Als de analyse duidelijk middelmatig is maar de cliënt helemaal enthousiast maakt (ondanks de middelmatigheid ervan), zal er wel actie worden ondernomen. Houd de presentatietijd dus zo kort mogelijk, besteed het grootste deel van de bijeenkomst aan de reacties van de cliënt.

## Stap

| | % van de totale tijd | Tijd voor een bijeenkomst van een uur |
|---|---|---|
| 5. Vraag cliënt naar reacties. | 30% | Begin: 13de minuut<br>Einde: 30ste minuut |

### Vraag om reactie van de cliënt

Dit is de kern van de bijeenkomst. De reactie van de cliënt zal bepalen hoeveel intern commitment er is wanneer u vertrekt. De reacties van de cliënt zullen bepalen of uw vakkennis wordt toegepast of niet.

Dit is het moment waarop u wilt dat de cliënt bedenkingen kenbaar maakt. Als de manager halverwege de bijeenkomst zijn bedenkingen over de gegevens of de werkwijze verzwijgt, zullen die bedenkingen later naar buiten komen, op een veel minder wenselijk tijdstip – hetzij op het moment van besluitvorming hetzij nadat u van het toneel verdwenen bent.

Soms moet u directe, specifieke vragen stellen om de reacties van de cliënt te krijgen. Cliënten zullen vaak hun reacties geven zonder daartoe te worden aangezet. Als u een zwijgzame of erg matte reactie krijgt, moet u tegen de cliënt zeggen: "Wat is uw reactie op de informatie die ik geef?" of "Zijn er nog dingen die u verontrusten in de gegevens of de analyse?" Het kan zijn dat u weet dat een deel van de gegevens een uiterst gevoelig punt raakt. Ik zou daar een directe vraag over stellen: "Een deel van ons rapport gaat over de manier waarop u met het probleem bent omgegaan en over de rol van uw baas in dit probleem. Wat vindt u van de wijze waarop we de situatie hebben samengevat?"

Het doel van deze vragen is uit te komen bij datgene wat spanning in de situatie veroorzaakt en onuitgesproken weerstand aan het licht te brengen.

Een zekere mate van spanning is nuttig tijdens elke feedbackbijeenkomst. Als er geen spanning is, zal waarschijnlijk niemand zich werkelijk iets aantrekken van de gegevens en aanbevelingen, wat betekent dat er ook geen enkele energie zal zijn voor de implementatie. Als de spanning te hoog is, kunnen de cliënt en de adviseur zich zo bedreigd voelen dat ze niet in staat zijn verantwoordelijkheid te nemen en realistische, nuttige stappen voor het vervolg te plannen. Wat u wilt, is een middelmatig spanningsniveau.

U hebt dertig procent van de bijeenkomst om te wijden aan reacties van de cliënt. Dit is het moment waarop u de cliënt moet vragen gevoelens kenbaar te maken, dus neem geen defensieve houding aan wanneer u die hoort. De reacties van de cliënt zijn niet tegen u gericht, maar tegen de pijnlijke noodzaak de gegevens die u presenteert onder ogen te zien en er iets mee te doen. Als u merkt dat u een defensieve houding aanneemt, bestaat het gevaar dat u bevangen wordt door een deel van dezelfde angst die de cliënt geïnfecteerd heeft. Wees u ervan bewust wanneer u zich defensief begint op te stellen en als u het merkt, stop er dan mee.

Het is ook belangrijk om vast te houden aan uw beoordeling van de situatie en aan uw geloof in uw aanbevelingen. Er moet een goede reden zijn geweest waarom u vond dat het steekhoudend was. Zwicht niet wanneer u op weerstand stuit. U hebt vertrouwen in wat u voorstelt en moet dat niet te makkelijk opgeven, ook al hoeft u het niet te verdedigen.

## Stap

| | % van de totale tijd | Tijd voor een bijeenkomst van een uur |
|---|---|---|
| 6. Halverwege de bijeenkomst moet u de cliënt vragen: "Krijgt u wat u wilt?' | 10% | Begin: 31ste minuut<br>Einde: 36ste minuut |

### "Krijgt u wat u wilt?"

Het meest effectieve wat u kunt doen, is halverwege de feedbackbijeenkomst cliënten vragen of ze van de bijeenkomst krijgen wat ze willen. Dit is een vraag om zekerheid te krijgen. Ik stelde de manager altijd net voor het einde van de bijeenkomst vragen over die bijeenkomst. Met nog zo'n vijf tot tien minuten te gaan. Dat was te laat. Een paar keer, toen de manager werkelijk teleurgesteld was over de bijeenkomst, had ik geen tijd meer om er iets aan te doen. Als de manager meer specifieke aanbevelingen wilde of hij nog ergens mee zat, was er geen tijd meer om te reageren. Als ik de helft van de bijeenkomst nog voor de boeg heb, is er een goede kans dat ik op de proppen kan komen met datgene wat de manager wellicht verlangt, of dat ik de manager kan helpen zijn bedenkingen te uiten en van zich af te zetten.

Ondanks de nadruk die ik leg op deze stap bij de training van andere adviseurs, komen ze er zelden toe halverwege de bijeenkomst om feedback te vragen. De adviseur en de cliënt zijn zo in hun opdracht verzonken, dat de tijd ongemerkt voorbijgaat. De adviseur kan ook onwillig zijn om te vragen hoe de bijeenkomst verloopt, uit angst dat het niet mogelijk zal zijn op de teleurstelling van de cliënt te reageren. Het is beter om ten minste de herstelpoging te ondernemen dan na de bijeenkomst te ontdekken wat er verkeerd ging. (Dingen die u moet doen wanneer de bijeenkomst niet goed verloopt, worden later in dit hoofdstuk behandeld.)

## Stap

| | % van de totale tijd | Tijd voor een bijeenkomst van een uur |
|---|---|---|
| 7. Besluit tot verdere actie. | 30% | Begin: 37ste minuut<br>Einde: 54ste minuut |

### Het besluit om door te gaan

Het doel van de feedbackbijeenkomst is te zorgen dat er actie wordt ondernomen. De vraag wat de volgende zet moet zijn, moet niet te laat in de bijeenkomst gesteld worden, zodat de adviseur in het besluit kan participeren.

Als u wacht tot de bijeenkomst bijna is afgelopen, vindt de echte discussie over de voortgang wellicht plaats op een tijdstip en een plaats die u zullen buitensluiten. Als de cliënt een besluit neemt wanneer u niet aanwezig bent, zijn de kansen wat kleiner dat het besluit de *lastige realiteiten* die uw onderzoek heeft blootgelegd werkelijk zal aanpakken. Dit gaat vooral op, als uw onderzoek zich voornamelijk geconcentreerd heeft op de manier waarop met het probleem wordt omgegaan en op de managementstijl van de cliënt. Het is moeilijk voor cliënten om hun eigen rollen te zien in het in stand houden of creëren van een probleem, en uw aanwezigheid maakt het makkelijker.

Er zijn enkele kerntaken waarop u u moet concentreren, wanneer u deelneemt aan de discussie over wat aan het probleem gedaan moet worden.

1. Zorg dat de discussie zich blijft concentreren op dingen die binnen de invloedssfeer van de cliënt liggen.

2. Breng voortdurend de kanten van het probleem of de aanbevelingen ter sprake die volgens u *essentieel* zijn voor de problemen en mogelijkheden die zich op dat moment én op de langere termijn voordoen. De essentiële punten zijn vaak de meer gevoelige kanten van de situatie – een moeilijke relatie, iemand die slecht presteert, of een politieke overweging. Als adviseur zonder gevestigd belang kunt u zich richten op de gevoelige kwesties en de cliënt daarmee een dienst bewijzen.

3. Houd de discussie in evenwicht door de visies van mensen die niet aanwezig zijn aan de orde te stellen. U hebt doorgaans een duidelijk beeld van de verschillende manieren waarop mensen in de organisatie tegen een situatie aankijken. Terwijl de cliënt overweegt wat er gedaan moet worden, kunt u ervoor zorgen dat het besluit rekening houdt met de verschillende visies.

4. Respecteer het recht van de verantwoordelijke manager om zijn keuze te maken onder zo min mogelijk dwang van anderen, inclusief de adviseur.

Soms zal de cliënt de adviseur willen buitensluiten van de besluitvormingsbijeenkomst. Ik vraag altijd om aanwezig te mogen zijn. Dit is iets waar u in uw oorspronkelijke contract al om moet vragen. De reden dat de cliënt de adviseur zou willen buitensluiten van de besluitvorming is dat hij het in eigen hand wil houden. De adviseur weghouden van de besluitvorming is in feite weer een vorm van weerstand.

## Stappen

| | % van de totale tijd | Tijd voor een bijeenkomst van een uur |
|---|---|---|
| 8. Ga na of er geen zorgen over invloed zijn en er wel commitment is. | 10% | Begin: 55ste minuut |
| 9. Vraag uzelf of u hebt gekregen wat u wilde. | | |
| 10. Geef steun. | | Einde: 60ste minuut |

Het afsluiten van de feedbackbijeenkomst lijkt erg veel op het afsluiten van de contractbespreking. U wilt de verzekering hebben dat de genomen besluiten kunnen rekenen op commitment van de cliënt. U kunt de feedbackbijeenkomst ook beschouwen als de beginfase van het volgende contract dat u wellicht met deze cliënt zult hebben. Het afsluiten dient zo direct en volledig mogelijk te gebeuren.

Dit zijn de stappen.

### Ga na of er geen zorgen over invloed zijn en wel commitment is

*Vraag de cliënt*: "Wat vindt u van de invloed die u zult hebben als we doorgaan met de oplossing?" Als de cliënt verontrust is, wilt u misschien manieren bespreken die zijn verontrusting kunnen verminderen.

### Vraag uzelf of u meer wilt van de bijeenkomst

*Vraag de cliënt*: "Is de oplossing die we bespraken iets waar u zich echt in kunt vinden?" Als de commitment van de cliënt gering lijkt, wilt u er misschien tijdens de bijeenkomst op doorgaan of de kwestie op een later tijdstip ter sprake brengen.

Misschien wilt u enige voortdurende betrokkenheid. Misschien wilt u later feedback over het effect van uw advies. Misschien wilt u nu feedback van de cliënt over de vraag of u behulpzaam was tijdens dit project en hoe u wellicht effectiever had kunnen zijn. Misschien wilt u dat de cliënt uw baas informeel zegt dat u puik werk geleverd hebt. Misschien wilt u een ander contract met de cliënt, hetzij om dit project te implementeren, hetzij om een ander te beginnen. Als er dingen zijn die u wilt, is het nu de tijd er om te vragen.

### Geef steun

De implementatiefase is een tijd waarin de zwaarste last op de cliënt drukt. Geef steun vanwege deze verantwoordelijkheid. Vertel de client wat hij tijdens de bijeenkomst goed deed. Zo wordt het proces afgerond.

## Een samenvatting

In figuur 12 volgt een samenvatting van de stappen tijdens het leiden van de feedbackbijeenkomst.

*Figuur 12*

| Stappen | % van de totale tijd | Tijd voor een bijeenkomst van een uur: *Begin* | *Einde* |
|---|---|---|---|
| 1. Herformuleer het oorspronkelijke contract. | 5% (stap 1–2) | Het begin | |
| 2. Stel de structuur van de bijeenkomst vast. | | | 3de min. |
| 3. Presenteer de bevindingen. | 15% (stap 3–4) | 4de min. | |
| 4. Presenteer aanbevelingen. | | | 12de min. |
| 5. Vraag cliënt naar reacties. | 30% | 13de min. | 30ste min. |
| 6. Halverwege de bijeenkomst moet u de cliënt vragen: "Krijgt u wat u wilt?" | 10% | 31ste min. | 36ste min. |
| 7. Besluit tot verdere actie. | 30% | 37ste min. | 54ste min. |
| 8. Ga na of er geen zorgen over invloed zijn en wel commitment is. | 10% (stap 8–10) | 55ste min. | |
| 9. Vraag uzelf of u hebt gekregen wat u wilde. | | | |
| 10. Geef steun. | | | 60ste min. |

Wanneer u deze structuur volgt voor de feedbackbijeenkomst, bent u ervan verzekerd dat u alles gedaan hebt wat u in de feedbackfase moest doen. Dit is het halve werk. Wanneer u ook nog oprecht bent in elk stadium van de bijeenkomst, heeft u feilloos adviseren bereikt. In dit verband kost het aanpakken van de weerstand die zeker zal opkomen tijdens de bijeenkomst de meeste inspanning. Hier volgen enkele geheugensteuntjes om deze horden te helpen nemen.

## Weerstand tijdens de feedbackbijeenkomst

De feedbackbijeenkomst zelf is onderdeel van het onderzoeks- en leerproces van de cliënt. De cruciale vaardigheid in het leiden van de feedbackbijeenkomst is geconcentreerd te blijven op het hier-en-nu-proces van de bijeenkomst. Dit is zelfs belangrijker dan de inhoud van de bevindingen die besproken wordt. Veel zaken die in het onderzoek zijn onderzocht en die verband houden met slecht functioneren, zullen tijdens deze bijeenkomst naar buiten komen. Wanneer u hierop bent voorbereid, helpt dat voorkomen dat u vastloopt in de bijeenkomst.

Vastlopen in de feedbackbijeenkomst kan op vele manieren gebeuren:

- U moet de gegevens keihard verdedigen tegenover de mensen die geacht worden ervan te leren.
- U merkt dat u zich in zit te spannen voor de volgende stappen van een organisatie of groep waar u part noch deel aan hebt.
- U wordt geacht alle antwoorden in petto te hebben. U bent in de positie gedrukt van iemand die in minder dan drie minuten oplossingen aandraagt voor bijzonder ingewikkelde problemen.

De uitweg uit de meeste impasses is onder woorden te brengen wat er aan de hand is op het moment dat het gebeurt. "Ik merk dat ik gegevens moet verdedigen tegenover mensen die geacht worden ervan te leren" of "Ik hoor mezelf steeds volgende stappen aandragen voor *uw* organisatie en ik zal er niet eens bij zijn!" of "Een van de normen die ik noemde is dat mensen hun steun betuigen door te zwijgen – is dat ook nu gaande? – help!"

De weerstand die u ondervindt tegen suggesties voor volgende stappen is waardevol, omdat het betekent dat u doel treft. U moet het niet beschouwen als afwijzing door of ongeïnteresseerdheid bij de cliënt. Het betekent dat u u bezighoudt met iets wat belangrijk is voor de cliënt, dus moet u de weerstand eerder opzoeken dan uit de weg gaan.

De reactie die u tijdens elke feedbackbijeenkomst krijgt, zal alle problemen de revue laten passeren die de organisatie heeft met het oplossen van andere problemen en het beheersen van haar verdere zaken. De reactie op moeilijke kwesties kan bestaan uit het verzinken in details, uitstel van een plan van actie, of een ontkenning van problemen. Wat de reactie ook is, u kunt haar interpreteren als de karakteristieke manier waarop de organisatie haar besluiten hanteert. Het is belangrijk de reactie op deze wijze te interpreteren en steun te geven aan een organisatie door te kijken wat ze doet.

Zoals in alle andere adviesfases, moet u ook uw eigen gevoelens vertrouwen wanneer u praat over interventies of planning. Als iets u niet lekker zit – u begrijpt iets niet, bent teleurgesteld, er wordt niet naar u geluisterd – of als u juist opgewonden en positief bent en voelt dat uw ideeën aanslaan, moet u uw gevoelens onder woorden brengen als onderdeel van het model en de aanpak die u de cliënt aanbiedt.

Net als de contracteringsfase bevat het geven van feedback een affectief aspect – gevoelens over de interactie zelf. Er is een proces gaande tussen u, de adviseur die feedback geeft, en cliënten die een uitspraak over hun problemen te horen krijgen. Stel bijvoorbeeld dat een adviseur tijdens het feedback geven er niet meer uit komt, onzeker wordt en niet weet wat de volgende stap moet zijn. Dit kan op twee manieren worden aangepakt – de ene is proberen met meer overtuiging, meer helderheid te spreken. De tweede manier is eenvoudigweg te zeggen: "Weet u, nu we hier zitten te praten, weet ik even niet goed meer wat ik ervan moet denken en wat de volgende stap moet zijn." U hebt een veel grotere kans door te dringen tot de kern van de problemen rond verantwoordelijkheid, commitment en erkenning van problemen, als u reageert op het verloop van de feedback en uw eigen gevoelens daarbij kenbaar maakt.

## Checklist 7. Het plannen van een feedbackbijeenkomst

Hier volgen enkele richtlijnen die u voor een feedbackbijeenkomst kunt gebruiken om u erop voor te bereiden.

1. Wat wilt u van de bijeenkomst? Begrip? Overeenstemming? Actie? Meer werk?

2. Structureer de bijeenkomst zo, dat u ten minste evenveel tijd hebt voor discussie als voor de presentatie van resultaten.

3. Bekijk opnieuw de formulering van de feedback: spreek zo min mogelijk oordelen uit, houd het beschrijvend.

4. Welke vragen kunt u stellen om de weerstand tijdens de bijeenkomst bespreekbaar te maken?

5. Wie zouden ontbreken op de feedbackbijeenkomst die een groot belang hebben bij de uitkomst?

6. Hoe kunt u om feedback vragen over het verloop van dit adviesproject?

## Als de groep onderling verdeeld is

Wanneer u uw conclusies en aanbevelingen rapporteert aan een groep mensen, krijgt uw taak een extra dimensie. Als de groep niet gewend is samen te werken, of slecht samenwerkt, kunnen hun onderlinge problemen op de adviseur worden afgereageerd. U wordt een makkelijk doelwit wanneer zij geen directe confrontatie met elkaar kunnen aangaan. De vaardigheid is de bijeenkomst er niet een te laten zijn van cliënt versus adviseur. Er zijn enkele dingen die u kunt doen om dat te verhinderen.

*Beschouw de groep als een verzameling individuen.* Ga er niet van uit dat ze het allemaal eens zijn of dat ze elkaar allemaal steunen, dat ze hetzelfde voelen of denken. Vraag iedere persoon wat die van de bijeenkomst wil. Dit zal verschillen aan de oppervlakte brengen en de groep dwingen verantwoordelijkheid te dragen voor enkele van de problemen die zich kunnen voordoen. Als ze niet naar elkaar luisteren, vraag hun, ieder apart, te reageren op wat een ander zegt. Dit neemt iets van de aandacht van u weg en richt die op de groep waar ze thuishoort. Geef altijd steun. Wanneer mensen gestrest zijn en het hun niet goed gaat, hebben ze steun nodig, niet nog meer confrontatie.

*Er zal altijd een deel van de groep zijn dat huiverig voor verandering is en zich hevig verzet.* Ze zullen hieraan uiting geven door agressieve vragen te stellen over de verandering, over uw gegevens of over het programma. De basisregel is *niet te veel te investeren in de mensen die zich verzetten.* Nogmaals, de vragen verdienen twee keer een bereidwillig antwoord, maar u moet enig politiek gevoel hebben voor waar het machtscentrum ligt in de groep en wiens mening doorslaggevend zal zijn. Investeer uw energie liever in deze mensen dan in de meest welbespraakte of luidruchtigste mensen die met vragen komen. Op een bepaald moment zou u kunnen zeggen: "Goed, we hebben enkele vragen gehoord van Bob en John. Ik weet niet wat de rest van jullie vindt. Janny [als Janny de baas is], wat vind jij hiervan?"

*Pas aan de andere kant op als uw cliënt zich snel schikt in uw voorstel.* Men gaat vaak op een passieve dan wel meegaande wijze om met conflicten, en ik zou daar heel wantrouwig tegenover staan.

## Checklist 8. Terugblik op de feedbackbijeenkomst

Hier volgen enkele vragen om uzelf te stellen na een feedbackbijeenkomst. Met behulp van de antwoorden op deze vragen kunt u zien wat u zelf geleerd hebt van elke feedbackbijeenkomst die u leidt, en kunt u u voorbereiden op de volgende.

1. Wat was de uitkomst?

2. Wat was de definitieve conclusie ten aanzien van de situatie of aanbevelingen? Verschilde die van uw eerste uitspraken over de bevindingen of aanbevelingen?

3. Welke vorm nam de weerstand aan?

4. Hoe reageerde u op de weerstand?
   - Vatte u het persoonlijk op?
   - Gaf u meer uitleg en gegevens?
   - Zocht u naar onuitgesproken zorgen over invloed en kwetsbaarheid?

5. Liep u op een bepaald moment vast?

6. Welke non-verbale signalen merkte u op?

7. Welke verbanden ziet u tussen de manier waarop men zich tijdens de feedbackbijeenkomst opstelde en de manier waarop met het technische/inhoudelijke probleem wordt omgegaan?

8. Welk effect had deze bijeenkomst op uw relatie met de cliënt?

## De bijeenkomst als voorbeeld

De competenties voor het leiden van een feedbackbijeenkomst zijn:
- de cliënt confronteren met alle relevante verzamelde gegevens, ook al behoorde het niet tot uw oorspronkelijke opdracht;
- zowel de kans als het probleem benoemen;
- eerder beschrijvende feedback geven dan oordelen uitspreken;
- gegevens terugkoppelen naar de cliënt over zijn persoonlijke gedrag bij de aanpak van het probleem waar het om gaat;
- begrijpen dat kritiek en weerstand van de cliënt niet tegen u persoonlijk zijn gericht;
- aanwezig zijn bij de bijeenkomst waar de plannen van actie worden bepaald;
- de feedbackbijeenkomst zo structureren en sturen dat u de cliënt reacties ontlokt en de volgende stappen laat kiezen.

Wanneer u met managers werkt, moet u hetzelfde soort oprechte gedrag laten zien als u hun aanraadt aan te nemen in hun omgang met hun ondergeschikten. U bent altijd een voorbeeld voor de manier waarop met problemen moet worden omgegaan, en de meest zinvolle wijze waarop managers problemen kunnen leren oplossen is hen te laten ervaren hoe u problemen aanpakt. Dat kan veel meer betekenen dan alles wat u zegt of wat u hen adviseert aan processen waarin ze zich met hun ondergeschikten zouden moeten begeven.

# 16 Implementatie

In de eerste editie van dit boek heb ik precies twee pagina's besteed aan implementatie. Ik kan me niet herinneren of ik gewoon haast had om het boek af te krijgen, of dat ik weinig over het onderwerp te vertellen had. Door de jaren heen ben ik me er echter steeds meer van bewust geworden dat veel adviezen goed bedoeld zijn, maar slechts weinig verandering teweegbrengen. Het is op zijn mildst gezegd frustrerend als je goed contracteert, een accuraat beeld van de huidige situatie ontwikkelt, feedback geeft en een goed besluit neemt, en je toch maar weinig concrete resultaten van die investering terugziet.

In theorie draait het in het advieswezen om de implementatie. Het is de oogst van het werk. Jammer genoeg zijn weten wat te doen (het resultaat van de ontdekkingsfase) en het vinden van de juiste manier om het te doen (de focus van de implementatie) twee verschillende werelden. Adviseurs besteden van oudsher te veel aandacht aan analyse en aanbevelingen en te weinig aandacht aan de complexiteit van het vertalen van die aanbevelingen naar actie.

De fout zit hem erin dat wij implementatie zien als een proces dat in wezen rationeel is. We geloven dat een logisch, stapsgewijs proces van probleemoplossing leidt tot de vervulling van onze plannen. Het feit dat we zo gesteld zijn op lijstjes, mijlpalen en elektronische agenda's is daar een voorbeeld van: als we ergens een lijst bij kunnen houden van de dingen die gedaan moeten worden, dan zullen die dingen ook gedaan worden. Hoewel het moeilijk is om het nut van georganiseerdheid tegen te spreken, is het wel zo dat er vaak te gemakkelijk gedacht wordt over wat het betekent om te handelen naar eer en geweten. Op het persoonlijke vlak is er de kloof tussen het hebben van een visie en het in praktijk brengen van die visie. Hoe oprechter we trouw blijven aan een visie, hoe meer we ons realiseren dat het ons levenswerk is.

## Het verkiezen van engagement boven installatie

Het is voor een organisatie zelfs nog moeilijker om een manier van denken en een manier van aanpak te veranderen. Wat implementatie deels zo moeilijk maakt, is dat er vaak over verandering wordt gedacht alsof die kan worden geïnstalleerd, gemanaged en beraamd. Installatieplannen steunen in grote mate op duidelijke doelen, een helder omschreven stappenplan en zorgvuldig gespecificeerde doelstellingen en maatregelen – alsof er een blauwdruk gemaakt kan worden die anderen dan kunnen volgen. Dat is de benadering van een technicus, en die werkt goed bij mechanische problemen, maar is onvolledig waar het gaat om het veranderen van levende systemen. Verandering kan nu eenmaal niet geïnstalleerd en gepland worden, en daarom duurt het altijd langer en is het moeilijker dan verwacht. De mensen achter Positive Deviance die eerder aan bod kwamen, begrijpen dit en daarom zijn ze zo succesvol. Hetzelfde geldt voor de organisatiebrede aanpak, die zijn pijlen richt op gemeenschappelijke bijeenkomsten en inzichten om een verschil te maken.

De technicus in ons moet worden aangevuld met het gedachtegoed van een sociaal architect en de vaardigheden van een maatschappelijk werker. Elke implementatie vereist niet alleen een verandering in het tastbare, zoals methoden of structuren, maar ook een verandering in het ontastbare, zoals betrekkingen en persoonlijk vertrouwen en commitment.
Dit en het volgende hoofdstuk gaan over manieren om deze ontastbaarheden te benaderen. Zij gaan over een essentieel aspect van implementatie: het bijeenbrengen van mensen om iets te verwezenlijken en om te plannen hoe je iets goed kunt laten werken.

De kunst van het bijeenbrengen van mensen heet *engagement*. Het achterliggende idee is dat engagement een alternatief vormt voor of een aanvulling vormt op installatiestrategieën. De stappen die aan bod komen, zijn de elementen van engagement. Ik stel voor dat we geëngageerd raken. Als je een beter aanbod kunt vinden, ga je gang.

Er bestaan voor de adviseur twee aspecten van implementatie. Eén aspect is het technische werk, waarbij u gebruik maakt van de expertise die u over de jaren heeft opgedaan. Als u een financiële analist bent, begint u met het introduceren van een controlesysteem. Als u een IT-specialist bent, herschrijft u de software. Als u managementtrainer bent, begint u met het trainingsprogramma.

Het tweede aspect van implementatie is het ondersteunen van de zakelijke of technische verandering die u van plan bent te maken. Dat is geen gemakkelijke taak. De implementatie is niet echt begonnen totdat de mensen die het werk moeten doen besloten hebben of ze echt veranderingen gaan doorvoeren, of alleen voor de vorm meedoen. Echte veranderingen vragen om echt commitment, en het maakt deel uit van de taak van de adviseur om die vonk over te laten springen. Om daadwerkelijk interne commitment te verwezenlijken bij degenen die in het systeem zullen moeten leven waarin u slechts te gast bent, moeten eerst enkele traditionele ideeën uit de weg geruimd worden.

## Met de beslissing is het nog niet geklaard

Te veel adviesprojecten resulteren slechts in een cosmetische verandering. Een cosmetische verandering houdt in dat de denkwijze en de retoriek van verandering perfect zijn, maar de werkelijke ervaring niet overeenkomt met de belofte. Een groot deel van het cynisme over adviseurs ontstaat, omdat we stiekem strategieën aanhangen die met veel tromgeroffel worden aangekondigd, maar die eindigen in een wereld waarin de beloften van verandering geen verschil hebben gemaakt voor het alledaagse werk. Onze geheime voorliefde voor cosmetische verandering komt voort uit het idee dat nieuw gedrag tot leven kan worden gebracht door het te definiëren, modelleren, stimuleren, aan te drijven, kopen en regelen. Veel van de manieren waarop adviseurs organisaties proberen te veranderen, werken eigenlijk als een verdediging tegen verandering.

Een van de obstakels voor verandering (ik gebruik 'verandering' en 'implementatie' alsof ze nagenoeg hetzelfde betekenen) is geworteld in het vertrouwen in de besluitvaardigheid van leidinggevenden. Met onze bewondering voor leiders en ons koppig geloof in individualisme geloven we dat het meteen effect zal hebben wanneer de baas tot een besluit is gekomen. Dat komt in werkelijkheid maar zelden voor. Geen enkel bedrijf wordt bestuurd door één enkele persoon, geen product wordt gemaakt of afgeleverd door één persoon, geen enkele oorlog werd ooit uitgevochten door één generaal.

Het is interessant dat managers zich beter bewust zijn van hun beperkingen dan adviseurs. Managers weten dat het feit dat zij tot een besluit zijn gekomen niet betekent dat dat besluit ook zal worden uitgevoerd. Zij worden iedere dag geconfronteerd met de realiteit dat veel van hun beste bedoelingen geen enkele impact hebben op de manier waarop het werk wordt uitgevoerd. Het zijn juist de adviseurs die het moeilijk vinden om dat gegeven te accepteren. Iedere adviseur zal op een gegeven moment klagen dat het managers aan de moed, het doorzettingsvermogen en de vasthoudendheid ontbreekt om hun beslissingen door te drijven en zich ervan te verzekeren dat de aanbevelingen worden uitgevoerd.

We houden ons vast aan de magische gedachte dat het gaat om leiderschap en besluitvaardigheid, en dat we daar meer van nodig hebben. Veranderingen in menselijke systemen hebben echter veel meer te maken met de instemming van diegenen die bestuurd worden, dan met de wil en bekwaamheid van de bestuurders; zelfs in een monarchie.

## De zaak tegen installatie

De blauwdruk van een traditionele implementatie volgens het installatiemodel is om achtereenvolgens:

- een visie te bepalen;
- eisen te stellen aan wat we verwachten;
- de verandering te meten.

In de juiste verhouding zijn dit allemaal gerechtvaardigde elementen van het dagelijks leven in elke werkomgeving, maar de implementatie wordt verstoord als we misbruik maken van deze gereedschappen. Als dat gebeurt, worden die gereedschappen een subtiele vorm van dwang in plaats van neutrale manieren om de toekomst te bepalen en te besturen. We denken dat we de nieuwe manier van werken moeten verkopen en er steun voor moeten afdwingen. Maar wanneer adviseurs en managers van bovenaf opgelegde visies, eisen en maatregelen hanteren om controle te houden en de wereld voorspelbaar te maken, verstoren ze daarmee de implementatie.

De mogelijkheid voor mensen om verantwoordelijkheid te nemen en zelf antwoorden op deze vragen te geven, gaat verloren. In plaats van mensen te confronteren met hun vrijheid nodigen we uit tot volgzaamheid. Deze verplichte institutionalisering van bruikbare gewoonten haalt de angel uit de meeste implementaties. In het nu volgende zal ik een paar van de grootste struikelblokken voor implementatie bespreken.

## Geplastificeerd leiderschap

De gedachte dat vooruitgang voortkomt uit de visie van de leider staat echte verandering en dienstverlening in de weg, of 'wij' als adviseurs of trainers nu die leider zijn, of 'zij' als managers. Het is een fabeltje dat verandering wel zal plaatsvinden als de boodschap maar duidelijk en dwingend genoeg is en we het angstvisioen met voldoende urgentie en de opgeklaarde dag van morgen met voldoende enthousiasme afschilderen. Dit leidt tot nadruk op het overbrengen van de visie en het bedrijfsplan voor verandering.

Ik heb zelf bijgedragen aan het probleem toen ik een hoofdstuk over visie schreef in mijn boek *Empowerment in organisatie*. Het ging over de kracht van visie, over hoe het veranderingsproces begint met een voorstelling van een nadere toekomst. Het werd het meest populaire hoofdstuk van het boek. Ik ontving per post en op mijn reizen honderden vision statements. De meeste waren boeiend en veel daarvan stonden op geplastificeerde kaartjes, zodat ze altijd konden worden meegenomen in een portemonnee. Veel vision statements hingen aan de muren van het kantoor en in ontvangstruimtes, vaak waren ze ondertekend door het management. Ze hadden allemaal hetzelfde thema: om een duurzame organisatie te vormen, moet het bestuur een visie hebben.

Er zijn echter twee redenen waarom deze aanpak problematisch is. Ten eerste wordt op het moment van plastificeren bezegeld dat de visie van het management de enig geldige is. We wilden allemaal graag weten wat het management wil bereiken. Zodra we dat wisten, konden we ons daarnaar voegen en proberen het te verwezenlijken. Het vaststellen van visies werd zo iets heel laagdrempeligs. Als adviseurs hielpen we in het begin van elk project het bestuur om hun visie te bepalen en uit te spreken. Dat kon dagen duren, maar ook maanden. Vaak was het in werkelijkheid een staflid of de adviseur die de visie opstelde en die dan aan het management voorlegde ter goedkeuring; het eindproduct weerspiegelde dan de ideeën van het management, het droeg hun goedkeuring. Dat was een goede gang van zaken voor de managers die de visie hadden opgesteld. Tenminste, het was een goede gang van zaken als die visie in de eerste plaats voor henzelf was opgesteld en als die bedoeld was om hen te leiden in hun eigen werk.

Helaas werden visies doorgaans opgesteld voor anderen. We dachten dat de top de cultuur moest bepalen waarnaar het midden en de onderste lagen moesten leven. Dit denkbeeld verzwakt het idee van de visie, ook al willen het midden en de onderste lagen graag weten wat het bestuur van plan is. Het feit dat iedereen wil weten wat de visie van het bestuur is, geeft aan die visie nog geen betekenis.

Vaak is de organisatie enigszins teleurgesteld wanneer zij de visie van het bestuur verneemt. De grote bijeenkomst die was belegd als een stuwende kracht leidt dan eerder tot een verlies van energie. Het drong tot me door toen ik de vierhonderd visieverklaringen die me waren toegestuurd begon te lezen. Ze zeiden allemaal hetzelfde. Iedere organisatie geeft om haar klanten, waardeert teamwork, bestaat voor haar aandeelhouders of de maatschappij, en wil uitmunten in alles wat zij doet. Als we alle visieverklaringen in een grote hoed zouden gooien en er eentje uit zouden trekken, zouden we allemaal denken dat het die van ons was. Ik realiseerde me eindelijk dat het gaat om het *scheppen* van een visie, en niet zozeer om de inhoud ervan.

Het tweede gevolg van het plastificeren was dat de visie van het management nu de gevolgen van wind, regen en duistere nachten kon doorstaan. Dat is de reden waarom de visie geplastificeerd was, zodat deze altijd zou blijven bestaan. De visie van het management werd gezien als onveranderlijk en duurzaam, en daar ligt de denkfout. De visie van het management is niet alleen niet waar het om gaat, het is ook niet eeuwigdurend. Iedereen moet zich bezighouden met de vraag van de toekomst die we willen verwezenlijken, en die visie is levend en onderhevig aan verandering. Een visie is meer een dialoog dan een verklaring, het is een belangrijke conversatie, een veelbetekenend product van de verbeelding, en het moet een gezamenlijk, voortdurend werk zijn van elke afdeling. Als een visie eenmaal is geplastificeerd, leeft hij niet meer.

In praktische termen: als een groep een duidelijker visie nodig heeft, help ze dan vooral om er een op te stellen. Maar maak geen videobanden waarop de leiders roepen om verandering, en houd geen grote vergadering om de visie van het bestuur uit te leggen. Als het voor de implementatie nodig is dat de mensen op de hoogte zijn van de stand van zaken en waar het naartoe gaat, laat dat dan niet vertellen door degenen die de leiding hebben. Breng mensen bij elkaar om hun eigen stand van zaken te bepalen en hun kennis van de toekomst te bundelen. Maar we lopen vooruit op het verhaal.

## We hebben hogere eisen nodig, en deze keer is het menens

Er heerst een wijdverbreide overtuiging dat onze eisen niet hoog genoeg zijn. Dat is het beste te zien in het onderwijs in de Verenigde Staten: elke staat denkt dat het openbare onderwijs kan worden verbeterd door strengere eisen te stellen aan prestaties, aan leerlingen en onderwijzers. Dit gebeurt al jaren, levert teleurstellende resultaten op en blijft zich herhalen.

Het idee dat lage eisen het probleem zijn, is niet alleen beperkt tot het onderwijs, het is te vinden in alle instellingen. Het is gebaseerd op de overtuiging dat mensen geen hoge eisen aan zichzelf stellen, dat ze iemand nodig hebben om ze te motiveren en te inspireren. In wezen is het een strategie gebaseerd op angst, waarbij degenen die de eisen stellen onderwerp zijn, en zij die ze opvolgen het lijdend voorwerp.

Er zit wel een kern van waarheid in het idee dat eisen en prestaties met elkaar verbonden zijn. Het is bekend dat mensen reageren op de verwachtingen die anderen van ze hebben. Als een baas verwacht dat een team goed zal presteren, dan gebeurt dat ook eerder. Als een baas verwacht dat het mis zal lopen, kan dat ook gebeuren. Maar er bestaat niettemin een verschil tussen de verwachtingen tussen een baas en een ondergeschikte, een leraar en een leerling, en de normomgeving.

Als u hoge verwachtingen hebt van anderen, dan stelt u vertrouwen in ze, het is een uiting van hoop en optimisme over de competentie van een ander. Het is een uiting van een band tussen mensen en het wordt gezien als steun. Het stellen van eisen zoals dat meestal wordt gedaan om verandering op gang te brengen, komt niet voort uit een idee van ondersteuning, maar uit teleurstelling en behoefte.

Het is geringschattend om te denken dat anderen slecht presteren vanwege de lage eisen. Het is een overtuiging die ervan uitgaat dat zij onze eisen en interventie nodig hebben om wakker geschud en gemotiveerd te worden. Het is een idee dat gebaseerd is op dwang. Als we de balk niet hoger leggen, dan springen ze ook niet hoger. Er spreekt maar weinig belangstelling of betrokkenheid uit deze strategie, daarom veroorzaakt ze meer verzet terwijl ze dat juist zou moeten voorkomen.

Het is een sprookje dat het stellen van eisen de verantwoordelijkheid vergroot, het zorgt juist voor volgzaamheid. Mensen kunnen wel gedwongen worden een manier te vinden om aan de eisen te voldoen, maar de organisatie doet zichzelf op andere, minder meetbare manieren tekort. Het resulteert niet in een zelfstandiger cultuur, maar in meer bureaucratie, meer mensen die volgens de regeltjes werken, meer voorzichtigheid en minder flexibiliteit.

Bazen spelen natuurlijk wel degelijk een rol in het stellen van grenzen, in het bepalen van de resultaten die de organisatie van een afdeling verwacht. Maar het bepalen van resultaten verschilt van het stellen van eisen als tactiek om verandering te stimuleren of een aanbeveling te implementeren. Het idee dat één groep weet wat het beste is voor een ander bederft het veranderingsproces en daarom schieten deze technische en installatiestrategieën tekort. De nadruk op eisen is ook erg verleidelijk voor de adviseur. Als we met de cliënt de contractfase en onderzoeksfase hebben doorlopen, willen we graag aan zijn kant staan en voegen we ons te gemakkelijk naar zijn gebruikelijke manier van doen.

## Mensen moeten geholpen worden

We kunnen het beter vermijden om samen met de manager van de cliënt iets te plannen dat het gedrag van anderen buiten die kring zou moeten veranderen. Die mensen helpen. Onze taak is het om ons te concentreren op de talenten en mogelijkheden van de mensen in de kamer en wat ze kunnen doen om hun eigen daden te verbeteren. Als managers geloven in hogere eisen, laat ze die dan voor zichzelf stellen en er een tijdje naar leven.

Daarmee blijft het advieswerk en onze relatie met de manager van de klant eerlijk. Als we samen met de bazen veranderingen voor ondergeschikten gaan uitstippelen, ondersteunen we het idee dat alleen de werknemers hoeven te veranderen en dat met de managers alles in orde is. Dan missen we de kans om de ideeën over verandering en het scheppen van verantwoordelijkheid fundamenteel te veranderen. Verandering en verantwoordelijkheid worden werkelijkheid als we ernaar leven, niet door ze te verkondigen. De bekende neiging om implementatie te beginnen met duidelijker en hogere eisen is vaak een valkuil.

## Als het niet meetbaar is, is het niet belangrijk

Een andere manier waarop we implementatie bemoeilijken, is onze houding ten opzichte van meting. We hebben meting tot een godheid gemaakt. De vraag is hier vergelijkbaar met de eerdere vragen, het is geen betoog tegen de noodzakelijkheid van metingen; het is gewoon de vraag hoeveel gewicht ze moeten hebben en wie ze moet uitvoeren. Als we over de breedte van de hele organisatie metingen instellen, moeten we goed overdenken of we de meetresultaten die worden verzameld echt nodig hebben en kunnen gebruiken.

Het meten van de kwantitatieve aspecten van werk heeft zeker waarde. Het eenvoudigste voorbeeld van een behoefte aan gemeenschappelijke maatstaven zijn gemeenschappelijke richtlijnen voor de boekhouding. De economische aspecten van elke afdeling binnen de organisatie moeten vergeleken worden om aan de voorgeschreven eisen te voldoen en om te weten wat de economische stand van zaken is. Er bestaat een behoefte aan gemeenschappelijke maatstaven voor de kwaliteit van producten en service naar de klanten toe, en aan vele andere maatstaven die het succes van de onderneming meten. We begeven ons echter op glad ijs wanneer we de econoom vragen om gemeenschappelijke maatstaven te ontwikkelen voor de manier waarop we met elkaar samenwerken, welke processen kwaliteit zullen voortbrengen en in het algemeen voor alles op het gebied van de werking van menselijke systemen. Elke meting van de menselijke of kwalitatieve aspecten van werk laat meer zaken ongetoetst dan gemeten.

Het idee dat iets niet bestaat wanneer we het niet kunnen meten, benadert het menselijke systeem alsof het mechanisch is. Het geloof dat mensen alleen datgene doen wat gemeten wordt, behelst een cynische kijk op de mensheid. Hoewel het waar zou kunnen zijn voor sommige verkoopomstandigheden of bepaalde klaslokaaldynamiek, hebben we de waarde van metingen ingezet op plaatsen waar die niet thuishoort. Wanneer we aan metingen de mogelijkheid toedichten om het gewenste gedrag te veroorzaken, dan zijn we terecht gekomen bij een simpele oorzaak-en-gevolg verhouding en houden we ons vast aan het geloof dat implementatie en verandering op technische wijze kunnen worden bewerkstelligd. Met een menselijk systeem is dat meer fictie dan feit.

Ieder van ons wil graag feedback over zijn werk krijgen. Maar die feedback zorgt niet dat er dingen gebeuren. Opgelegde maatstaven voor de kwalitatieve aspecten van het werk kunnen dat werk zelfs in de weg staan.

De waarde van metingen wordt met name verminderd wanneer we de mensen die evalueren, scheiden van de mensen die het werk uitvoeren. Vroeger was kwaliteitscontrole gescheiden van degenen die het werk deden. Het was een beoordelende functie. Het schiep een kloof tussen het uitvoeren en de meting van de kwaliteit. Dat is in de laatste tien jaar veranderd, ten gunste van de kwaliteit van het product en ook de kwaliteit van de verhoudingen op de werkvloer.

Van deze ontwikkelingen in de kwaliteitsmeting kunnen we leren dat er wel nuttige gereedschappen zijn om mee te meten, maar dat die in handen moeten zijn van diegenen die het werk verrichten, en dat het belang van die gereedschappen moet worden gerelativeerd als gewoon een onderdeel van het veranderproces. Veel belangrijke dingen kunnen niet worden gemeten, en ons advieswerk zou dat moeten weerspiegelen.

## Rekenen op engagement

Dit is helemaal geen betoog tegen visie, normen of metingen. Dat zijn allemaal belangrijke onderdelen van de organisatie van de inspanningen van mensen. Het is alleen zo dat we ze hebben misbruikt door ze te veranderen in opgelegde instrumenten voor controle. En zo maken we de fout groter: als deze maatregelen niet resulteren in echte veranderingen, dan proberen we nog harder om ze te laten werken, in plaats van het met een andere strategie te proberen. Harder proberen, druk uitoefenen en overtuigen hebben allemaal maar weinig effect op het veranderen van een sociaal systeem. En als ze toch werken, dan ontwikkelen ze snel hun eigen afweersysteem.

Een sociaal systeem is een levend systeem en daarom niet erg geschikt voor lineaire of mechanische opvattingen over systemen. Managers of adviseurs die uitgaan van definities, financiële prikkels, maatstaven en normen versterken onbedoeld de bureaucratische instelling die we juist proberen te verminderen. Zij gebruiken het gereedschap van een technicus of een econoom, en techniek en economische strategieën scheppen geen commitment en verantwoordelijkheid, ondanks hun aantrekkelijkheid op het eerste gezicht.

Wat we hebben onderschat is de kracht van het engagement en de dialoog. De recente bewegingen naar de lerende organisatie, totaalkwaliteit en teamwork begeven zich in de richting van engagement, maar op een paar uitzonderingen na worden ze zelden zo belangrijk gevonden als ze verdienen. Het volgende hoofdstuk bespreekt engagement in het implementatieproces en laat u enkele concrete voorbeelden zien van het betrekken van mensen op een manier die de kans op echte, blijvende veranderingen vergroot.

# 17 De elementen van engagement

De belangrijkste bijdrage van de adviseur is misschien wel de klant laten beseffen wat de waarde is van engagement in het implementatieproces. De kracht van engagement staat los van de inhoud van de aanbevelingen. Er zal niet naar de meest technische inhoud of belangrijkste zakelijke beslissing gehandeld worden als er geen nieuwe interactie in het cliëntsysteem is. Als de kwaliteit van de interactie niet verbetert, zal geen enkele hoeveelheid normen, metingen of beloningen enige impact hebben. Adviseurs kunnen leiders helpen om anderen te betrekken bij de implementatie van besluiten door dezelfde commitmentprincipes te volgen die eerder bij de contracteringsfase en de onderzoeksfase zijn besproken.

De contracteringsfase was gebaseerd op:
- een grondig begrip van het probleem;
- een duidelijke verwoording van de behoeften;
- een onderzoek naar bezorgdheid over controleverlies en kwetsbaarheid;
- het geven van ondersteuning.

De onderzoeksfase benadrukte:
- het behandelen van elke interactie als een gebeurtenis om van te leren;
- het voortdurend vragen wat de cliënt deed om bij te dragen aan de oplossing van het probleem;
- het zoeken naar een taal die de realiteit verduidelijkt zonder een oordeel uit te spreken.

Om dat elan levend te houden als u tijdens de implementatie met de cliënt werkt, is het volgende nodig:
- de structuur van elke bijeenkomst versterkt het engagement;
- de juiste balans tussen presentatie en participatie vinden;
- volledige openheid en publiekelijk twijfel uiten;
- echte keuzes voorleggen;
- nieuwe discussies;
- de inrichting van de ruimte maakt gemeenschap mogelijk.

## De boodschap zit in de bijeenkomst

Het succes van de implementatie van alle veranderingen hangt af van de bereidheid van mensen op verschillende niveaus in de organisatie om verantwoordelijkheid te nemen voor het slagen van de verandering. Zo zit het, punt uit.

We kunnen wel ons voornemen uitspreken om mensen onder aan de ladder meer keuze en inspraak te geven, maar als de bijeenkomst waarop die voornemens bekend worden gemaakt zelf geen voorbeeld is van dat voornemen, dan heeft de belofte weinig bestaansrecht. De aard, toon en structuur van de bijeenkomst zijn de test waardoor mensen de geloofwaardigheid van een strategie bepalen.

Dit betekent dat elke afzonderlijke adviesactiviteit een demonstratie moet zijn van de manier waarop de latere verandering plaats moet vinden. Elk moment wordt een voorbeeld van de eindbestemming. Als u bijvoorbeeld een bijeenkomst organiseert om een nieuwe reeks metingen voor een callcenter te bespreken, dan moeten in deze bespreking de belangrijkste engagementprincipes – zoals het voorleggen van echte keuzes en het openlijk behandelen van moeilijke vragen – belichaamd worden.

## Acht bruikbare methodes

De bestanddelen van vernieuwend engagement lijken misschien erg eenvoudig, maar het is makkelijker ze op te schrijven en erover te praten dan ze uit te voeren. Er zijn acht bruikbare methodes om mensen te engageren, ongeacht wat de setting is of welke verwachtingen ze bij binnenkomst hebben. Omdat deze methodes het hoofd bieden aan het emotionele en relaties ondersteunende werk dat deze fase nodig heeft, vertegenwoordigen ze tezamen de belangrijkste elementen van engagement en maken ze feilloze implementatie mogelijk.

### Structuur 1. Wees open en eerlijk over het doel

Degene die de vergadering bijeen heeft geroepen, moet uitleggen waarom het proces in werking is gezet, moet omschrijven wat de organisatie nu van ons vraagt en een indruk geven van de structuur van die stap.

De meesten van ons zijn bekend met de behoefte aan dergelijke informatie. De oplossing is om alles te vertellen, ook over zwakheden en mislukkingen. Bescherm mensen niet tegen slecht nieuws onder het mom van een bescherming tegen onzekerheid. Dit is een natuurlijke toestand en daar kunt u het beste realistisch mee omgaan. Mijn enige advies is om het kort en informeel te houden, meer vanuit het hart dan vanuit het hoofd te werken.

Wat *niet* nodig is, zijn peptalks of preken van managers of belangrijke sponsors die niet de hele vergadering bijwonen. Het is een contradictie als een bestuurder commitment komt tonen en daarna weer vertrekt. Het is geen goede zet om te zeggen: 'Er is me veel aan gelegen, ik ben betrokken, en nu ben ik weg.' Dat is majesteitelijk en neerbuigend gedrag, en het vernedert de vergadering en degenen die blijven.

## Structuur 2. Stel de verwachtingen bij ten aanzien van participatie

Het is verbazingwekkend hoeveel nieuwe programma's de implementatie zijn begonnen met een lezing of presentatie door het management of de adviseur over einddoelen, strategie, methoden en maatstaven. Ik heb managers en adviseurs gezien die lange tijd, soms urenlang, voor een zaal stonden om de visie duidelijk te maken, termen te definiëren, een compleet overzicht te geven van wat er kwam. De structuur van een bijeenkomst duidt onze intenties voor de toekomst aan en toch blijven we vasthouden aan oude gewoontes, terwijl wij de technologie zouden moeten aanpassen aan onze doeleinden. We baseren onze bijeenkomsten op de gedachte dat als iemand niet goed begrijpt wat er wordt gezegd, onze reactie moet zijn het harder te herhalen, alsof een verhoging van het volume de verwarring zal oplossen.

Als we naar een vergadering gaan, verwachten we dat er iets *met* ons zal gebeuren. We zijn erop ingesteld dat het leuk moet worden en zijn benieuwd wat voor bijeenkomst ze ervan gaan maken. Evaluatieformulieren voor vergaderingen stellen vragen over de leiders. Hadden ze zich goed voorbereid? Waren hun doelen duidelijk en zijn ze bereikt? Waren de visuele hulpmiddelen van goede kwaliteit? Hoeveel evaluatieformulieren hebt u ingevuld die vroegen naar uw bijdrage aan de vergadering? Voorzitters van een vergadering zeggen vaak: 'Wat we in deze vergadering bereiken, ligt aan ons allemaal,' maar meestal menen ze dat niet – en geloven wij dat niet – en maar weinig mensen gaan erop in.

Ik zat eens in een muziekcafé, waar de band opende met: 'Wij zijn de Southern Country Rounders ... en jullie zijn het publiek.' Zij hadden iets heel belangrijks begrepen over de relatie tussen henzelf op het podium en ons als luisteraars. Door ons zo te benoemen stelden ze vast dat wij, het publiek, ook een taak hadden te vervullen, dat we deel uitmaakten van de voorstelling.

U denkt misschien dat het belang van het eenvoudige evenwicht tussen presentatie en participatie wordt overdreven. Maar geloof me, het heeft meer betekenis dan we ons realiseren. Ook al is het idee eenvoudig, toch wordt er bij elke bijeenkomst veel moeite gestoken in de presentatie en schenken we pas daarna aandacht aan participatie.

Het passieve contact tussen leider en deelnemer moet in een vroeg stadium drastisch bijgesteld worden. Omdat ik dit vaak heb gedaan, kan ik u verzekeren dat er altijd iets verandert. Er komt meer leven in de zaal, mensen stellen meer vragen. Sommigen raken geïrriteerd, anderen blijven liever met de persoon naast hen praten dan dat ze weer naar de spreker luisteren. Allemaal tekenen van leven. Hoe u hiermee begint in wat volgt, wordt gedetailleerd behandeld op de website.

## Structuur 3. Richt de kamer opnieuw in

De vorm van de ruimte en waar we de stoelen plaatsen is een duidelijke indicatie van onze intenties. Als we de deelnemers in een cirkel plaatsen, een ronde tafel gebruiken en we geen duidelijk sprekerspodium hebben, is het vanaf het eerste moment helder dat we collegiale participatie belangrijk vinden. U vraagt zich wellicht af waarom iets kleins als het inrichten van de ruimte tot zo iets groots wordt opgeblazen. Dat is omdat deze specifieke activiteiten de boodschap uitdragen van de door ons beoogde verandering van de visie en cultuur. We hebben het er hier over als instrument voor engagement, maar het kan net zo goed als instrument voor een hervorming of cultuurverandering dienen. Als we de ruimte en onze plaats daarin kunnen veranderen, kunnen we ook de organisatie en onze plaats daarin veranderen.

Het belangrijkste punt is dat er geen juiste structuur bestaat, er bestaat geen juiste manier om een kamer opnieuw in te richten. Tafels of niet, cirkel of vierkant – of in rijen als in een kerk, centralisatie of decentralisatie, functionele of geografische ordening. Zit de leider vooraan, achter een katheder, op een podium, in de kring? Al deze dingen kunnen goed werken.

Het is belangrijk dat iedereen betrokken is bij het aanpassen van de structuren aan het werk dat moet gebeuren. Als we weten dat ieder van ons de veranderingen kan maken die nodig zijn voor onze eigen doeleinden, en dat de doelen van de grotere organisatie daarbij nog steeds bereikt worden, dan is de wereld veranderd. Het is niet langer nodig om te leven bij de regels van de econoom of de technicus, we worden zelf de architecten, ontwerpers, auteurs van de organisatie waarin we leven. We hebben ervoor gekozen verantwoordelijkheid te nemen en hoeven daar niet meer toe aangezet te worden.

## Structuur 4. Bied gelegenheid voor duidelijkheid en twijfel

Het recht op vrijheid van meningsuiting en het recht om samen te komen zijn grondwettelijk vastgelegd. Maar wat op straat geldt, is minder waar voor de vergaderruimtes van organisaties. Het is een deel van onze taak als adviseurs om het recht op vergadering en vrijheid van meningsuiting binnen de organisatie te laten gelden. In de praktijk betekent dat dat we bijeenkomsten moeten verzorgen waar het voor alle stemmen en perspectieven mogelijk is om gehoord te worden, en waar de werkelijkheid in de woorden van het publiek net zo belangrijk wordt als de werkelijkheid die van het podium klinkt, of misschien wel belangrijker. En waar de mensen op het podium de waarheid vertellen over mislukkingen en onzekerheden.

Op deze manier is het mogelijk om het vertrouwen te herstellen dat zo belangrijk is voor elke verandering of verbetering. Totdat we in het openbaar kunnen spreken over ons beeld van de werkelijkheid, onze twijfels, bedenkingen en eerdere teleurstellingen, is het niet mogelijk om te investeren in een andere toekomst. Als we geen nee kunnen zeggen, heeft ons jawoord geen waarde.

Mensen spreken hun twijfels en de waarheid wel uit in organisaties, maar dat gebeurt meestal privé. In de toiletten, bij de watercooler, tijdens de lunch of een borrel. Als eerlijke gesprekken privé blijven, zullen de openbare conversaties altijd onwerkelijk en uiteindelijk ontmoedigend zijn. Hetzelfde geldt voor een grote groepsbijeenkomst: als alle echte discussies alleen plaatsvinden in kleine groepjes, dan zal er in de grotere gemeenschap weinig vertrouwen worden opgebouwd.

De herverdeling van macht en verantwoordelijkheid heeft alleen plaats wanneer er eerlijke confronterende gesprekken worden gevoerd tijdens openbare bijeenkomsten. Er schuilt een politieke kracht in het uitspreken van een grote verscheidenheid aan standpunten in de aanwezigheid van iedereen, vooral in grotere groepsbijeenkomsten. Als de herverdeling van de macht essentieel is voor een verandering in de verantwoordelijkheden, begint die verandering als de openbare gesprekken veranderen. De fysieke en psychologische ruimte bieden voor deze omslag is de eerste stap in het hervormen van een cultuur of het implementeren van een verandering. En het is de taak van de adviseur om dit mogelijk te maken.

De belangrijkste discussie die in het openbaar gevoerd moet worden, gaat over de twijfel en bedenkingen die mensen hebben. Als twijfel en cynisme niet openlijk geuit kunnen worden, dan kan intern commitment niet vrijelijk worden aangeboden. Sommige twijfels bieden een aanzet tot verbetering, andere niet. Als je een brug of een vliegtuig bouwt, moet je zeker weten dat alle twijfels en vragen aan bod zijn gekomen. Menselijke systemen zijn rommelig, en veel twijfels zullen onbeantwoord blijven. Wat telt is het uiten van twijfel, niet het wegnemen. We kunnen niet een plan opstellen dat alle twijfels wegneemt, maar we kunnen ze wel erkennen. We kunnen cynisme erkennen en er ruimte voor maken zonder dat het verlammend werkt. Het gegeven dat de meest vervreemde mensen in de organisatie de gelegenheid krijgen om te spreken, doet meer voor het commitment van de toeschouwers dan welke inspirerende presentatie of prestatiebeloningssysteem dan ook.

Elke bijeenkomst moet worden gekenmerkt door openheid en wisselwerking, dat mag niet beperkt worden tot sessies voor 'teambuilding' of een speciale plenaire bijeenkomst. Zelfs wanneer er een zeer technische of zakelijke verandering wordt geïmplementeerd, moet er een redelijk toegankelijke gelegenheid zijn waarbij mensen hun zorgen kenbaar kunnen maken en zienswijzen worden geïnventariseerd. Elke technische of zakelijke verandering brengt onrust in het menselijke systeem waarin het verankerd is. Verhoudingen veranderen, invloeden verschuiven, grenzen worden bedreigd, en een brede dialoog is de enige manier om een nieuw evenwicht te vinden. Geruststelling van het management helpt niet: niemand gelooft erin omdat het hun taak is om mensen gerust te stellen.

Bijeenkomsten die zijn bedoeld om mensen gerust te stellen, de werknemers te kalmeren en een sussend verhaal te vertellen in plaats van een gesprek aan te gaan, zijn tijdverspilling. De vraag die iedereen bezighoudt, is of de waarheid wordt verteld.

Als de spreker geen gewag maakt van twijfels en onzekerheden, het niet heeft over mislukkingen die wel hebben plaatsgevonden, dan is de waarheid niet verteld.

Het is mensen ook niet duidelijk of de waarheid wordt verteld totdat ze zelf aan de discussie deelnemen. Problemen worden in de poging om een strategie te verkopen veel te vaak afgezwakt en ingezet om vertrouwen op te bouwen en steun te winnen. Vertrouwen in het management komt er niet op neer of het management gelijk heeft, maar of het bereid is de waarheid te vertellen.

In de meeste organisaties is het spreken van de waarheid in het openbaar een zeldzame gebeurtenis. Het welslagen van een implementatiestrategie is afhankelijk van de kwaliteit van het gesprek dat aan het begin van alles staat. Hoe toegankelijker de bijeenkomst, hoe sterker de impact. Verandering vindt haar oorsprong op het kruispunt van vrijheid van meningsuiting en het recht om samen te komen. Het is niet alleen goed voor de democratie, het verandert ook retoriek in werkelijkheid.

## Structuur 5. Wat willen we samen creëren?

Er is geen vraag die krachtiger is dan deze, en ook geen vraag die zo moeilijk echt te beantwoorden is. Het is de vraag waar alles om draait bij echte verantwoordelijkheid. Er zitten twee kanten aan de vraag: één ervan is de kwestie van het creëren, de andere gaat om het 'samen'.

... **Willen wij iets creëren?** Dat is het gevaarlijke deel van de vraag. Als ik met 'ja' antwoord, reageer ik niet langer meer op wat er wordt aangegeven, ik begin dan aan een nieuwe toekomst waarvoor ik uiteindelijk zelf verantwoordelijk ben.

Als we besluiten dat we zelf iets willen creëren, dan werken we emotioneel samen met de organisatie bij het bepalen van de toekomst en op die manier gaan we in tegen de cultuur en onze eigen gewoontes. Dat is waarschijnlijk de reden waarom ieders eerste poging om een visie te omschrijven vaak erg gewoontjes is. Als de vraag is: 'Wat willen *wij* maken?' dan moet er een antwoord komen dat uniek is voor deze groep. De bedoeling is dus om elke groep te vragen een eigen toekomst samen te stellen die past bij hun functie. Dat is een andere manier om mensen met hun eigen vrijheid te confronteren. Het drukt mensen met de neus op de feiten wanneer ze gevraagd wordt hun eigen toekomst te maken, zelfs als het eerste antwoord een beetje bleekjes is.

... **Samen?** Willen we samen iets creëren? Dat is ook een moeilijke vraag. Misschien is men gewend om zelf of binnen de afdeling iets te doen. Maar als het gaat om wat we samen kunnen bereiken dat we afzonderlijk niet kunnen, dan wordt er om een ander niveau van samenwerking gevraagd. Vaak wanneer ik groepen vraag wat ze samen kunnen maken, komen ze terug met een lijst van acties die elke groep zelf kan uitvoeren.

Om samen iets te creëren moeten er grenzen overschreden worden en soms zelf land worden ingeleverd. Dat is nodig voor de meeste implementatie- en veranderingsprocessen, maar het is moeilijk om diepgaand te doen. Deze vraag opent mogelijkheden en confronteert ons met de onwil om de grotere organisatie voorop te stellen en de eigen afdeling op de tweede plaats te laten komen.

## Structuur 6. Een nieuw gesprek beginnen

Voordat een manier van handelen kan veranderen, moet er eerst een wijziging van gespreksstof plaatsvinden.[7] Oude gesprekken leiden tot oude handelingen. De uitdaging is om een taakgebonden gesprek te hebben dat mensen nog nooit eerder hebben gevoerd. Wanneer er wordt vastgehouden aan de oude discussie en de oude manier om problemen te identificeren of oplossingen uit te leggen, is dat een poging zich veilig te stellen en de touwtjes in handen te houden.

Met oude gesprekken houden we vast aan een positie waarvan we weten dat die verdedigbaar is. We willen dat mensen een positie innemen die ze niet kunnen verdedigen, dan pas begeven we ons op nieuw terrein. Bovendien wordt optimisme geboren op het moment dat we verrast worden door wat we zeggen of horen.

Wat onze gebruikelijke discussies veroorzaken aan echte kosten is cynisme. Niet omdat de opgeworpen vragen onbeantwoord zijn gebleven, maar omdat de belegenheid van de discussie energie vreet. Oude discussies worden een vluchtplaats, een manier om ons veilig te voelen. Een gedetailleerde behandeling van nieuwe discussies vindt u op de website.

Wat deze activiteit minimaal oplevert, is de hoop dat we bij iedere bijeenkomst het vermogen hebben om die ervaring te veranderen. Zo verandert cultuur op het moment zelf, en als we het vaak genoeg doen, leren we meer, riskeren we meer en doen we snellere zetten. Verandering en zijn confraters, verrassing en onrust, liggen altijd binnen handbereik, ze wachten alleen op ons om ze tot leven te wekken.

## Structuur 7. De keuze voor commitment en verantwoordelijkheid

Wanneer er wordt gekozen voor commitment en verantwoordelijkheid, wordt de capaciteit vergroot. In onze moderne maatschappij is het geloof in onze bereidheid om verantwoordelijkheid te nemen verloren gegaan. Men denkt dat verantwoordelijkheid wettelijk moet worden vastgelegd, dat het 'gemanaged' moet worden of dat verantwoordelijkheid gekocht kan worden met incentive-programma's. Deze strategieën getuigen van weinig vertrouwen en ze zijn hun eigen molensteen, zodat we ze constant omhoog moeten houden. Ze zorgen voor een cirkel waarin al naar gelang er meer management en wetgeving is, er meer verzet en uitvluchten komen, en er dus weer meer management en wetgeving nodig is. Dit geldt zowel voor de werkvloer als voor de bredere cultuur.

Het alternatief is om te geloven dat er omstandigheden bestaan waarin mensen verantwoordelijk willen zijn: ze willen hoge eisen aan zichzelf stellen, geven om het welzijn van hun organisatie, en weten of het goed gaat. Een van die omstandigheden is een crisissituatie. In een crisissituatie worden de regels opgeschort, status en eigenbelang terzijde geschoven, en gaan de taak en het doel boven de gewoonte. De uitdaging is om diezelfde bereidheid te vinden wanneer er geen crisis is.

Er zijn twee soorten verantwoordelijkheid die passen in een implementatiestrategie met een hoge betrokkenheid. De eerste is om op de eerste plaats verantwoording af te leggen aan collega's, en pas op de tweede plaats aan de baas. De tweede is om verantwoordelijkheid te nemen zonder onderhandeling of compromis.

### Verantwoording aan collega's

Er bestaat tussen collega's een kracht waaraan bazen nooit zullen kunnen tippen. Al is het maar omdat we al ons hele leven ervaring hebben met het managen van onze bazen. Het begint met onze ouders. Als kind dacht u misschien dat uw ouders de leiding hadden, maar naarmate u zelf ouder werd, merkte u dat dit niet waar was. Ouders kunnen bevelen geven en consequenties stellen, maar uiteindelijk beslist het kind zelf wanneer het de kamer opruimt of de afwas wegzet. We zijn geoefend in het managen, en soms in het manipuleren, van diegenen die macht over ons hebben. Door de jaren heen zijn we er verbijsterend goed in geworden. We hebben geleerd hoe we moeten omgaan met onze ouders, leraren en uiteindelijk bazen, zodat we kunnen doen wat we willen en er niets voor hoeven in te leveren. Wanneer onze baas niet tevreden is, hebben we geleerd om hem of haar te bedanken voor de feedback uit verdediging tegen de teleurstelling en om niet echt te hoeven veranderen.

Onze collega's daarentegen zijn veel minder geneigd om zulke uitwegen te accepteren. Zij zien ons veel duidelijker en zij komen op meer plaatsen, dus zij zijn moeilijker te manipuleren. Dat is een van de redenen waarom het veel veeleisender is om verantwoording af te leggen aan collega's. Bovendien zijn we veel afhankelijker van onze collega's dan van de baas, omdat het hun werk gemakkelijker maakt wanneer we goed presteren, en moeilijker als we het niet goed doen. Zij zijn het die de rommel moeten opruimen en met onze fouten moeten leven. Eigenlijk zijn we verantwoordelijk ten opzichte van onze collega's, ook al voeren we met hen geen functioneringsgesprekken.

We hebben een begin gemaakt met het herkennen van die onderlinge afhankelijkheid met de aandacht die wordt geschonken aan teams, teambuilding en beloningsprogramma's voor teams. De volgende stap is om formelere gesprekken onder collega's over commitment en consequenties te voeren. We willen vasthouden aan het principe dat verantwoordelijkheid vrijwillig moet zijn, en dat heeft meer kans van slagen onder collega's.

Verantwoordelijkheid aan collega's betekent ook dat het aan de collega's is om na te denken over het welzijn van de organisatie. Dat is niet alleen de taak van de baas, collega's moeten ons vertellen of we betrokken genoeg zijn om de beloften van de afdeling en de grotere organisatie na te komen. Die eis om ook te denken aan de belangen van de organisatie in zijn geheel heeft op de collega's die luisteren naar de toezeggingen net zoveel invloed als op de persoon die de toezeggingen doet.

### Commitment zonder onderhandeling

Een tweede aspect van implementatie met instemming is het ontdekken wat *commitment* en *beloften* echt betekenen. Onze cultuur houdt van onderhandelen. We willen graag afdingen en het idee van 'voor wat hoort wat' is in al onze relaties vertegenwoordigd. De ideeën over contracteren die ik eerder in dit boek beschreef, zijn daar een goed voorbeeld van. Maar ik wil nu verschil maken tussen het nakomen van contractuele afspraken en persoonlijk of emotioneel commitment.

Persoonlijk commitment betekent dat we toezeggen om iets te doen dat niet aan de reactie van een ander verbonden is. Daarom is het woord *belofte* ook zo toepasselijk. Als we onze betrokkenheid laten afhangen van de reactie van een ander, is het geen echte betrokkenheid; dan zijn het contracten of andere vormen van onderhandeling. Het zijn dan voorwaardelijke overeenkomsten die kunnen worden ingetrokken zodra de andere partij zijn belofte niet nakomt. Tijdens het hele adviesproces hebben we geprobeerd om het interne commitment te verkrijgen dat nodig is om meer te bereiken dan de retorische en cosmetische verandering die ons omringt. Commitment is een belofte of een toezegging om iets te doen. Zelfs in de omschrijving in het woordenboek wordt geen melding gemaakt van een beloning voor degene die de belofte doet, het gaat alleen over de keuze die gemaakt moet worden.

Als we op deze manier betrokken raken, dan verdwijnt de discussie over hoe de top eerst moet veranderen, hoe andere afdelingen en mensen in de weg staan, hoe de systemen en gewoonten geen verandering toelaten – ze verdwijnen allemaal. Op het moment van commitment is het aan ons om de organisatie vorm te geven, en in die vormgeving kunnen we onze vrijheid vinden. We gaan nu op onszelf verder en met anderen die zich vrijwillig hebben aangesloten. Er is voor ons en de organisatie iets veranderd.

Er zullen nog steeds hindernissen en teleurstellingen zijn, maar zij zullen geen cynisme meer oproepen omdat we onze keuzes niet hebben gebaseerd op de daden van een ander. Als we ons vertrouwen versterken of verliezen, komt dat niet door anderen maar door ons zelf.

## Structuur 8. Positieve feedback

Iedere vergadering zou moeten worden afgesloten met een erkenning van alle inspanning en zorgvuldigheid waarmee gewerkt is. Een goede manier om af te sluiten is om de sterke punten die iedere deelnemer aan het proces heeft toegevoegd en de waarde daarvan te benadrukken. We leven in een wereld die meer is geïnteresseerd in zwakheden en tekortkomingen dan in talenten. Dit is zo'n algemeen gegeven, dat we inmiddels geloven in het nut ervan. Dat is onterecht. De meesten van ons werken al een leven lang aan onze tekortkomingen, en kijk eens naar de vooruitgang die we hebben geboekt.

Als negatieve feedback zo waardevol was, zou alles inmiddels wel voor elkaar zijn en dat is niet zo. Het grootste effect van die nadruk op onze zwakheden is dat we aan onszelf gaan twijfelen en daarmee gemakkelijker te besturen zijn. Daarom is het zo onweerstaanbaar en populair. We zijn bang dat de organisatie ineen zou storten als iedereen zich echt bewust was van zijn of haar kracht en waarde. Iedereen zou zijn eigen initiatief gaan ontplooien, te duur worden en naar een andere baan gaan uitkijken. Of ze zouden ondraaglijk vervelend worden als ze bleven. Als ze bleven, wat zouden ze dan wel niet voor eisen stellen? Bovendien zijn we als werknemers zo gewend ons te concentreren op onze zwakheden dat het een troost geworden is.

Als volwassenen hebben we alles wat we geleerd hebben te danken aan het kijken naar onze zwakheden. We zijn blind voor onze sterke kanten en schamen ons ervoor, voor ons vermogen om onszelf te vergeven en onze eigen waarde te bevestigen. Ondanks dit alles komt verandering sneller tot stand wanneer we gebruik maken van onze sterke kanten. Dat geldt net zo goed voor een organisatie als voor een individu.

## Waar het op neerkomt

Deze structuren en activiteiten vormen een combinatie van methodologie en een metafoor voor universelere mogelijkheden. Ze symboliseren allemaal het grotere geheel en hebben op die manier meer betekenis dan op zichzelf. Implementatie is geen universele, rechte weg die zich voor ons uitstrekt. Het is complexer dan de fasen van contractering en ontdekking, want het is voor elke situatie weer anders. De oefeningen die ik heb beschreven, zijn eerder een menu of een beginpunt dan een serie stappen, en ze vormen allemaal een voorbeeld van engagement als middelpunt van de implementatie. We verlangen allemaal naar een eenvoudigere weg, waarbij een beslissing direct wordt gevolgd door actie, zodat we de corrigerende actie kunnen zien plaatsvinden, en die dan kunnen evalueren. Een dergelijk rationeel en probleemoplossend concept van de manier waarop ideeën hun weg vinden in een levende organisatie geeft een beeld van een wereld die niet bestaat.

Zoals veel vaker en op verschillende manieren gezegd, is de keuze van mensen om zich aan een besluit te verbinden gebaseerd op emotie, gevoelens, intuïtie, vertrouwen en hoop. Deze zaken vormen de arena voor verandering. Zelfs de meest concrete veranderingen – zoals herstructurering, het gebruik van een nieuw informatiesysteem, bezuinigingen – vinden plaats wanneer mensen zich voornemen aanbevelingen en beslissingen te ondersteunen, en in elke fase van het proces de nodige aanpassingen te maken. Het besluit om verandering te ondersteunen is niet alleen gebaseerd op logisch denken en redeneren, we moeten onze cliënten ook helpen in de ontwikkeling van hun opvattingen en gevoelens.[8]

Mensen kiezen er ook voor zich aan een besluit te verbinden op basis van de diepgang en kwaliteit van hun verwantschap met de mensen om hen heen. De kernstrategie voor het creëren van authentiek commitment voor implementatie is daarom het bedenken van nieuwe manieren om mensen bij elkaar te betrekken. Dit is misschien wel belangrijker dan de helderheid of juistheid van een beslissing. Er worden resultaten geboekt als leden van een systeem gezamenlijk voor een bepaalde richting kiezen. Het maken van deze keuze is cruciaal.

Leiderschapsgedrag is niet zo belangrijk als deelnemersgedrag. Voor een patriarchale samenleving als de onze is het moeilijk deze realiteit te aanvaarden. We houden hardnekkig vast aan het idee dat leiders anderen in beweging kunnen zetten. Leiders kunnen net zomin anderen in beweging zetten als adviseurs hun cliënten.

Geen enkele verandering, hoe verstandig en noodzakelijk ook, zal werken als er niet een wijdverbreid en diep gevoel heerst dat ieder individu eraan mee moet werken. Dat is echte verantwoordelijkheid – de bereidheid om in de eerste plaats zelf te zorgen voor het welzijn van de organisatie, en daarna voor die van de afdeling en zichzelf. Dat is een persoonlijke keuze en die keuze voor verantwoordelijkheid vindt het snelst plaats wanneer mensen zich met elkaar verbonden voelen en het proces mede bepaald hebben.

Ik heb het er in dit hele boek over gehad hoe we verantwoordelijkheid en aansprakelijkheid kunnen brengen in de interactie tussen de cliënt en onszelf. De vaardigheid om onze behoeftes uit te drukken, om te gaan met weerstand en de contracteringsbijeenkomst te besturen zijn allemaal manieren om verantwoordelijkheid te stimuleren. Door hoge interactie tussen de cliënten te bevorderen, brengt u verantwoordelijkheid in de implementatiefase.

Als het doel is om intern commitment te verkrijgen, dan is de oplossing om contact te maken, alle kaarten op tafel te leggen, nieuwe gesprekken in leefbare ruimtes te voeren, en uiteindelijk de mensen een keus voor te leggen over hoe zij zaken willen doen. Die keus die wij voorleggen is van cruciaal belang en gaat tegen onze wens in om de toekomst kant en klaar te verpakken. Echt commitment vraagt altijd om een herverdeling van de macht. Bovendien is deze manier veel subtieler dan het herindelen van het schema wie er in elke stap van het proces beslist, wie adviseert en wie er meedenkt. Een beslissingsschema verandert de machtsverhoudingen niet, maar legt ze vast.

De verdeling van macht moet ook blijken uit de manier waarop we leven, niet alleen uit de manier waarop beslissingen genomen worden. Dat is waar het bij deze structuren om gaat.

## Checklist 9. Voorbereiding op de implementatie

Dit zijn enkele geheugensteuntjes voor het opnemen van aspecten van engagement in het implementatieproces.

1. Wat gaat u doen om tijdens ieder stadium van de implementatie de nadruk te verplaatsen van presenteren naar participeren?

2. Hoe bent u van plan ervoor te zorgen dat mensen de ruimte hebben om hun zorgen en meningen uit te spreken? Wat gaat u doen om openheid en waarheid te stimuleren?

3. Bedenk hoe u de cliënt kunt helpen om keuzes te definiëren. Hoe kunt u helpen om op zoveel mogelijk niveaus van de organisatie mogelijkheden voor echte keuzes te creëren? Hoe kunt u tijd inplannen voor een serieuze dialoog over verandering?

4. Wat gaat u doen om mensen te helpen los te raken van dezelfde oude gesprekken, en nieuwe te beginnen over de hoop en twijfels die gepaard gaan met de voorgestelde verandering?

5. Hoe gaat u de kracht van de ruimte vertalen in uw ontwerp voor iedere gebeurtenis?

## Checklist 10. Het evalueren van de implementatie

Dit zijn enkele vragen die u uzelf kunt stellen na een implementatiebijeenkomst. Gebruik ze om te evalueren wat u zelf hebt geleerd van iedere bijeenkomst en om uzelf voor te bereiden op de volgende bijeenkomst.

1. Wat was het resultaat?

2. In welk opzicht was dat hetzelfde of anders dan u had verwacht?

3. Op welke manier besloten mensen om bij het proces betrokken te raken? Hoe actief waren ze? Wat voor soort risico's hebt u genomen?

4. Wat gebeurde er toen u de kamer opnieuw inrichtte? (Hebt u dat gedaan?)

5. Wat voor twijfels en bezwaren werden er uitgesproken? Hoe werd er met de discussie omgegaan – werd er te snel besloten? Was het een zoektocht naar oplossingen? Of was de groep in staat om het nemen van beslissingen uit te stellen?

6. Op welke manier stelde de groep vast wat ze samen wilden creëren?

7. Wat deden de mensen om nieuwe gesprekken te laten ontstaan? Hoe hebt u geholpen? Wat hebben ze geleerd?

8. Tot welke beloften waren de mensen bereid? Waren die voldoende?

9. Wat hebt u gedaan om de bijeenkomst zo te beëindigen dat de moeite en het aandeel van elke deelnemer erkend was?

10. Wat voor effect had deze gebeurtenis op uw relatie met de cliënt?

# 18 De adviseur als leraar

Ward Maillard is een leraar in het voortgezet onderwijs die een nieuwe manier van lesgeven nastreeft, in dienst van een ander soort leren. Hij voelde zich gesteund in zijn zoektocht naar een krachtiger manier van lesgeven toen hij *Feilloos adviseren* las. Hij besloot dat als hij een grotere impact op het leren van zijn leerlingen wilde hebben, er iets ingrijpender of radicalers nodig was dan de traditionele discussies over de prestaties van leraren, het curriculum, de gevolgen en de metingen. Hij besloot dat hij kritisch naar zichzelf moest kijken en de aard van het contract tussen hem en zijn leerlingen onder de loep moest nemen. Met de aanpak en terminologie van dit boek experimenteerde hij met het loslaten van zijn expertrol als leraar en het aannemen van een meer adviserende, lesgevende houding.

Zijn reis naar een adviserende houding bracht hem verder dan een nieuw contract met de leerlingen. Hij nam ook veel van de in dit boek genoemde methodes over. Hij koos voor gegevensverzameling en onderzoek om de prestaties van leerlingen te beoordelen. Hij begon lastig gedrag te zien als een vorm van verzet in plaats van rebellie of niet functioneren. Het lesprogramma verlegde de focus van tekortkomingen naar talenten. De lessen werden meer en meer volgens de principes van organisatiebrede aanpak gestructureerd. Elke les was evenveel gericht op engagement als op de onderwijsinhoud.

Daarom lijkt zijn verhaal, hoofdzakelijk in zijn eigen woorden, een goede manier om de ideeën bijeen te brengen. Hij leeft in de echte wereld. Hij heeft zich nooit een adviseur genoemd. Hij werkt in een sector waar veel van de aanvaarde wijsheid voor te veel van onze kinderen tekortschiet. Bovendien boekte hij nieuwe, betere resultaten zonder daar extra geld voor uit te geven.

## Het verhaal

Wards verhaal gaat over hoe de processen van authenticiteit, contractering en gegevensverzameling die in dit boek beschreven worden op onverwachte plekken in de echte wereld een verschil maken. Dit voorbeeld gaat niet over het mogelijk maken van uitmuntend lesgeven op middelbare scholen. Het gaat over een diepliggende omslag in de manier waarop we onze kinderen opleiden.

Net als bij de gezondheidszorghervorming wordt het debat over de onderwijsvernieuwing al lang en fel gevoerd. De discussie gaat over klassengrootte, prestaties van leraren, curriculumkwesties en het testen en meten van de vorderingen van leerlingen. We hebben een reeks van innovaties zoals Charter Schools, het managen van openbare scholen door het bedrijfsleven, kwaliteitsmethodes, lokaal management, sterke gemeenschapscontrole, het inhuren van ex-militairen als toezichthouders en meer. Het maakt niet uit als u niet bekend bent met deze vormen van aanpak, omdat ze het onderwijs voor jonge mensen grosso modo niet verbeterd hebben.

Wat hier beschreven wordt, is het proces dat Ward gebruikte om onderwijs radicaal te veranderen. Hij heeft ervoor gekozen de adviserende houding, het thema van dit boek, in het klaslokaal te brengen. Dit verhaal, van wat één leraar tot stand wist te brengen, biedt ons inzicht in wat echte hervorming kan inhouden.

In een brief aan mij beschreef Ward zijn denkproces en hoe hij gecommitteerd raakte aan adviserend leren:

*Als we het onderwijs willen hervormen, is een omslag in het denken over lesgeven en leren waar het om draait. De traditionele opvatting van een leraar is iemand die weet, iemand die kennis overbrengt. Daarentegen zien we een leerling als iemand die niet weet en die kennis moet verwerven.*

*We hebben dus een actieve leraar en een passieve leerling. De stroom van informatie en besluitvorming loopt van de leraar naar de leerling.*

*In deze opzet krijgt de leraar een podium en een publiek. De leraar werkt vaak vanuit een vastgelegd lesplan: duidelijke lespunten, een reeks van activiteiten, inhoud en vooraf gedefinieerde uitkomsten. We verwachten dat de leerlingen die inhoud begrijpen en voor een bepaalde datum uit hun hoofd kennen; we meten om de prestaties te beoordelen. Verbeteringen in het lesgeven bestaan gewoonlijk uit betere instrumenten en technieken voor de leraar om de inhoud over te brengen en hogere metingen te realiseren.*

## Aannames over het motiveren van leerlingen

De voorstelling van zaken die Ward beschrijft, legt de uitdaging van het motiveren van leerlingen in handen van de leraar. Een belangrijk instrument voor het motiveren van leerlingen is het geven van cijfers. Dat moet de leraar enige grip geven op een steeds lastiger en minder geconcentreerd publiek van leerlingen. Cijfers bepalen de plek op de prestatieladder. Ze bieden toegang tot de universiteit, met zicht op goedbetaalde banen die zekerheid en koopkracht geven. De formule is simpel: cijfers staan gelijk aan prestatie, prestaties garanderen vooruitgang, vooruitgang brengt rijkdom, rijkdom biedt zekerheid en zekerheid is de sleutel tot geluk.

Dit is een verdedigbaar model voor motivatie; helaas werkt het slechts voor een minderheid van de leerlingen zo. En als het niet werkt, is dat de schuld van de leerling, zijn familie of de onderwijzer. Waarom is het slechts ten dele succesvol? In Wards woorden:

> *Er zijn maar heel weinig sturingsmechanismen voor de jongeren van tegenwoordig. Ze hebben genoeg geld, mogelijkheden en afleiding: seks, drugs, vermaak, eigen subculturen en de vrijheid om alles uit te proberen. Dat geldt zowel voor voorsteden en dorpen als voor grote steden.*
>
> *Jonge mensen beschikken met sms, instant messaging en sociale media als Facebook, Myspace en Twitter ook over een enorm netwerkvermogen. Jongeren zijn georganiseerd, onafhankelijk, creatief en vindingrijk. Ze hebben hun eigen cultuur en gedragsnormen. Je zou kunnen zeggen dat school de plek is waar ze hun weekenden, middagen en avonden plannen. De mobiele telefoon – het voornaamste instrument voor deze organisatietaken – is dan ook 24 uur per dag in gebruik, vooral waar het niet mag.*

Het resultaat is dat leraren niet op de aandacht of gehoorzaamheid kunnen rekenen die noodzakelijk is voor het standaardmodel van lesgeven en motiveren. Om hiermee om te gaan heeft het systeem cijfers als het doel aangewezen en hoge cijfers als de uiteindelijke maatstaf. In het klaslokaal leidt dit feitelijk tot een machtsrelatie tussen leraar en leerling, die gebaseerd is op angst. De leraar klampt zich vast aan zijn laatste sporen van autoriteit: cijfers, waarschuwingen en de culturele schande van onderpresteren. Het is allemaal gebaseerd op een waardesysteem dat zegt dat onderwijs over veiligheid en materieel succes gaat.

## De realiteit

Prestatie heeft leren vervangen als het hoofddoel van onderwijs. Om die prestaties te realiseren, vertelt Ward, worden leraren entertainers, handhavers, vreemdelingen en inspecteurs, of stellen ze hun verwachtingen bij, vermijden ze conflicten, of geven ze toe aan cijferinflatie, waarbij lagere prestaties hogere cijfers krijgen:

> *We betalen een prijs voor de situatie dat de leraar verantwoordelijk is voor de toekomst van de leerling, volgens de formule cijfer staat gelijk aan prestatie staat gelijk aan succes. De prijs is de menselijkheid van de leerling en onszelf. Voor de leerling gaat het plezier in leren verloren, voor de onderwijzer het genoegen van lesgeven. Leraren beklagen zich onderling met verhalen die in essentie gaan over de leerling als gediagnosticeerde patiënt die we niet kunnen genezen.*

*Er zijn uitzonderingen, maar feitelijk doet elke leraar zijn best om het goed te doen. Ik durf de stelling aan dat bijna elke leraar deze krachten, die onze dagelijkse ervaringen vormgeven, herkent en uiteindelijk op zoek gaat een reden of iemand, waaronder wijzelf, om de schuld te geven.*

Wat Ward zocht en vond, was een omslag in zijn opvattingen over het klaslokaal. Hij vroeg zich bijvoorbeeld af wat er zou gebeuren als de houding van de leraar als weter verlegd zou worden naar de leraar als leerling. De vragen zouden kunnen zijn: "Wat kan ik van mijn leerlingen leren dat mij in staat stelt effectiever op te treden in de leeromgeving? Wat als ik ophield mijzelf te zien als een leraar en mijzelf begon te zien als een adviseur bij het leren?"

Toen kwam *Feilloos adviseren*. Ward zegt dat hij geïnspireerd raakte door de definitie van de adviseur: "In de meest algemene zin is advieswerk alles wat u doet binnen een systeem waarvan u zelf geen deel uitmaakt." Hij stelt daarover: "Ik hoop dat geen enkele leraar de illusie heeft dat we onderdeel uitmaken van een systeem dat onder ons gedijt en dat losstaat van onze plannen en ons curriculum. Zoals we allemaal weten, is de jeugdcultuur een op zichzelf staand systeem met zijn eigen connecties, regels, bedoelingen, taal, vermaak en doel."

## De houding van een adviseur aannemen

Ward besloot dus een adviseur van zijn leerlingen te worden. Het aannemen van een adviserende houding betekende dat hij zou ophouden met toezicht op zijn leerlingen houden. Hij zou tot een situatie komen waarin leerlingen enige privacy zouden hebben en vrij zouden zijn van de meedogenloze druk die ze nodig hebben om te presteren, omdat dat nu eenmaal nuttig is en goed voor hen. Ward zag dat als een vorm van kolonisatie door de wereld van volwassenen:

*Dit is een kolonisatie die, zoals alle kolonisatiepogingen, weinig op heeft met wat echt belangrijk is voor de gekoloniseerden, en hun wereld niet als een levensvatbaar of zelfs toereikend systeem ziet.*

*Als wij komen om hen te 'leren', zien we slechts hun toekomstig nut, en niet hun reeds aanwezige vermogens. We hebben ons idee van het goede voor hen in gedachten, net zoals de zendelingen de wilden van hun onwetendheid wilden bevrijden, hun cultuur ontmantelen, hun natuurlijke bronnen uitputten en hun arbeidskracht inzetten ten behoeve van de dominante cultuur.*

*Als we gewoon onthouden dat we geen deel uitmaken van het sociale systeem van de leerlingen, kunnen we onszelf vragen wat we nodig hebben om een succesvolle adviseur in het leerproces te zijn. Laat het idee los van de leraar als manager of producent van het leren. Dit helpt ons te ontsnappen aan de vraag "Hoe onderwijs ik mijn leerlingen?". Het kan ons in ieder geval nieuwsgieriger maken naar de jeugdcultuur waar we mee te maken hebben.*

## Verband van menselijkheid en overvloed

De eerste stap in de implementatie van deze ideeën is vanuit een nieuw verband. De essentie van een nieuw verband is om een klas als een groep mensen te zien, waarvan elk over een overvloed aan talenten beschikt, en niet als leerlingen met tekortkomingen of behoeften. Ook als ze voor echte uitdagingen staan, zoals dyslexie, ADHD, eetstoornissen, handicaps, gedragsproblemen of motivatiegebrek, zijn studenten lerende, levende mensen. Ze zijn geen, in Wards woorden, gediagnosticeerde patiënten.

Als we ons richten op het herstellen van hun menselijkheid zullen we ontdekken dat ze leren wat belangrijk is, zelfs als het lijkt dat ze niets leren, afwezig zijn of afwijzen wat we te bieden hebben. We zullen zien dat als ze de aangeboden kansen zelf vinden, ze een toekomstpad ontdekken dat wij of zij ons nooit hadden kunnen voorstellen.

In dit verband kan een leraar, als hij de adviseursrol aanneemt, volgens Ward nooit een klaslokaal binnenlopen en mensen opdrachten geven zonder eerst de sfeer in de ruimte te proeven:

> *We moeten gegevens verzamelen, zoals dat in* Feilloos adviseren *wordt beschreven: onderzoeken, interviewen, in kaart brengen, de dynamiek begrijpen, zien hoe de leerlingen 'omgaan met het probleem' van leren. Vraag leerlingen naar hun voornemens, doelen en uitdagingen. We kunnen wat wij weten, onze kennis, ten dienste van het systeem stellen door eerst al het mogelijke over het systeem te leren.*

Zoals Ward het ziet, zou de adviserende leraar een beroep moeten doen op de drie vaardigheden die elke adviseur nodig heeft om de klus te klaren: technische, interpersoonlijke en adviserende vaardigheden. De adviserende houding heeft niets in zich dat de kennis van de leraar inperkt. We mogen aannemen dat de meeste leraren de technische vaardigheden hebben, hun onderwerp kennen en over basale interpersoonlijke vaardigheden beschikken. We richten ons op de adviserende vaardigheden die in dit voorbeeld van belang zijn.

## Het sociale contract herzien

Het gedeelde project of de zakelijke doelstelling van het klaslokaal is echt leren voor ieder persoon. De adviesuitdaging waar leraren voor staan is hoe je een situatie creëert waarin leren plaatsvindt. Dat begint met contractering. De moeite die velen hebben met leren in het klaslokaal kan het best begrepen worden door te bedenken dat de fouten in het onderwijsproject in de contracteringsfase zijn gemaakt.

In traditioneel onderwijs is de contracteringsfase eerlijk gezegd niet aanwezig of in het gunstigste geval impliciet, gebaseerd op angst en zeker niet wederzijds. Daar zijn veel goede redenen voor, waarvan de voornaamste is dat leerlingen er niet uit vrije wil zijn. Als we geen keuze hebben, is verantwoordelijkheid en enthousiasme ver te zoeken. Dat is niet iets dat in de nabije toekomst zal veranderen.

## Focussen op het vertrouwen tussen leerlingen

Als het contract stelt dat de macht bij de leraar ligt en de volgzaamheid bij de student, schept dat een cultuur van onderling wantrouwen bij de leerlingen. Vaak zijn het de meest vervreemde en geïsoleerde leerlingen die het machtigst worden. Binnen deze dominante cultuur van volgzaamheid en verzet betalen de leerlingen die, om welke reden dan ook, echt willen leren de prijs. Een trieste constatering is dat de leerlingen die echt belang hechten aan leren meestal in hun sociale leven een hoge prijs betalen. Ze worden gebrandmerkt en zelfs uitgestoten. De dominante groep heeft er belang bij de verwachtingen laag te houden. In de woorden van Ward:

> *De vraag gaat over de onderlinge relatie die ik wil dat ze hebben. Hoe contracteer je dat? Dat zijn adviesvragen. Het heeft tijd nodig. Ze zijn zo beschadigd door het traditionele onderwijsproces dat er een half semester nodig is om enig herstel te realiseren. Dit moet in elke groep op maat gebeuren, om een sociaal systeem te scheppen dat weet dat onderlinge relaties belangrijk zijn en een voorwaarde voor leren.*

## Vertrouwen scheppen als adviseur

De bedoeling is dus de jongeren in de klas te raadplegen om ze te helpen onderling vertrouwen op te bouwen. De leraar treedt op als derde partij bij de gegevensverzameling, niet als expert of bemiddelaar. Dit is een van de vormen die het in Wards ervaring aannam:

> *Een kind was gekwetst door negatieve opmerkingen die in de klas over haar waren gemaakt. Toen dat zich voordeed, onderbrak ik de klas en vroeg ik haar toestemming om dit voorval als een leermoment te gebruiken. Aarzelend zei ze ja. Ik vroeg haar wat ze van die opmerking vond. Ze gaf aan dat het pijn deed, dat ze ervan dichtklapte en dat het haar het gevoel gaf dat ze niet aardig gevonden werd. De leerlingen die de opmerkingen hadden gemaakt hoefden alleen te luisteren. Ze mochten zich niet verdedigen. Terwijl ze luisterden, vond er een omslag in de klas plaats. Beide kampen praatten het uiteindelijk uit. Het bracht een nieuwe menselijkheid in de cultuur van het klaslokaal.*

## Vertrouwen en verwantschap beschermen

Om als adviseur voor de onderlinge relaties van leerlingen te kunnen optreden, moet er een helder contract tussen leraar en leerling zijn. De uitdaging is om veiligheid in de klas te garanderen. In de woorden van Ward:

> *De vraag is: "Hoe kan ik worden binnengelaten als ik niet welkom ben?" Ik ben bereid om iets van het lesmateriaal op te offeren voor betere relaties. Dus wat moet mijn contract met de leerlingen precies inhouden?*

*Om te beginnen moet ik interesse tonen voor de levens van mijn leerlingen. Als een leerling haar boek niet bij zich heeft, heb ik een keuze. Ik kan een leerling zien die zich niet aan de regels houdt, misschien wel voor de vierde keer, en die dus een 'leerling zonder boek' is. Maar in plaats daarvan kan ik ook een persoon zien die een verhaal te vertellen heeft.*

*Margaret is een goed voorbeeld. Ik nam haar apart en vroeg wat er aan de hand was. Ze zei dat ze midden in de moeilijke scheiding van haar ouders zat. Ze woonde bij haar vader, maar dat ging niet goed. Dus was ze boos weggelopen en had ze haar boek daar laten liggen. Toen ze thuiskwam, was ze niet van plan haar vader te bellen om hem te vragen het boek langs te brengen.*

*Toen ik dat wist, liet ik het lopen. Omwille van de relatie gaf ik geen straf.*

Op een heel belangrijke manier wint een leraar aan macht door zich niet als een ouder op te stellen, maar als een adviseur. Toon interesse in plaats van de leerling terecht te wijzen. In de woorden van Ward:

*Waar het om gaat, is dat als we ons als adviseurs opstellen, we voor hen een manier vinden om van hun eigen ervaring te leren. Ze zullen er iets speciaals aan overhouden. Als we ons alleen maar richten op de les, een opdracht of het meebrengen van een boek, dan zal de leerling of de cliënt nooit de kracht van samenwerking begrijpen en het bijbehorende engagement ervaren.*

De adviserende houding biedt leraren een manier om om te gaan met het feit dat veel studenten er niet uit vrije wil zitten. In de afwezigheid van een keuze komt het verzet in de vorm van "Vertel wat de minimale inzet is om met rust gelaten te worden". Leerlingen zijn gehoorzaam en doen alsof het ze iets kan schelen, omdat dat zeker een hoger cijfer oplevert. De volgzaamheidsreactie werkt omdat leraren net zo gevoelig zijn voor interesse en positieve bevestiging als ieder ander.

Waar Ward aan was begonnen, was een poging het contract zo vroeg mogelijk in de klas te herzien. Niet gemakkelijk, zegt Ward:

*Als we geen vrije keuze hebben om hier te zijn, hoe claimen we dan onze vrijheid of geven we leerlingen een gevoel van echte verantwoordelijkheid?*

*Voor ons als adviseurs liggen er wellicht mogelijkheden in het tot stand brengen van een klaslokaal waarin macht gedeeld wordt en leren boven presteren wordt verkozen. Stel je bijvoorbeeld voor dat we aan het begin van het jaar niet komen aanzetten met een lesplan voor de klas, maar dat we in plaats daarvan samen met onze klas een plan maakten en de tijd namen om eerst de contracteringsvragen te verkennen?*

Ward begon een open discussie met zijn leerlingen over deze en andere onderwerpen, om de omslag van "Hoe krijg ik de macht over mijn leerlingen?" naar "Hoe krijg ik de macht met mijn leerlingen?" tot stand te brengen. Ze bleken open te staan voor een discussie over vertrouwen. Toen hij de tijd nam om te onderzoeken wat anders zou kunnen werken, was hij verbaasd om interesse achter het masker van onverschilligheid aan te treffen.

## Het nieuwe contract

Hier volgen een aantal elementen van het contract dat hij ontwikkelde.

### Eerlijkheid beschermen tegen verweer

Ward moest zichzelf de vraag stellen wat de prijs is van het vertellen van de waarheid in zijn klaslokaal:

> *Als je vraagt wie zijn huiswerk heeft gemaakt, wat voor antwoord krijg je dan? Als 60 procent het niet heeft gedaan, wil je dat dan horen? Als leerlingen je iets vertellen wat je niet wilt horen, hoe reageer je dan? Met kritiek of nieuwsgierigheid? Zijn er subtiele manieren waarop we hun leren liegen? Wat doen we als ze niet opletten? Vraag je ze op te letten of probeer je te begrijpen waar ze met hun gedachten zitten? Liegen is wat ze hebben geleerd; in een traditioneel klaslokaal wordt dat van hen verwacht.*

### Fouten maken mag: het gaat om talenten

Een van de regels die in zijn klaslokaal naar voren kwam, is dat fouten maken mag. Verzet is oké; het mis hebben is oké. Waar we zijn is oké, want dat is ons vertrekpunt. Zoals Ward zich uit het boek herinnerde, is verzet een teken dat er iets belangrijks aan de hand is. Het is geen probleem dat opgelost of verholpen moet worden.

Het afschaffen van terechtwijzingen hielp het verband in het klaslokaal te veranderen. Let niet op wat anderen doen, maar concentreer je op waar je mee bezig bent. Ward vertelde hen: "Als je moe bent, doe je een dutje. Als je klaar ben met een taak, doe je iets anders. Als we als groep aan een taak werken en jouw bijdrage niet nuttig is, zoek dan iets anders nuttigs te doen."

Succesvol leren is toevallige ontdekking. Op dat feit is deze aanpak gebaseerd. Als het doel niet lesgeven maar leren is, heeft iedereen toestemming nodig om fouten te maken. Dat gebeurt alleen met een houding die ruimte biedt om iets nieuws te proberen en elke uitkomst accepteert. Als je doel leren is, dan zijn 'fouten' een belangrijke manier waarop dat gebeurt. Als je fouten maakt, ben je dus bezig je doel te bereiken. Dat is nodig, zegt Ward, om leerlingen die prestatiegericht zijn geworden weer te veranderen in mensen die leren:

*Een manier om dit te implementeren is ervoor te kiezen om in elke leerling de talenten te zien, zelfs als dat om een serieuze herziening vraagt. Neem Sandy als voorbeeld.*

*Sandy is dyslectisch en heel bang om buiten te komen. Als je haar vraagt iets over zichzelf te vertellen, zegt ze iets als: "Ik heb een leesstoornis en ben bang voor te veel contact met de buitenwereld." Dat is het overheersende thema van haar verhaal en ze heeft veel professionele hulp bij deze twee kwesties gehad.*

*Het is redelijk duidelijk dat dit kind beperkingen heeft en dyslectisch is. Ze is slim maar spreekt en denkt langzaam. De professionals noemen dit soms een 'trage verwerker'.*

*Ik besloot haar niet als een 'trage verwerker' te zien maar als 'diepe verwerker'. Laat haar tempo een talent zijn; ze verkiest diepte boven snelheid. Bovendien zag ik Sandy op een gegeven moment tekenen en wist ik direct dat we hier met een kunstenaar te maken hadden. Dat was het moment waarop we ophielden te benoemen wat ze niet kon. Ze beschouwt, denkt diept na en is een kunstenaar.*

*Sandy en ik brachten dit idee in de praktijk bij een belangrijk moment in het laatste jaar: een schoolreis van een week. Toen we begonnen met plannen, kwamen we erachter dat Sandy erg bang was voor de reis. Ze had het er met mij over en overwoog niet te gaan. Haar ouders raakten erbij betrokken. Na veel gesprekken besloten we samen een strategie uit te zetten. Ze stemde ermee in om zich niet langer door angst te laten beheersen; als de angst opkwam, zou ze zich als eerste aanbieden.*

*Dit werd een nieuw talent om zich op te richten: haar vermogen dapper te zijn. Ze was nog steeds bang, maar het beheerste haar niet langer. Dus wisten we haar ervan te overtuigen dat fouten maken oké was, dat langzaam spreken oké was. Ze kon gewoon in haar eigen tempo werken, zonder dat dat een probleem was. Anderen lazen wellicht sneller, of deden andere dingen beter, maar zij was dapper, bedachtzaam en een kunstenaar die alles van tekenen wist.*

Pas bij het eindexamen kwam Ward erachter hoe succesvol Sandy haar eigen leren had vorm gegeven. Elke leerling hield een speech van drie minuten over wat het jaar voor hem had betekend. Sandy had meer geleerd dan velen hadden verwacht. De schoolreis was het hoogtepunt. Haar zelfvertrouwen was veranderd. Ze was de enige leerling die een staande ovatie kreeg.

## Niet-weten beschermen

Een andere belangrijke vraag die Ward en zijn leerlingen zichzelf stellen is: "Wat is de prijs van fouten maken of iets niet weten?" In de woorden van Ward:

> *Vaak is het schaamte voor de leerling en teleurstelling voor de leraar. Als we teleurgesteld of zelfs geïrriteerd zijn dat ze het niet weten, klampen we ons vast aan wie we willen dat ze zijn. We zien niet wie ze zijn. We scheppen zo ook niet de voorwaarden voor het verbinden van fouten maken en leren. Fouten en feilbaarheid moeten geaccepteerd worden, anders gaat leren niet over jezelf maar over prestaties. Dat gaat ten koste van over jezelf leren.*

## Hoe meten we succes?

In elke discussie over onderwijshervorming moeten we de kwestie van meten aan de orde stellen. De discussie moet over meer dan alleen cijfers gaan. Succesvol lesgeven is misschien wel iets anders dan succesvol leren, zegt Ward:

> *Als leraar verkopen we geen ideeën, zoals je producten zou verkopen. We stimuleren ook zelfbewustzijn. Bewustzijn van wat het betekent burger te zijn, onderdeel van een samenleving. Leerlingen moeten in de klas aan hun eigen definitie van succes werken. Als we de kwestie van succes niet op tafel leggen, blijven we steken in de geijkte rol van de leerling: als ze het goed doen, zijn ze consumenten; als ze dat niet doen, zijn ze gediagnosticeerde patiënten. We hebben het te vaak over leerlingen die genezen, hersteld, geheeld of gevuld moeten worden met informatie.*

## Hoe gaan we om met de gelijktijdige rollen van scheidsrechter (gever van cijfers) en adviseur (gespreksleider)?

Deze paradox is onlosmakelijk verbonden aan de rol van leraar of adviseur; de oplossing is dit als een gemeenschappelijk gesprek te benaderen. De leraar en student die een contract aangaan, moet samen bedenken hoe ze tegemoet kunnen komen aan de roep om cijfers van de omliggende maatschappij, zonder dat dat de manier waarop zij samenwerken komt te overheersen. Ward zegt daarover:

> *Een begin is de leerlingen te vragen wat ze van deze klas verwachten. Wat vragen ze van zichzelf? Wat hebben ze met zichzelf voor? De discussie kan gaan over hoe ze leren, hoe ze werken, hoe ze als teamleden opereren. Dat is opnieuw een contracteringsproces.*

Hij vraagt hen ook wat ze van hem verwachten. Wat kan hij, de leraar, doen om hun voornemens te ondersteunen en hen te helpen bereiken wat ze ervan verwachten? Welke rol speelt de leraar in het ondersteunen van hun definitie van succes en het helpen dat te meten? Het zijn sterk adviserende vragen. In de woorden van Ward:

*Dit kan op hele praktische manieren gedaan worden. We kunnen de student vragen succes per project of zelfs per opdracht te definiëren. Wat is succes en hoe weet je dat? De uitdaging is om verder te komen dan wat ze verteld is te willen. Bij een lees- of onderzoeksopdracht kun je bijvoorbeeld vragen: "Wat raakte je? Wat viel je op? Waar werd je door uitgedaagd? Wat vond je interessant? Welke waarde had dit boek voor jou?" Dat zijn andere vragen dan: "Wat herinner je je? Hoe ging het verhaal? Wat was de bedoeling van de schrijver?"*

### Leermethodes beschermen tegen lesmethodes

Als we nadenken over hoe leerlingen eigenlijk leren, is er een continuüm dat oploopt van luisteren, lezen, zien, praten, naar iets doen. Het meeste leren we door spreken en doen. Niettemin vragen we van ze dat ze vooral veel luisteren en lezen. Een treffend citaat van een van Wards leerlingen: "Ik hou van kleine groepen, want als ik met mijn leeftijdsgenoten praat, dan leer ik. Als jij, de leraar, praat, dan luister ik niet."

Als we echt in hun leren geloven, moeten we misschien wel een flink deel van de lesstof opgeven – want wat is het nut van lesgeven of praten als er niet geluisterd wordt? Dit is onderdeel van de omslag van de leraar als verstrekker van onderwijs naar de leraar als adviseur. De strategie is dat als we de leerlingen kunnen betrekken, zodat ze er moeite insteken, ze er veel meer uithalen. Als de focus primair op de inhoud is, dan zal de leerling, net als de cliënt, nooit de kracht van zijn eigen engagement begrijpen.

## De reis naar Washington D.C.

Wat deze discussies en afspraken over de basisregels in Wards klas zo bijzonder maakte, was dat ze vanuit het lesplan voor de klas tot stand kwamen. Aan het begin van het jaar bogen ze zich over het belangrijkste klasproject, een reis naar Washington D.C. om politici en lobbyisten te interviewen. In de woorden van Ward:

*Ik organiseer deze reis elke twee jaar sinds 1989. De reis wordt overwegend als heel succesvol ervaren en is een soort overgangsrite voor de hoogste klassen geworden.*

*Onderdeel van mijn oude verhaal was dat de reis succesvol was omdat ik het goed organiseerde. Niettemin had ik altijd het gevoel gehad dat we er meer uit konden halen, en een groter engagement zouden hebben als de leerlingen een sterker gevoel van persoonlijk commitment hadden. Daarom was ik geïnteresseerd in een experiment rond het idee van gedeelde macht in het klaslokaal. Ik dacht: Wat als zij succes definieerden, doelen stelden en hun eigen ervaring vorm gaven? Wat zou het betekenen als ik een adviseur bij hun project was, in plaats van dat zij deelnemers aan mijn project waren? Ik vroeg me af wat daar uit zou komen.*

*Ik raadpleegde de hoofdstukken over contractering uit* Feilloos adviseren *voor de principes die ik zou kunnen hanteren. Als ik het project op deze manier ging doen, dan werden dingen als wederzijds goedvinden, persoonlijke opmerking, uitwisseling van behoeften, vragen naar invloed en kwetsbaarheid, en een gedeelde definitie van het resultaat of de uitkomst stuk voor stuk onderwerp van gesprek.*

In deze eerste contracteringsfase en verkenning van de omslag van leraar naar adviseur ontdekte Ward een aantal dingen. Het belangrijkste was dat de studenten de kans kregen doelen te stellen die ambitieuzer waren dan de zijne. Voor de reis naar Washington slaagden ze erin, hoewel ze er nooit geweest waren, om alles te schetsen en onthullen waarvan Ward, in de bijna twintig jaar dat hij de reis had geleid, wist dat het mogelijk of belangrijk was. In de woorden van Ward:

*In plaats van ze te vertellen wat belangrijk was of mijn beeld te beschrijven, ontdekte ik dat ze al een beeld hadden waar ik alleen maar naar hoefde te vragen. Toen ze de kans kregen, kozen ze voor meer dan ik voor hen gekozen zou hebben.*

*Het was cruciaal dat ik open was tegenover mijn leerlingen. Ik vertelde hen dat dit proces waarin ze zelf vorm gaven aan hun eigen reis nieuw voor mij was en dat ik ook met hen zou leren. Ik stond toe dat ik 'als leerling' kon worden gezien. Het was niet gemakkelijk. Het voelde zo nu en dan alsof ik gepeld werd. Ik was niet langer de expert.*

*Mijn leerlingen zagen dat we soms in het proces kwamen vast te zitten en ik geen oplossing had. Ik vroeg Vivian Wright, een vriendin die als adviseur bij HP werkt, om ons in de klas te komen helpen. Ik belde Peter Block en hij hield een telefoonconferentie waarbij de leerlingen hem vragen stelden. Na het contact met zowel Peter als Vivian voelden de leerlingen zich beter en hadden ze een helderder beeld van hun proces. Ik was doorgaans niet de spil van het leerproces, wat voelde als een groot verlies aan invloed en meer kwetsbaarheid.*

*Wat me gaande hield was het doel om de verantwoordelijkheid voor leren te verleggen van leraar naar leerling.*

## Wat ze leerden

Tijdens de reis, in Washington D.C., zag Ward een kwalitatief verschil in de manier waarop de leerlingen participeerden:

*Ik kon er niet echt mijn vinger op leggen. Maar bij terugkomst hielden we onze gebruikelijke gezamenlijke bijeenkomst waar de leerlingen vertelden over de betekenis en inzichten van de reis.*

*In de vraag- en antwoordsessie na de presentatie was de laatste vraag: "Welk effect had het hebben van een keuze in de vormgeving en ervaring van de reis op jullie?"*

*De reactie kwam er in feite op neer dat zij, omdat ze de keuze hadden, vaak voor engagement kozen, ook als ze niet goed wisten wat ze wilden. Ze namen verantwoordelijkheid voor hun keuzes en waren bewuster.*

Het is griezelig om je te verdiepen in de omslag van de leraar als weter en beoordelaar naar de leerling als producent en spil van het project. Maar Wards ervaring laat zien dat dan voor beiden leren plaatsvindt. We hebben het hier over de intentie van advieswerk. We voelen ons kwetsbaar als we dit doen. Het is zeker een eng idee, maar het zorgt ook voor vertrouwen. De meeste leraren weten instinctief en uit ervaring dat relaties de essentie van lesgeven en leren zijn en dat relaties gebaseerd zijn op vertrouwen. Zonder een zeker niveau van gemeenschappelijkheid in onze klaslokalen zullen we in het gunstigste geval beperkt vertrouwen hebben. De echte impact van de leraar als expert en spil in het gebeuren is dat de leerlingen prestatiegericht blijven.

## De keuze waar u voor staat

Een van de belangrijkste omslagen die optreedt als leraren zich opstellen als adviseurs in het leerproces ligt in ons denken over keuze.

In het bedrijfsleven weet de adviseur dat de cliënt een keuze heeft. Onderdeel van de vaardigheid voor de leraar/adviseur is erkennen dat er zelfs in scholen, waar de leerling verplicht aanwezig moet zijn, keuze is. In de woorden van Ward:

*Omdat we een passie hebben voor ons vak en/of de opdracht hebben om bepaalde resultaten te leveren, gedragen we ons vaak alsof wij en de leerling geen keuze hebben. Onder de druk van tijd en de lesstof gebruiken we vaak de kracht van het systeem om leerlingen te beïnvloeden. Het steunt allemaal op het argument dat hun toekomst er onder zal lijden als ze niet meewerken aan het systeem van prestaties en cijfers.*

*Het vermogen om de gevolgen van hun handelingen te overzien, is bij jongeren eigenlijk nog niet volledig ontwikkeld. Dat gebeurt pas rond je vijfentwintigste. Misschien is dat waarom we, in onze wanhoop succesvolle kinderen voort te brengen, blijven vasthouden aan dreigementen als beste middel. Oorzaak en gevolg zijn immers zo helder: als je faalt, ga je niet naar een goede universiteit – of helemaal niet – en zal dat gevolgen hebben voor je latere inkomen en toekomstige financiële zekerheid.*

*Het droevige is dat veel elementen van het succesvolle leren dat cruciaal is voor een betekenisvol leven onderdrukt worden. We maken onze leerlingen ongevoelig voor de subtielere kenmerken van een ontwikkeld mens, zoals burgerschap, inzicht, liefde voor het creatieve proces, passie, ontdekking en verrassing. Dit alles wordt geofferd op het altaar van de zekere toekomst.*

Dit is dus een voorbeeld van onderwijshervorming gaat over keuze, dat ten grondslag ligt aan de adviserende houding.

Het betekent dat we moeten beslissen welke waarden we willen vertegenwoordigen, en of we geloven dat een meer adviserende rol nuttig is. In de woorden van Ward:

> *We moeten ons bewust zijn van wat we van ons gedrag in het klaslokaal willen behouden. Er is één vraag die we ons als leraren moeten stellen: "Wat behoud ik van mijn manier van leven? Wat leef ik in de manier waarop ik met mijn leerlingen samen ben? Behoud ik vertrouwen, intimiteit en samenwerking of angst, isolatie en competitie?"*

Deze vragen raken aan de kern van onderwijs en lesgeven, net zoals ze aan de kern raken van hoe we anderen adviseren en ondersteunen. Dit zijn discussies die ten grondslag moeten liggen aan het realiseren van succesvolle organisaties; het is de echte fundering voor de onderwijshervorming die zovelen zoeken.

# 19 De kern van de zaak

Adviseren is voornamelijk een zaak van relaties. Of het nu gaat om een onderzoeksproject of een technisch project, uiteindelijk zal het succes van het werk altijd neerkomen op de kwaliteit van de relatie met de cliënt. Die relatie is het kanaal waardoor onze ervaring naar de cliënt stroomt.

De manier waarop we contact leggen met mensen en ze bij onze expertise betrekken, is een kunst die honderden vormen aan kan nemen. Soms wordt er één op één gecoacht met een individueel persoon of een team. Het kan ook het werken aan strategie of technologie met een groep inhouden, of het houden van een trainingssessie. De basis van al het werk met cliënten is een verzameling opvattingen over leren en relaties die uiteindelijk onze werkstijl bepalen.

Dit boek is doorspekt met gedachten over goed, of feilloos, adviseren, maar ik wil ook even expliciet stilstaan bij de basisconcepten van adviseren. Als ik de weg kwijt ben of niet zeker weet hoe ik verder moet gaan, en dat gebeurt vaak, dan ga ik terug naar een paar ideeën waar ik altijd op kan terugvallen en die me geruststellen. Elk van die ideeën heeft net zo veel met het hart te maken als met het hoofd, en het vinden en bewaren van dat verband zou zelfs wel eens datgene kunnen zijn waar alles om draait. Men kan niet goed adviseren zonder om de cliënt te geven. De uitdaging is om die zorg voor de cliënt te vertolken naar de manier waarop we ons werk doen. Onze zorg wordt deels uitgedrukt door ons gedrag en onze stijl, maar de manier waarop we vormgeven aan de belangrijke elementen in het leerproces en het veranderingsproces is ook belangrijk.

In zekere zin is ons beroep dat van een 'leerarchitect'. In het beste geval ontwerpen we sociale omstandigheden die leiden tot inzicht, het oplossen van verschillen en verandering. Hieronder volgen enkele ideeën die zorgen voor de omstandigheden waarin het leerproces en de verandering gemakkelijker zullen lopen. Geen van die ideeën is verzekerd van succes. Ze bevatten allemaal avontuurlijke elementen en gaan allemaal in tegen de stroom van de conventionele wijsheid en de heersende cultuur. Daarom zijn ze zo bruikbaar.

## Het verkiezen van leren boven onderwijzen

Hoewel we meestal zeggen dat wij onze cliënten helpen leren, draait het in de meeste traditionele onderwijs- of adviesprojecten meer om het onderwijzen dan om het leren. Als u vraagt wie er nu echt iets leert van al die vergaderingen, communicatiesessies of trainingen, dan is het antwoord meestal: degene die de leiding heeft.

Het heersende model voor het leerproces stamt uit het onderwijssysteem. Wanneer u kijkt naar de meeste klaslokalen, dan staat de leraar voor de klas en de leerlingen zitten achter tafels of om tafels heen, met hun gezicht naar het bord. De agenda, de doelen en de methode van het leren worden allemaal bepaald door de docent. In wezen is de leraar de supervisor van het leerproces. Dit is de wereld waar Ward aan werkt in hoofdstuk 18. Op dezelfde manier wordt er in een adviesproject van de adviseur verwacht dat hij of zij de veranderingsmanager is, of zelfs de vertegenwoordiger van verandering. De taak van de cliënt is om in zich op te nemen wat de adviseur aanbiedt.

De schoolklas of het adviesproject dat op dit model is gebaseerd, vindt zijn oorsprong in een behoefte aan voorspelbaarheid en controle. We hebben er behoefte aan om de leraar of de adviseur een centrale rol te geven in het leerproces. Deels is het een kwestie van pedagogiek en onze behoefte om anderen voor te schrijven wat wij ze willen laten doen. Maar wij zijn niet de enigen die zijn verleid tot een 'alle ogen naar het bord'-aanpak. Ditzelfde schoolklasmodel of vergadermodel wordt namelijk ook verlangd door diegenen die leren. Wanneer u zou besluiten om de cliënt uit te nodigen de agenda op te stellen, vorm te geven aan het leerproces, en hun prestaties te evalueren, dan komen ze waarschijnlijk in opstand. Cliënten zijn zo gewend om een passieve houding aan te nemen in het onderwijs en het leerproces, dat ze een kans om hun eigen leerproces te managen aan zich voorbij laten gaan en het woord weer aan de adviseur geven.

Het gevolg is dat de onderwijzer of adviseur met de deelnemers of de cliënt onder een hoedje speelt om de onderwijzer/adviseur de centrale leiding te laten houden, en de leerling/cliënt alleen te laten reageren. Het effect daarvan is dat de adviseur maar al te vaak degene is die het meest heeft geleerd. Soms is dat onvermijdelijk, omdat wij gedwongen worden onszelf te verklaren aan anderen, en daarmee investeren in het onderwerp op een manier waarop de cliënt dat niet hoeft te doen. Maar deels wordt het ook veroorzaakt door onze behoefte om te beheersen wat er wordt gepresenteerd en te bepalen wat er wordt geleerd en geaccepteerd. Dit wordt volgens mij gesymboliseerd in de manier waarop we veel van onze trainingen geven. We zijn bijvoorbeeld gek op voorbeeldvideo's in trainingen, met voorspelbare uitkomsten voor de deelnemers. We beloven een goede aanpak, wijzen de weg door de nadruk te leggen op de mijlpalen en de leerpunten en doen het voorkomen dat de leerdoelen al vast kunnen staan. Dat noemen we goede planning.

Het gevolg is dat we mensen maar zelden hun volledige capaciteit om te leren zien gebruiken. Zoals Tim Gallwey, auteur en ontwerper van de Inner Game leermethode, suggereert. Bij de meeste trainingen en instructies wordt er heel veel onderwezen en heel weinig geleerd. In modellen waarbij de onderwijzer centraal staat, is de trainer de eigenlijke leerling, en is de deelnemer slechts betrokken in een verfijnde vorm van imitatie en absorptie.

Het echte leren vindt plaats bij het *creëren* van het leermodel, de essentiële punten en het lesplan. De waarde ligt in de worsteling om te creëren, en het leren ligt in de poging om te begrijpen en ideeën en werkwijzen te ontwikkelen. De ontvanger van dat onderwijs, de deelnemer, is na de sessie doorgaans niet veel anders dan daarvoor. Dat weten we: daarom praten we zoveel over metingen. Het praten is een uitdrukking van ons ongemak over de relevantie van het proces.

## Leren als sociaal avontuur

Als we waarde willen bieden aan de deelnemer of de cliënt, dan moeten we ons project zo ontwerpen dat het ten koste van het onderwijs het leerproces ondersteunt. Zoals het onderwijsvoorbeeld laat zien, betekent dit dat er verrassingselementen moeten worden opgenomen in de interactie met de cliënt, momenten van ontdekkingen en onwetendheid. We moeten risico de zaal binnenlaten, de inzet verhogen, met zorg de confrontatie aangaan, sterke ondersteuning bieden, en zorgen dat bevestigd wordt wat we goed doen. Dat zijn de elementen die leren mogelijk maken.

Het geven van een voorverpakt antwoord, zoals in onze trainingsmodellen, staat het leren in de weg. Natuurlijk is een voorverpakt advies of training sneller, makkelijker te verteren, zichtbaarder en voorspelbaarder, en daarom makkelijker te verkopen; op de korte termijn is het een goede strategie. Op de lange duur lijkt het meer op de paardenmiddelen die een alcoholist gebruikt om van een kater af te komen. Als het probleem van de cliënt ligt in een te streng controlerende, vooringenomen manier van denken, dan kunnen wij het niet oplossen met streng controlerende en vooringenomen antwoorden.

Als we echt gericht zijn op leren en verandering, dan is er een langzamer, meer veeleisende en meer overwogen aanpak nodig. We moeten dan meer waarde hechten aan worstelingen dan aan recepten, meer waarde aan vragen dan aan antwoorden, meer waarde aan spanning dan aan gemak, en meer waarde aan capaciteiten dan aan onvolkomenheden en tekortkomingen.

## De worsteling is de oplossing

Over het algemeen hebben de hardnekkige problemen waarvoor een adviseur wordt ingeschakeld geen eenduidig juist antwoord. Dat betekent dat we zullen moeten wennen aan de paradoxale aard van de werkvloer en de mensen die we daar tegenkomen. Denk aan de manier waarop u omgaat met situaties waarin twee tegenstrijdige meningen allebei waar zijn. Is er meer controle nodig, of minder? Hebben mensen meer vrijheden nodig, of zullen ze misbruik maken van dat voorrecht en er doelloos mee rondlopen? Moeten we altijd de waarheid vertellen, of rekening houden met de politieke aspecten van een organisatie? Zouden meer technologie en betere informatie het probleem verhelpen, of ligt het probleem meer in de motivatie en een gebrek aan training?

Ieder adviesproject heeft te maken met dit soort vragen. Zelfs bij het zeer technische advieswerk zijn dit soort vragen ingebed in de architectuur van onze oplossingen. Wanneer we voor de één of de ander willen kiezen, of zelfs wanneer we proberen om een middenweg te vinden, maken we een grote fout. Als we voor een middenweg kiezen, verliezen we het voordeel van de twee unieke uiterste ideeën. De beste resultaten worden behaald wanneer we proberen de waarheid in beide standpunten te zien. Het is de taak van de adviseur om nader onderzoek van de tegenstellingen te stimuleren, snelle oplossingen uit te stellen, en zich ervan te verzekeren dat de complexiteit van de situatie is erkend voordat er een plan van actie wordt opgesteld. Pas in de worsteling om boven beide kanten uit te stijgen, vindt u de oplossing.

We hebben bijvoorbeeld controle nodig, maar we moeten ook keuzemogelijkheden verschaffen. Mensen hebben vrijheid nodig, maar maken daar soms ook misbruik van. Het is belangrijk om meer technologie te introduceren, en motivatie en vaardigheden zijn ook noodzakelijk. De spanning in deze tegenstellingen zorgt voor reële actie die stand houdt. Als we kunnen accepteren dat deze spanningen er altijd zullen zijn, dan is de actie die we op dat moment nemen in zekere zin niet meer zo belangrijk: waar we ook voor kiezen, we betalen er een prijs voor. Dus waarom zouden we dat niet accepteren, de worsteling als de juiste weg zien, en de verleiding van zekerheid en snelheid weerstaan?

## De vraag is belangrijker dan het antwoord

Dat betekent dat we de vragen moeten leren vertrouwen en leren inzien dat de manier waarop we de vragen formuleren, bepaalt wat voor soort antwoord we ontwikkelen.

We raken in een impasse wanneer we de verkeerde vragen stellen. De meest voorkomende verkeerde vraag is die van de technicus die wil weten 'hoe' we iets doen. Die vraag leidt al snel naar het pad van methodologie en techniek. De vraag gaat ervan uit dat het probleem ligt in wat er gedaan moet worden, in plaats van waarom het gedaan moet worden en of het wel gedaan moet worden. Er zijn verschillende vormen van de 'hoe'-vraag. Zie ze als een waarschuwing.

- *Hoe lang gaat het duren?* We willen snel klaar zijn, wat we ook gaan doen.
- *Hoe kunnen we hen laten veranderen?* Als zij nou maar wilden veranderen, dan zou alles veel beter gaan. De top denkt dat de lagere rangen het probleem vormen, de lagere rangen denken dat de top het probleem is, en als ze bij elkaar komen, zijn ze het erover eens dat het midden het probleem veroorzaakt.

- *Waar zijn deze stappen voor nodig ...?* Het leven kan worden teruggebracht tot een stappenplan. PowerPoint is het icoon: punten voor distrubutie op elke schaal. De agenda is het symbool, lijsten met mijlpalen het medicijn, en meer discipline is het recept dat nooit genezing brengt.
- *Hoe meten we het effect?* De onzichtbare wereld heeft geen waarde. Het meten van de werkelijkheid wordt erg belangrijk. Alan Watts heeft eens gezegd dat we op het punt gekomen zijn waarop we naar een restaurant gaan en de menukaart opeten. We zijn inmiddels meer geïnteresseerd in definities en metingen van het leven, dan in het leven zelf.
- *Hoe brengen we dit over?* Het probleem is dat ze ons niet begrijpen. 'Een probleem in de communicatie' is het toppunt van loze diagnose. Het ontkent dat er een werkelijk conflict is en maakt gebakken lucht tot het doel. Ons beste voorbeeld is Washington D.C., waar het sturen van het nieuws en de beeldvorming alles is wat ze doen. Kwesties van communicatie zijn vaak uitvluchten voor kwesties van wilskracht, moed en commitment
- *Wat doen andere organisaties, of waar heeft dit eerder goed gewerkt?* We willen tegelijkertijd aan de leiding gaan, en op de tweede plaats volgen. Het heeft zeker waarde om te zien wat anderen doen: het geeft ons hoop. Maar de vraag is vaak een wens van veiligheid, want als we horen waar het heeft gewerkt, zeggen we vaak dat onze situatie uniek is.

Deze vragen zijn zo aantrekkelijk omdat ze zo weinig vergen. Ze beloven een logische en voorspelbare wereld. Ze verplaatsen het probleem ook naar buiten, en vaak zijn ze gericht op de verandering van mensen die zich niet in de zaal bevinden. Bovendien brengen ze het probleem terug tot een overzichtelijke grootte door het te behandelen als een kwestie van vaardigheden, in plaats van kwesties van doelen en het gebruik van macht.

## Voorbij 'hoe'

'Hoe'-vragen brengen ons niet verder dan het beginpunt. Ze hebben tot gevolg dat we harder proberen waar we nu al mee bezig zijn. De vragen die ons genezen en hoop geven op echte verandering zijn de vragen die niet makkelijk te beantwoorden zijn. Levende systemen zijn niet te beheersen, ondanks het feit dat ze zich ontwikkelen tot orde en enige samenhang. Om een levend systeem in beweging te brengen, moeten we ons afvragen waar we mee bezig zijn, en waarom. We moeten diepte boven snelheid verkiezen, bewustzijn boven actie. Voor een poosje tenminste.

De vragen die leiden tot een verandering van denken gaan meer over 'waarom' en 'waar' dan over 'hoe'. Enkele voorbeelden:

- *Wat is het nut van waar we mee bezig zijn?* We leven in een wereld die wordt gemeten naar rijkdom en grootte. Zijn we hier gekomen om geld te verdienen, om tegemoet te komen aan het budget, om het werk te laten groeien? Is dat genoeg? En wie profiteert daarvan? Wie dienen wij hier en hoeveel hebben we ervoor over om dat antwoord waar te maken?

- *Wat moet er gebeuren voordat we iets nieuws kunnen gaan doen?* We willen wel verandering, maar we willen er niets voor teruggeven. We moeten altijd het verleden opzij zetten om echt verder te komen. Waar vinden we de moed om dat te doen?
- *Wat is de werkelijke waarde van ons product en onze diensten?* En in wiens ogen? Hoe geldig is onze belofte, en wat zijn de bijwerkingen van onze dienstverlening? Vormen onze advertenties en de manier waarop we onszelf presenteren wel een beeld waarvan we geloven dat het waar is?
- *Wat voor persoonlijke betekenis vinden mensen in het werk dat we doen?* Wat is de intrinsieke beloning voor ons? Komen we vrijwillig, of zijn we gewoon in dienst getreden om het leven dat we buiten het werk leiden te bekostigen? Veel mensen denken dat werk gewoon werk is, en dat je gek bent als je meer verwacht.
- *Wat zou er gebeuren als we niets deden?* Wanneer vindt verandering alleen voor de verandering plaats? Misschien zouden we gewoon beter moeten worden in het werk dat we nu doen.
- *Welke capaciteiten en sterke punten gebruiken we nu niet optimaal?* Kijk niet langer alleen naar de zwakheden, maar ontdek wat er nog meer mogelijk is. Soms kennen we onze eigen kracht niet, als persoon en als organisatie. Wat zien anderen als onze sterke punten? Jaren geleden vroegen we cliënten van ons adviesbureau waarom ze ons hadden ingehuurd. Ze antwoordden dat ze aangetrokken werden door onze schijnbare onverschilligheid en terughoudendheid wanneer we met hen werkten. We schrokken ervan. We dachten dat we ongeorganiseerd en slordig waren als we uit de hoogte overkwamen, maar zij vatten het op als een teken van integriteit.
- *En wat laten we achter voor de volgende generatie?* Dit is een vraag voor de tweede helft van het leven, maar het is wel een bruikbare concentratieoefening. Onze materialistische cultuur verbruikt haar bronnen en gokt erop dat de wetenschap of een wonder zal zorgen voor wat we achterlaten voor degenen die na ons komen. Wat is onze nalatenschap?

Dit zijn moeilijke vragen, die vragen om vertrouwen en geduld. Ze vormen geen vervanging voor actie en op een gegeven moment zullen we ook de 'hoe'-vraag moeten stellen. Maar de 'waaroms' zijn vragen voor verandering en leren; in die zin zijn ze wel degelijk heel praktisch. De verandering heeft plaats in de dialoog die uit deze vragen voortvloeit. Het zijn vragen waarbij de cliënt op het topniveau en op lagere niveaus betrokken kan raken; het zijn geen vragen die de adviseur kan beantwoorden.

Voor sommigen is het moeilijk om deel te nemen aan zo'n abstracte dialoog, zelfs wanneer het gaat over de vragen die we onszelf wel eens stellen. Hoe moeilijk ze ook zijn, de cliënt moet deze vragen openlijk behandelen, omdat de weg naar echte verandering niet zo duidelijk is als een lijst en wat mijlpalen. Als we geen diepte geven aan onze vragen, dan zal ons denken nooit veranderen en zijn we voorbestemd voor snelle oplossingen en modegrillen. En als een adviseur deze vragen niet kan stellen, wie dan wel?

## Inzicht komt op momenten van spanning

Het is moeilijk – echt moeilijk – om een worsteling te waarderen, om gekmakende vragen te stellen, en paradoxen onder ogen te zien om daardoor op originele gedachten te komen. Onze voorkeur gaat instinctief uit naar gemakkelijke onderwerpen en de gebruikelijke manier van werken. Als adviseurs vragen stellen over betekenis en een uitgebreide periode van reflectie voorstellen, worden we al snel uitgemaakt voor onpraktisch, niet actiegericht en niet op stappen gericht.

Wanneer we deze spanning als een fout in het proces beschouwen, dan verlaten we het schip al bij het eerste salvo en trekken we ons gemakshalve terug. Ik heb veel van mijn fouten gemaakt wanneer ik mij ongerust maakte over het proces en mij terugtrok in de veilige haven van plannen van actie en lijstjes. Als die actieplannen eenmaal op papier stonden, slaakte iedereen een zucht van verlichting en glimlachten we bij het vertrouwde gevoel van mijlpalen binnen handbereik. Dat was het goede nieuws.

Wanneer ik echter terugkeek op die tijden, dan waren de veranderingen die uit die projecten voortkwamen altijd teleurstellend. De afwerking was zwak, het optimisme nam snel af, en de poging om veranderingen door te drukken gaf mensen het gevoel dat er niets veranderd was. Er kwamen alleen maar meer actiepunten op ons lijstje te staan. Ik had die cliënten teleurgesteld door te gemakkelijk toe te geven aan de spanning. Als ik het stellen van moeilijke vragen iets langer had volgehouden, had gevraagd de basisideeën te overdenken, dan was ik de cliënt beter van dienst geweest.

Spanning kan ook gewoonweg worden veroorzaakt door de geladen verhoudingen tussen de mensen in de kamer. Als die spanning eenvoudig was weg te nemen, dan was dat al eerder gebeurd. Vaak worden we geconfronteerd met spanningen die een geschiedenis hebben en hardnekkig zijn. Iedereen voelt ze, maar niemand wil ze bij hun naam noemen. Voelen we die spanningen aan de tand, of bewegen we er voorzichtig omheen?

Een recent voorbeeld houdt me nog steeds bezig. Ik had een bijeenkomst van elf bureaus georganiseerd, die waren samengekomen om beter met elkaar samen te werken. Ze hadden goede bedoelingen en het was een hele gebeurtenis dat ze allemaal samen in een kamer waren. Halverwege de vergadering, toen iedereen zich had voorgesteld en ideeën over mogelijke gezamenlijke belangen waren uitgewisseld, begon de impuls voor actie en overeenstemming sterker te worden. Ik was van plan geweest om meer ruimte te laten voor open dialoog, discussie over de verschillen, meer reflectie, meer tijd om elkaar te leren kennen.

Ik voelde de druk stijgen, de mede-organisatoren overlegden in een hoek met mij, en ik paste het oorspronkelijke plan aan. We verdeelden de mensen in hun gebruikelijke teams en vroegen ze over een uur terug te komen met ideeën over wat deze groep samen zou kunnen bereiken dat hun organisaties apart niet zouden kunnen. Dat leek redelijk – dat was tenslotte waarom ze daar waren. Na een uur brachten de teams verslag uit. Elk van de teams vertelde wat dat team zelf zou kunnen doen om hun doelen te bereiken. Ze waren niet bereid om grenzen te overschrijden, om in te leveren op de posities waarmee ze de vergadering waren binnengekomen, of om elkaar op nieuwe manieren te vertrouwen. Een groep die was samengekomen om nieuwe samenwerking te vinden verzandde zo in oude verhalen over bedrijfsgrenzen en onderhandeling.

De spanning die lag in het verzoek om een actieplan op te stellen was eigenlijk een verdedigingsmechanisme tegen een diepgaand gesprek over de dingen waarin ze van elkaar verschilden, en tegen de terughoudendheid die ze voelden om posities prijs te geven, iets wat echt nodig was voor betekenisvolle verandering. En het ergste was dat ik er zelf aan had meegedaan, omdat ik zo graag praktisch en nuttig wilde zijn. De volgende morgen heb ik nog geprobeerd om het weer terug te draaien, maar het was te laat; het moment was voorbij, de energie die tot een verschuiving had kunnen leiden was weggesijpeld.

De deur naar nieuwe manieren van denken gaat niet gemakkelijk open, en de spanning in de kamer is eigenlijk de sleutel. De spanning wijst erop dat er verzet of twijfels zijn. Het bespreken van de spanning schept de mogelijkheid voor inzicht en oplossingen. Als we de spanning als energie kunnen beschouwen en onder ogen kunnen zien, dan zal groot inzicht volgen. Als u er voorzichtig omheen loopt, dan loopt u het risico, net als ik, de slag te verliezen.

Als spanning aan de oppervlakte komt, moet die benoemd worden – en besproken en erkend worden. De adviseur moet de discussie in de richting van moeilijke onderwerpen sturen. We moeten ons afvragen wanneer we in een betere positie zullen verkeren om door te gaan. Wanneer is het moment daar om mislukkingen, conflicten tussen individuele personen en de groep, gevoelens van futiliteit en twijfel te bespreken. Het is niet zo dat er meer structuur nodig is op die momenten, er is moed nodig. Door de spanningen te benoemen en een discussie over de betekenis ervan te voeren, leren we iets over de emotionele kant van ons werk.

Dat is wat er nodig is om te leren en wat de cliënt van ons verlangt. Onze patriarchale cultuur heeft de neiging om gevoelens te onderdrukken, en daarom mijden we spanningen maar liever. De sleutel is om te begrijpen dat het gaat om het uitspreken van de spanningen, niet om het antwoord of de oplossing ervan. Wanneer we steun kunnen bieden bij het verwoorden van de zaken die zij moeilijk vinden om te bespreken, zullen er daarna andere beslissingen genomen worden.

## Capaciteiten zijn vruchtbaarder dan tekortkomingen

Een ander aspect van verandering is de keuze om zich te concentreren op wat er ontbreekt, of juist op wat wel aanwezig is. Ik heb ooit gedacht dat het mijn taak als adviseur was om problemen te identificeren, en dus legde ik mijzelf toe op het ontdekken van wat er miste. Na jaren munt geslagen te hebben uit zwakheden, kijk ik nu naar de talenten die aanwezig zijn en waar de mogelijkheden liggen.

Er zit een praktische kant aan die keuze. We moeten inzien dat we de oogst van het veld van de tekortkomingen wel hebben binnengehaald. Waarom zouden we doorgaan op een weg die steeds minder gaat opleveren? Het product van een leven lang werken aan tekortkomingen ligt er al. Veel meer moeite zal maar weinig meer opleveren.

Waar het gaat om het strategische werk met cliënten heeft John McKnight heel goed beargumenteerd dat een focus op tekortkomingen of behoeftes de macht van de expert alleen maar vergroot, ten koste van de cliënt of de werknemer. In zijn woorden verandert het *burgers* met rechten en macht in *consumenten,* mensen met zwakheden en behoeftes. Het is zijn mening dat het de dienstverlener is die profiteert van die verandering van burger naar consument, dus in ons geval is het de adviseur die profiteert.

Een dergelijke nadruk op zwakheden heeft ook te maken met de manier waarop we met de menselijke geest omgaan. Zijn we hier om elkaar te vertellen wat er nog aan schort, of wat er mogelijk is? Als 'wat je ziet is wat je krijgt' geldt, laten we ons dan toeleggen op de sterke punten, dan bereiken we die ook. Het probleem met het bespreken van sterke punten is dat we het niet gewend zijn, en we niet weten wat we moeten zeggen, we generen ons. Bovendien praten we al jaren over zwakheden, dus is het heel makkelijk om te besluiten ze niet te veranderen. Maar als we zouden zoeken naar het goddelijke in ieder van ons, of in onze gemeenschap, dan zou dat op bepaalde manieren zo confronterend zijn dat we er niet op zijn voorbereid.

Ten slotte, als we blijven kijken naar behoeftes en zwakheden, dan wordt het een politiek spel, een uiting van macht. Degene die het gespreksonderwerp en de behoeftes bepaalt, heeft de leiding. Als we een gewoonte maken van het praten over de zwakheden van anderen, is dat een manier om controle te houden over het gespreksonderwerp. We stellen onszelf boven het gekrakeel, want alleen wij zijn in staat om te zien wat er mis is. Wanneer we kijken wat er mis is met andere mensen of organisaties plaatsen we hen in een minderwaardige positie, zelfs als we dat alleen doen om behulpzaam te zijn. Onze houding veronderstelt dat zij het werk moeten doen en niet wij. Wij zijn de ouders die liefhebbend naar een kind kijken.

Dat is een comfortabele positie voor adviseurs, want zo kunnen wij naast de critici staan, in hun voordelige positie delen en achter hun schild bescherming zoeken. Bovendien bevestigt het nogmaals dat wij nodig zijn. Maar comfort is slechts de gemakkelijkste weg, niet de meest vruchtbare. We kunnen daarom beter uit vrije wil aanwezig zijn dan uit noodzaak, en onze gift kan dan zijn het beste te benadrukken in wat we zien.

## We zijn verantwoordelijk voor elkaars leren

Alles wat er in de zaal gebeurt, gaat iedereen aan. Dat is een radicale gedachte. Waarom? Omdat competitie ons met de paplepel is ingegoten. Tijdens onze eerste kennismaking met het leven in een organisatie, op school, hadden we alleen succes ten koste van anderen. Ik moest een zes krijgen, zodat iemand anders een tien kon halen. Als ik een tien haalde, dan moest dat weer in evenwicht worden gebracht door de onvoldoende van een ander. Als u dat niet gelooft, bedenk dan eens wat er zou gebeuren wanneer een leraar iedereen een tien zou geven. Dan zou de leraar een probleem hebben. Wat zou er gebeuren als een baas denkt dat iedereen uitstekend presteert? Denk daar nog maar eens over na, baas.

Ik heb geen morele bezwaren tegen concurrentie; het gaat er hier om hoe concurrentie het leerproces beïnvloedt. Concurrentie met collega's zorgt voor isolatie en leidt ertoe dat we angstvallig vasthouden aan wat we hebben. Dat is misschien goed voor de ambitie, maar niet zo goed voor de organisatie. Leren vereist een zeker risico en onzekerheid, het zal niet plaatsvinden als we anderen als vreemden zien met hun eigen problemen – problemen die we niet delen. Het feit dat we in onze cultuur in hoge mate denken dat individuele concurrentie de sleutel is tot motivatie, is een indicatie dat onze manier van denken wordt bepaald door een marktmentaliteit en de gedachte dat niet iedereen helemaal aan zijn trekken kan komen.

Het verbaast me altijd weer wanneer ik managers hoor praten over het welzijn van het geheel, en ze dan zie meedoen aan het bevorderen van de concurrentie tussen de verschillende onderdelen. De uitdaging van het leven in een organisatie is om mensen te verenigen in een gezamenlijke onderneming. Wanneer ik mijn onderlinge afhankelijkheid van alle anderen inzie, verbindt dat mij met het geheel. En wanneer iedereen verantwoordelijk is voor het leren van het geheel, dan heeft iedereen een dieper doel gemeen met alle leden van het geheel. Er zijn samenwerking en een bereidheid om die verbondenheid te erkennen voor nodig om die uitdaging aan te gaan. Dat is geen kleinigheid, maar het is het proberen waard, want het is een belangrijke manier om duurzaam leren te garanderen.

Als het ons doel als adviseurs is om te leren en verandering te brengen, dan moeten we er ook allemaal verantwoordelijk voor zijn. Deze eenvoudige verandering van denkwijze zorgt ervoor dat ons werk meer omvat en doet ons inzien dat leren van alle kanten moet komen. We kunnen de concurrentiegedachte misschien niet veranderen, maar we kunnen op zijn minst weigeren hem te versterken.

## Cultuur verandert op het moment zelf

Dit is een spannend en mogelijk heel krachtig idee. Bij elke ontmoeting met de cliënt horen we zorgen over wat er morgen zal gebeuren. Aan het eind van een vergadering spreekt vaak iemand twijfels uit of de overeenkomst wel stand zal houden en of het optimisme wel zal aanhouden. In het eerste uur van een training vraagt er altijd iemand of de wereld ook maar iets veranderd zal zijn als de sessie is afgelopen. Mijn antwoord is dat we maar beter niet tot het eind van de sessie kunnen wachten als we verandering willen zien. Hoe kunnen we onze hoop vestigen op de dag van morgen, als er vandaag niets verandert? Ieder moment moet een deel van het einddoel in zich meedragen. Daarom is de manier waarop we bijeenkomen ook zo belangrijk. Het geeft – op dit moment – hoop over hoe de toekomst eruit zou kunnen zien. Het zorgt ervoor dat we veel aandacht schenken aan de manier waarop we dit moment, deze vergadering vormgeven.

Het moment leert ons ook iets over methoden. Als we leren om te letten op wat er nu gebeurt, dan zal dat inzicht ons vertellen wat er wel en niet werkt. Het lijkt op het ontdekken van de wereld in een zandkorrel. Het betekent dat u de cultuur van de organisatie begrijpt door te kijken naar de aard van de huidige vergadering of conversatie. Als u niets ziet gebeuren, dan kijkt u niet goed, of misschien gebeurt er ook niets. Het vaststellen van een afwezigheid van leven, actie of dialoog beschrijft een systeem net zo nauwkeurig als het onderkennen van de aanwezigheid van iets. Als we het moment leren vertrouwen, leren we de krachten van reflectie kennen.

We zouden dan ook zien dat we de toekomst kunnen invullen zonder erop te hoeven wachten. Hoe lang duurt verandering? Zijn we klaar om er nu al mee te beginnen? Willen we vertrouwen, eerlijkheid, meer of minder structuur, samenwerking tussen de afdelingen, scherpere focus en verbondenheid in de organisatie brengen, dan is het nu de beste tijd om daarmee te beginnen. Ons actieplan is wat we in het komende uur gaan doen. Niet wat we gaan zeggen, maar wat *we samen gaan doen*. Deze vergadering wordt de lei waar de toekomst in is gegrift. Iedere intentie tot culturele verandering moet in het heden worden uitgedrukt, of zij verliest geloofwaardigheid.

Het moment laat ons alleen in de steek als we een verandering voor andere mensen in gedachte hebben. Die anderen kunnen op dat moment niet veranderd worden als ze niet in de zaal zijn; ze kunnen geen deel uitmaken van de verandering. Dus waarom houden we ons eigenlijk met hen bezig? Waarom denken we altijd dat een andere groep het probleem veroorzaakt? Waarom heb ik in al die jaren trainen nog nooit de juiste groep in de zaal gehad? Degene die in de zaal is, is altijd de verkeerde persoon. Degenen die getraind worden, vragen altijd of anderen de training al gehad hebben. Als ik zeg dat dat zo is, dan zeggen ze dat het niet heeft gewerkt. Als ik zeg dat ze de training nog niet gehad hebben, vragen ze: waarom denk je dat je ons kunt veranderen, als zij niet willen veranderen?

Om dit moment te veranderen in een voorspelling van morgen, moeten we het verleden achter ons laten, en onze schuld of wrevel loslaten. Slachtoffers functioneren niet goed op het moment zelf, en we zijn allemaal wel eens slachtoffer geweest. We laten in het organisatieleven weinig ruimte voor vergeving, van onszelf en anderen. Ik heb nog maar weinig leeroefeningen gezien die over vergeving gingen. Misschien is dat één van de redenen waarom we ons zo op zwakheden concentreren; ze herinneren ons aan onafgeronde kwesties uit ons verleden. Als we het verleden niet vergeven hebben, dan blijven we proberen het te repareren. Het veranderen van het moment, er belang aan geven, de waarde ervan te zien als een voorspelling van de toekomst, zou wel eens de manier kunnen zijn om de wonden te helen en ons te laten kiezen voor het optimisme.

## Als verandering zo fantastisch is, gaat u dan maar voor

Een ander idee dat in de kern van de zaak ligt, is het idee dat verandering, transformatie en hoop allemaal door onszelf worden veroorzaakt. Verandering confronteert ons met menselijke vraagstukken. Om daarmee om te gaan, zijn wij afhankelijk van hoop. Er ligt hoop in onze integriteit en in onze bereidwilligheid om mee te doen aan wat we hebben gekozen voor het grotere systeem. Wanneer we anderen aanmerken als het probleem, koloniseren we elkaar. En hoe hoger we in de organisatie komen, hoe verder we verwijderd raken van de noodzaak om te veranderen.

Als we een organisatie besturen of echt succes behalen, beginnen we onszelf vaak te beschouwen als een afgemaakt product. De organisatie verwacht dat ook en de werknemers vormen hetzelfde beeld ook zo sterk van het management dat de mensen aan de top hun eigen verhaal beginnen te geloven. Ze beginnen te denken dat het niet mogelijk is dat ze iets niet weten. Zij zijn de peetvaders en het is hun lot om recht te spreken over anderen, niet om degene te zijn die streeft naar rechtvaardigheid in zichzelf.

Als u kijkt naar de grote leiders uit de geschiedenis, dan zult u zien dat een bewustzijn van hun eigen beperkingen essentieel was voor hun grootheid. Van Confucius, Boeddha en Christus tot Lincoln, Gandhi en Martin Luther King – allemaal raakten zij mensen meer vanwege hun uitstraling dan vanwege hun positie. Ze werden de archetypes van het juiste gebruik van macht, en één van de bronnen van hun macht was hun eigen bescheidenheid.

Als we macht gebruiken om onszelf te onttrekken aan onze eigen voorschriften, dan maken we misbruik van de macht. Toen hij een partnerschap wilde aangaan met schoolbesturen en scholengemeenschappen zei Bob Chase, de voorzitter van de National Education Association (Nationale Onderwijsbond) vaak dat de bond als eerste concessies zou moeten doen. Dat is een opmerking die we ter harte zouden moeten nemen. Het zou ons geloofwaardiger maken, en het zou een goed middel zijn tegen het patriarchaat dat ligt ingebed in onze veranderingsstrategieën.

Maar denkt u niet dat leiders de enigen zijn die denken dat anderen maar moeten veranderen. De liefde voor het patriarchaat is bij werknemers net zo sterk als bij de werkgevers. Als adviseurs dachten wij vroeger dat wanneer het management veranderde, de werknemers zouden volgen. Maar dat is niet noodzakelijkerwijs waar. Werknemers maken hun bazen. Als we ervoor zorgen dat onze baas houdt van strenge controle, dan vinden we dat we ergens aanspraak op hebben, en aanspraak betekent dat wij zelf niet het probleem vormen. Wij hebben ergens recht op en we zijn niets verschuldigd. We klampen ons vast aan de veiligheid van onze afhankelijkheid, zoals de baas dat ook doet, en ieder van ons denkt dat het probleem bij de ander ligt.

## De laatste vraag gaat over vertrouwen

Al deze ideeën gaan ervan uit dat er een beweging richting leren plaatsvindt, en dat die beweging zijn eigen energie en bedoeling heeft. De wereld zorgt voor de gebeurtenissen die beweging afdwingen, het leven zorgt voor de verstoring. We hoeven verandering niet uit te lokken, te versterken of te leiden, het enige wat we hoeven te doen is erin meegaan. De adviseur leert net zo goed als de cliënt. We worden zelfs vaak meer veranderd door ons advieswerk dan de cliënt, en zo hoort het ook.

Uiteindelijk zijn het onze oprechtheid, de manier waarop we met onszelf omgaan en ons contact met de cliënten die onze methodologie vormen, onze marketingstrategie, en de vruchten van ons werk. Het feit dat we komen met een koffer, een *curriculum vitae* en een conceptueel kader is eigenlijk meer de macht der gewoonte dan een noodzaak. Het is al genoeg als we gewoon komen. En dat is de kern van de zaak.

# Aanbevolen literatuur/Noten

## Aanbevolen literatuur

Alexander, Christopher. *The Timeless Way of Building.* New York: Oxford University Press, 1979.

Argyris, Chris. *Flawed Advice and the Management Trap: How Managers Can Know When They're Getting Good Advice and When They're Not.* New York: Oxford University Press, 2000.

Argyris, Chris. *Knowledge for Action, A Guide to Overcoming Barriers to Organizational Change.* San Francisco: Jossey-Bass, 1993.

Axelrod, Richard H. *Terms of Engagement: Changing the Way We Change Organizations* (working title). San Francisco: Berrett-Koehler, forthcoming Spring 2000.

Bellman, Geoffrey M. *The Consultant's Calling: Bringing Who You Are to What You Do.* San Francisco: Jossey-Bass, 2001.

Blake, Robert R., and Jane S. Mouton. *Consultation.* 2nd. ed. Reading, Mass.: Addison-Wesley, 1983.

Briskin, Alan. *The Stirring of Soul in the Workplace.* San Francisco: Berrett-Koehler, 1998.

Bunker, Barbara Benedict, and Billie T. Alban. *Large Group Interventions: Engaging the Whole System for Rapid Change.* San Francisco: Jossey-Bass, 1996.

Clapp, Neale. *Work Group Norms: Leverage for Organizational Change.* Part I: Theory. Part II: Application. Plainfield, N.J.: Block Petrella Associates, 1979.

Dannemiller, Kathleen, et al. *Unleashing the Magic* (working title). San Francisco: Berrett-Koehler, forthcoming 2000.

Dannemiller, Kathleen, et al. *How to Unleash the Magic: A Fieldbook* (working title). San Francisco: Berrett-Koehler, forthcoming 2000.

Gallwey, W. Timothy. *The Inner Game of Tennis* (rev.ed.). New York: Random House, 1997.

Henning, Joel P. *The Future of Staff Groups: Daring to Distribute Power and Capacity.* San Francisco: Berrett-Koehler, 1997.

Illich, Ivan, John McKnight, Irving K. Zola, Jonathan Caplan, and Harley Shaiken. *Disabling Professions.* New York and London: Marion Boyars Publishers, 2010. Originally published 1977.

Koestenbaum, Peter. *Leadership: The Inner Side of Greatness–A Philosophy for Leaders* 2nd ed. San Francisco: Jossey-Bass, 2002.

Maurer, Rick. *Beyond the Wall of Resistance:* Why 70% of all Changes still fail – and What You Can Do about It. Rev. ed. Austin, Texas: Bard Press, 2010.

McKnight, John. *The Careless Society: Community and Its Counterfeits.* New York: BasicBooks, 1995.

McKnight, John and Peter Block. The Abundant Community: Awakening the Power of Families and Neighborhoods. San Fransisco: Berrett-Koehler, 2010.

Oshry, Barry. *Seeing Systems: Unlocking the Mysteries of Organizational Life.* 2nd ed. San Francisco: Berrett-Koehler, 2007.

Owen, Harrison. Open Space Technology: *A User's Guide.* 3rd ed. San Francisco: Berrett Koehler, 2008.

Palmer, Parker J. *The Courage to Teach: Exploring the Inner Landscape of a Teacher's Life.* 10th anniv. ed. San Francisco: Jossey-Bass, 2007.

Richard Pascale, Jerry sternin, and Monique Sternin. *The Power of Positive Deviance. How Unlikely Innovators Solve the World's Toughest Problems.* Boston: Harvard Business School Publishing, 2010.

Schein, Edgard H. *Process Consultation Revisited: Building the Helping Relationship.* Reading, Mass.: Addison-Wesley/Longman, 1999.

Steele, Fritz. *Consulting for Organizational Change.* Amherst, Mass.: University of Massachusetts Press, 1975.

Walton, Richard E. *Interpersonal Peacemaking: Confrontations and Third-Party Consultation.* Reading, Mass.: Addison-Wesley, 1969.

Weisbord, Marvin. *Discovering Common Ground: How Future Search Conferences Bring People Together to Archieve Breakthrough Innovation, Empowerment, Shared Vision, and Collaborative Action.* San Francisco: Berrett-Koehler, 1993.

Weisbord, Marvin, and Sandra Janoff. *Future Search: Getting the Whole System in the Room for Vision, commitment, and Action.* Rev. ed. San Francisco: Berrett-Koehler, 2010.

Wheatley, Margaret J., and Myron Kellner-Rogers. *A Simpler Way.* San Francisco: Berrett-Koehler, 1996.

Whitmore, John. *Coaching for Performance: GROWing Human Potential and Purpose – The Principles and Practice of Coaching and Leadership.* 4th rev. ed. London: Nicholas Brealey, 2009.

# Noten

1. U zult in het vervolg hoofdzakelijk de termen *adviseur* en *cliënt* tegenkomen om deze overtuiging kracht bij te zetten en – vooral als u een staffunctie vervult – om u te helpen uzelf te beschouwen als een adviseur.

2. Ed Schein benoemde deze rollen voor het eerst in de jaren zestig. Hij was een van de eersten die inzag dat de rol van expert beperkingen heeft voor een adviseur, en hij liet zien hoe de deur naar de mogelijkheden van samenwerken in het adviesproces geopend kon worden. Zijn nieuwe boek, *Process Consulting Revisited: Building the Helping Relationship* beschrijft de kracht van procesadviseren als een belangrijke tool voor adviseurs nog uitgebreider. Ik kan u het boek van harte aanbevelen.

3. Ik heb een workshop bijgewoond van Claire en Mike Reiker, die deze grondregels zo duidelijk en overtuigend presenteerden dat ik ze sindsdien steeds heb gebruikt.

4. Voor wat u moet doen wanneer u bent vastgelopen, zie Stap 5-V en verder.

5. Gil Gordon, een vriend, hielp me jaren geleden inzien in hoeverre de stap van het oppikken van signalen van de cliënt verschilt van de stap van het formuleren van de weerstand.

6. Deze aanpak wordt beschreven in hun boek *The Power of Positive Deviance: How Unlikely Innovators Solve the World's Toughest Problems*, dat zij samen met Richard Pascale schreven.

7. Joel Henning leerde mij te begrijpen en beschrijven hoe je een cultuur verandert met een verandering van gesprek.

8. Ik wil erkennen hoeveel ik over engagement heb geleerd van collega's die deel uitmaakten van de School for Managing and Leading Change. Dick Axelrod en Kathie Dannemiller in het bijzonder begrepen engagement al lang voordat ik het serieus nam. Samen met anderen ontdekten zij de wereld van de grote-groepen-methodologie. Dick ontwierp The Conference Model met Emily Axelrod, en Kathie was een mentor voor iedereen in de wereld van de directe, interactieve strategische verandering. Zij hebben hun inzichten gul met mij gedeeld, en ik ben ze daarvoor zeer dankbaar.